Angela Doe
Es ist okay

ANGELA DOE

ES IST OKAY

Weil man sich erst
verlieren muss,
um sich selbst zu finden

Ullstein

Ullstein extra ist ein Verlag der Ullstein Buchverlage GmbH
www.ullstein-extra.de

Manche im Buch erwähnten Personen wurden zum Schutz der Privatsphäre verfremdet und ihre Namen geändert.

ISBN 978-3-86493-105-5
4. Auflage 2020
© Ullstein Buchverlage GmbH, Berlin 2020
Alle Rechte vorbehalten
Umschlaggestaltung: zero-media.net, München,
nach einer Vorlage von Angela Doe
Titelabbildung: © Angela Doe
Abbildungen Innenklappen: © Simone Klimmeck
Satz: LVD GmbH, Berlin
Gesetzt aus der Fairfield LT Std
Druck und Bindung: GGP Media GmbH, Pößneck

Die bei der Produktion entstehenden CO_2-Emmissionen wurden beim Klimaschutzprojekt 1056 Waldschutz/Pará, Brasilien kompensiert.

Ich sehe was
was du nicht siehst
in dir
und du siehst was
was ich nicht seh
in mir.

– Angela Doe

Vorwort

Einer meiner größten Träume war es immer, irgendwann einmal ein Buch zu schreiben. Mit sechzehn, als ich nach meinem ersten, furchtbaren Herzschmerz meine Gefühle niederschrieb, gefiel mir die Vorstellung, Autorin zu sein. Autorin! So was von cool. Sagen zu können:»Ich habe ein Buch geschrieben!« So was von cool. Sein eigenes Buch jemanden in der S-Bahn lesen zu sehen! So was von cool. Ich dachte, schriebe ich ein Buch, dann wäre ich endlich jemand. Und Mann, wäre ich mit sechzehn gerne»jemand« gewesen. Ich wäre gern irgend»jemand« gewesen – Hauptsache, nicht ich selbst. Denn ein Buch schreiben, das können nur ganz besondere Menschen, und ich wollte doch so gerne besonders sein.

Ich schrieb viel – aber niemals ein Buch. Ich schrieb verschleierte Herzschmerz-Botschaften auf MySpace, Einser-Aufsätze in der Schule, endlose Chat-Nachrichten auf ICQ, Kurzgeschichten auf meiner Knuddels-Homepage und bis vor einigen Jahren sogar noch einen Blog – aber ein Buch schrieb ich nie. Es dauerte eine Zeit, bis ich verstand, dass meine Beweggründe falsch waren. Ich wollte kein»Buch schreiben« – ich wollte»ein Buch geschrieben haben«. Ich wollte kein»Buch schreiben«, ich wollte jemand SEIN, der Bücher schreibt. Denn ich wollte den Stempel der Autorin für meinen viel zu kleinen Selbstwert.

Um es aber gleich mal vorwegzunehmen: Ich find's schon immer noch ziemlich nice, dass ich gerade ein Buch schreibe.

Machen wir uns mal nichts vor. Ein bisschen 16-jährige Angela ist wohl immer noch in mir, und das ist okay. Man soll sein inneres Kind doch in den Arm nehmen, dann darf ich jetzt auch mal das Ego meines Teenager-Ichs streicheln. Ich klopfe ihr also hiermit auf die Schulter. Gut gemacht!

Der Unterschied zu meinen Beweggründen von damals ist, dass ich heute geradezu darauf brenne, endlich einen Ort für meine Gedanken, Gefühle und Erkenntnisse zu erschaffen. Da ist so viel in mir, das nur darauf wartet, endlich mal in halbwegs strukturierter Form zu Papier gebracht zu werden. Ich schreibe dieses Buch also nicht *ausschließlich* für euch – sondern auch ein bisschen für mich. Denn das Schreiben ist auch heute noch wie eine Therapiesitzung mit mir selbst. Ich setz mich hin und trinke einen Kaffee mit meinen Gefühlen. Und wenn du magst, dann setz dich doch zu mir.

Was ich mit diesem Buch versuchen möchte

Ganz kurz und vielleicht etwas platt gesagt: Ich war früher, als Teenager und auch noch weit in die Zwanziger hinein, kein besonders glücklicher Mensch. Heute bin ich es viel mehr. Was dazwischen passiert ist und wie ich da hingekommen bin, soll dieses Buch erzählen.

Mir geht es auch heute nicht *immer* gut. Ich bin nicht *immer* glücklich. Ein großer Teil meiner Entwicklung aber bestand auch darin zu akzeptieren, dass das Leben Polarität, ein Auf und Ab, eine Gefühlsachterbahn zwischen Gut und Schlecht ist. Der Unterschied zu damals aber ist, dass ich gelernt habe, im freien Fall die Arme hochzureißen, und manchmal denke ich sogar daran, den Fallschirm zu öffnen. Die Tiefs fühlen sich nicht mehr ganz so tief an, dafür aber koste ich die Hochs mit all meinen Sinnen aus.

Trotzdem fühle ich mich nicht befugt, einen »Lebensratgeber« zu schreiben. In meinen Augen ist eigentlich niemand dazu befugt – außer man hat eine entsprechende Ausbildung gemacht. Person Y kann keinen Ratgeber für Person B schreiben. Denn Person Y *ist nicht* Person B. Menschen, Leben, Umfelder, Erfahrungen sind so vielfältig und unterschiedlich, wie es Sterne im Universum gibt. Kein Mensch ist gleich. Ich kann dir also nicht sagen, wie du dein Leben leben sollst, damit du glücklich wirst. Ich habe leider keine Anleitung für dich. Weder deine Eltern noch deine Freunde oder deine Vorbilder haben eine Anleitung für dich. Aber die gute Nachricht ist: Die hatte ich auch nie! Denn was dich in deinem Leben glücklich macht, wirst du niemals im Vergleich mit jemand anderem herausfinden. Auch nicht im Vergleich mit mir. Denn keiner kennt deine Gedanken, keiner kennt deine Erfahrungen, keiner kennt dein Wesen so gut wie du. Ganz allein du selbst kannst herausfinden, wer du bist und welcher Weg für dich richtig ist.

Wozu schreibe ich also all das hier?

Ich möchte versuchen, eben die Worte aufzuschreiben, die ich in meinem Leben gerne gehört hätte, die mir ganz oft gefehlt haben, um den Willen und den Mut aufzubringen weiterzugehen. Für mich persönlich waren immer genau die Bücher und Texte am hilfreichsten, in denen ich mich selbst erkannt habe. Und wann immer ich etwas im Internet poste – die meiste Liebe bekomme ich, wenn ich euch das Gefühl nehme, mit bestimmten Problemen und Sorgen ganz allein auf der Welt zu sein. Wann immer ich mich öffnete und meine eigenen Probleme anspreche, werde ich überhäuft mit Dankesnachrichten. Und dabei habe ich ganz oft nicht einmal eine Lösung parat. Doch das An- und Aussprechen des Problems reicht offenbar bereits. Was den Menschen Erleichterung verschafft, ist das Gefühl, nicht allein zu sein. *Da draußen gibt es noch jemanden, der genauso awkward ist! Der genauso keine Ahnung hat, wohin es im Leben gehen soll!*

Ich habe mich selbst ganz oft einsam gefühlt mit meinen Problemen, hab mich eingeigelt und mir eingeredet, mich würde sowieso keiner verstehen. Turns out, je mehr ich mir wie ein Alien vorkam, desto mehr Menschen sprach das Thema an. Wenn ich etwas verbalisierte, das sich sonst aus Scham oder Angst keiner traute auszusprechen, genau dann öffneten sich auf einmal die meisten Herzen. Und ich, ich war wieder Mensch und kein Alien mehr. Und ein paar andere Aliens vor ihrem Handybildschirm wurden auf einmal auch wieder zu Menschen.

Ich schreibe dieses Buch also in erster Linie dafür, dass du dich verstanden fühlst. Ich möchte so viele meiner Schwächen und Probleme der letzten Jahre offen darlegen, wie es mir nur möglich ist. Ich will, dass du dich am Ende dieses Buches wieder ein bisschen mehr als Teil eines Großen und Ganzen fühlst. Ich bin fest davon überzeugt, dass das Gefühl, Teil von etwas zu sein, maßgeblich zum eigenen Glück beiträgt. In Afrika nennt man dieses Gefühl, diese Lebenseinstellung »*Ubuntu*«: »Ich bin, weil du bist«, es bedeutet, dass es zum Wesen des Menschen gehört, Teil von etwas zu sein. Oder wie Johann Gottlieb Fichte es bereits sagte: »Der Mensch wird nur unter Menschen ein Mensch – sollen überhaupt Menschen sein, so müssen mehrere sein.«[1] Ich gehöre in diese Welt genauso wie du – und wenn du in diesem Buch Gemeinsamkeiten mit mir entdeckst, dann fühlst du hoffentlich ein bisschen *Ubuntu* in dir.

Denn zusammen ist man weniger allein.

Triggerwarnung: Essstörung, Narzissmus und Schwangerschaftsabbruch

Bevor es losgeht, möchte und muss ich für dieses Buch eine allgemeine Triggerwarnung zum Thema Essstörung setzen. Zwar geht es natürlich hauptsächlich darum, wie ich diese für mich auflösen konnte – aber dennoch erzähle ich vor allem zu Beginn, was mich in die Bulimie getrieben hat und wie sich meine Essstörung genau äußerte. Der Sinn dieses Buches soll nicht sein, dass du dir etwas von der alten Teenager-Angela abguckst. Bitte sei achtsam und beobachte deine Gedanken und Gefühle. Sobald du dich beispielsweise dabei erwischst, dass du einen Abnehm-»Tipp« als eine »gute Idee« empfindest, hör am besten sofort auf zu lesen und geh weiter zum nächsten Kapitel. Weitere Triggerwarnungen findest du vor den jeweiligen Kapiteln.

Gendergerechte Sprache

Ich habe mich dazu entschlossen, in diesem Buch eine gendergerechte Sprache zu verwenden. Ich verwende hierzu den Doppelpunkt (Beispiel: Freund:innen), um Menschen aller Geschlechteridentitäten zu inkludieren. Und obwohl ich nach bestem Gewissen versuche, keine Fehler zu machen, können sich einige einschleichen. Ich möchte euch hiermit um Nachsicht bitten, falls dem so sein sollte.

Retrospektive

Um euch voll und ganz in meine Gefühlswelt mitzunehmen, zeige ich euch Texte und Tagebucheinträge, die ich über die Jahre geschrieben habe. Das Schreiben war seit besagtem erstem Herzschmerz schon immer mein Ventil, um meinen Gefühlen Raum zu geben. Ich musste sie sozusagen »auskotzen«, weil sie mich sonst innerlich zerfressen hätten. Es ist paradox, wenn man bedenkt, dass ich acht Jahre meines Lebens an Bulimie litt – das »Loswerden« meiner viel zu starken Gefühle und Probleme spiegelte sich nicht nur auf Papier, sondern auch in meinem Essverhalten wider. Diese Gefühlskotze war meist ein undurchschaubares Wirrwarr aus Angst, Zweifel und Aussichtslosigkeit. Ein fest verwirrter Knoten und ich mittendrin. Diese Texte von damals sind sehr emotional, verzweifelt, vielleicht sogar erdrückend. Sie werden vielleicht etwas Vergangenes in dir aufrütteln oder auch etwas, das gerade präsent ist. Deshalb bitte ich dich darum, das Buch nach solch einem Text nicht gleich beiseitezulegen. Ich möchte dich nicht mit dem Gefühl der Leere und Aussichtslosigkeit zurücklassen, sondern gemeinsam mit dir auf diese Texte und Erfahrungen zurückblicken. Denn ich möchte immer auch erzählen, was ich aus diesen Erfahrungen gelernt habe und wie sie mir letztendlich betrachtet in meinem Weiterkommen geholfen haben. Lies also bitte nie »nur« den Schmerz, sondern immer auch das, was danach kommt.

Rückblickend betrachtet – und davon bin ich fest überzeugt – sieht jedes noch so große und aussichtslose Problem auf einmal gar nicht mehr so wild aus. Ich erkenne den Knoten – aber ich erkenne auch die einzelnen Stränge, die zu diesem Knoten geführt haben. Ich kann jetzt herauslesen, wer ich war, warum ich so dachte, wieso die Verzweiflung so tief saß.

Für nichts und niemanden

2009

Ich starre auf die Espressomaschine vor mir. Mein Kopf hämmert. Meine Augen, die vom vielen Weinen noch immer zugeschwollen sind, drohen sich wieder mit Tränen zu füllen, und ich frage mich, ob da überhaupt noch etwas übrig sein kann, ob dem Körper die Ressourcen zur Tränenproduktion nicht auch irgendwann ausgehen. Offensichtlich nicht.

In meinem Kopf spielt sich ein und derselbe Film immer und immer wieder ab: Ich sehe den Jungen, in den ich so verliebt bin, und ich sehe das Mädchen, das ich so hasse. Oder ist es der Junge, den ich so hasse, und das Mädchen, das ich heimlich bewundere? Ich hasse ihn, und doch will ich bei ihm sein, will, dass er MICH will, und ich hasse sie, vielleicht sogar noch ein bisschen mehr als ihn, aber ich will gleichzeitig auch so sein wie sie, unbedingt. Und in meinem Kopf wiederholt sich der Film, in dem die beiden die Hauptrolle spielen, und ich, ich bin nur Statistin. Zu unschön für eine Hauptrolle, nicht Hollywood-tauglich. Unscharf im Hintergrund. Ich sehe den beiden zu, wie sie sich küssen, und in seiner Hand mein ganzes Herz. Ich wünschte, ich könnte es mir einfach zurückholen und damit davonlaufen. Aber ich hab's dir nun mal geschenkt. Und du hast es genommen. Und trotzdem hast du eine andere geküsst, mit meinem Herz in deiner Hand, und es fühlt sich so an, als drücktest du es mit aller Gewalt zusammen.

Wunderst du dich wirklich darüber, Angela? Wunderst du dich wirklich darüber, dass ein Typ wie er sich eine Dünnere, Schönere sucht? War es nicht von Anfang an klar, dass so etwas passiert, wenn du nicht endlich lernst, dich am Riemen zu reißen und deinen Arsch hochzukriegen? Du musst was ändern, Angela. Koste es, was es wolle. Du wirst niemals glücklich, wenn du so aussiehst. Du wirst niemals gut genug sein für einen Mann, wenn du so aussiehst.

Die Kaffeemaschine beginnt laut zu pfeifen, und ich schiebe sie panisch von der Herdplatte. Verdammt. Ich blicke schnell durch das Fenster nach draußen in den Hof. Noch keiner da, Gott sei Dank. Wie immer bin ich extra früh gekommen, um vor Arbeitsbeginn bloß niemandem in der Küche über den Weg zu laufen. Vor allem Sven nicht. Ich halte das Gefühl nicht aus, in seiner Nähe zu sein. Ich kann seine Verachtung mit jedem Wort, mit jedem Blick wie Nadeln auf der Haut spüren. Sehe ihn den Kopf schütteln, wenn ich mal wieder »etwas Dummes« gesagt oder getan habe.

Ich kippe mir den Kaffee in die Tasse, und als ich den Kühlschrank öffne, um die Milch zu holen, halte ich inne. *Keine Milch, Angela. Das sind nur wieder 50 kcal, und du wolltest heute doch höchstens 500 kcal essen.* Ich stelle sie zurück. Mein Blick schielt zum Zucker. Scheiße, ich hasse Kaffee.

Ich höre ein Geräusch hinter mir, und in dieser Sekunde stelle ich erschreckend fest, dass ich getrödelt habe. Ich bin nicht mehr allein. Ich hoffe, dass es nur einer meiner Chefs sein möge, doch als ich mich umdrehe, stehen nicht nur mein Chef und Sven da, sondern auch noch Chef Nummer zwei.

»Guten Morgen, Angela. Wir würden gerne mit dir sprechen.«

Fünfzehn Minuten später laufe ich tränenüberströmt aus der Küche und sperre mich – mal wieder – in der Toilette ein. Nach nur einem

Wort sind mir die Tränen gekommen, ich fühlte mich wie eine Verbrecherin auf der Anklagebank, vor mir drei Männer, die mir sagen wollen, dass »da doch was in der Luft liegt« und man »das Problem klären müsse«. Aber leider könne man ja nicht mit mir reden, weil ich »immer sofort anfange zu weinen«. Mein Versuch, die Tränen zu unterdrücken, führte zu einem panischen Hicksen, ein kindliches Weinen, das es mir nicht mehr ermöglichte zu sprechen – stattdessen versank ich vor Scham im Boden.

Also lief ich weg. Ich bin »dramatisch«, wie immer. Und das Gefühl, nicht in diese Gesellschaft zu passen, macht sich breit wie ein Lauffeuer. Dieser Job sollte mir helfen, meine »berufliche Richtung« zu finden. Damit ich irgendwann mal mit irgendwas Geld verdienen kann. Aber offensichtlich kann ich das nicht. Ich bin zu dumm, zu unmotiviert, zu schwach. Ich kann in dieser Welt nicht bestehen. Also muss ich doch einen Mann finden, der mich ein Leben lang »durchfüttert« – aber wie soll das klappen, wenn ich bin, wie ich bin, wenn ich aussehe, wie ich aussehe? Ich bin nicht schön genug. Ich bin nicht klug genug.

Ich bin für nichts und niemanden genug.

• • •

Gift für den Kopf

An diesem Tag – ich war damals 19 Jahre alt – beschloss ich, ab jetzt alles dafür zu tun, um »endlich dünn zu sein«. Ich erinnere mich noch sehr gut an dieses Gefühl: als ob sich etwas einst sehr Weiches und Zartes in mir verhärtete. Schockgefrostet. Es war ein harter Knoten entstanden, und es sollte viele Jahre dauern, diesen wieder zu lösen.

Ich hatte natürlich bereits zuvor versucht, »alles dafür zu tun, endlich dünn zu sein«. Mit elf Jahren wollte ich nicht mehr zum Ballettunterricht gehen, da sich einige andere Mädchen in der Gruppe über meinen »großen Bauch« lustig machten. Ich trug seitdem keine Bikinis mehr und traute mich nur noch im Badeanzug ins Wasser. Seit ich vierzehn Jahre alt war, kämpfte ich mich durch alle erdenklichen Diäten, die das Internet damals so hergab: Ich versuchte, nichts zu essen. Ich versuchte, mich tagelang nur von Kohlsuppe zu ernähren, trank so viel Almased, dass ich mich fast übergeben musste, und versuchte mich an Low Carb, Hollywood- und Atkins-Diäten. Aber nichts davon erzielte den gewünschten Effekt, denn jeder Versuch zu hungern stürzte mich abends nur wieder in einen Essanfall.

Mit fünfzehn stieß ich im Netz das erste Mal auf »Pro Ana«- und »Pro Mia«-Seiten. Ana steht für Anorexia nervosa – also die Magersucht – und Mia für Bulimia – die Ess-Brech-Sucht. »Pro Ana« bedeutet demnach nichts anderes als »*für* Magersucht«, und »Pro Mia« bedeutet »*für* die Ess-Brech-Sucht«. Ana und Mia bekommen zwei süße weibliche Namen und stellen somit die personifizierte Essstörung als »gute Freundin«

dar, die den Betroffenen »helfen« soll, anorektisch oder bulimisch zu werden oder zu bleiben.

Diese Webseiten waren (und sind auch heute noch) vollgepackt mit »Tipps und Tricks« zum Abnehmen, meist inklusive Abnehm-Tagebüchern junger Mädchen, die täglich darüber schreiben, wie viel sie abgenommen haben und auf was sie heute alles verzichten konnten. Unter dem Menüpunkt »Thinspiration« finden sich zahlreiche Fotos von dünnen Mädchen, die man sich ansehen soll, falls ein Fressanfall droht. Oder falls man nach tagelangem Fasten eine neue »Motivation« braucht. Einige Tipps, die mir bis heute im Gedächtnis geblieben sind, möchte ich kurz aufführen, um euch noch etwas tiefer in meine Gedankenwelt von damals mitzunehmen – und auch um eine Warnung zu setzen. Vielleicht hätte jemand meine Essstörung erkennen können, hätten sie von solchen Seiten gewusst. Ich möchte die Triggerwarnung noch einmal wiederholen: Überspring diese Liste unbedingt, falls du gefährdet bist.

- Beeinflusse dich jede Minute. Hetze dich selber gegen dein Gewicht auf. Verbring jeden Tag ein paar Minuten auf Pro-Ana-Seiten und schau dir in jeder freien Minute dein Tagebuch an. Je mehr du dich selber aufstachelst, umso besser wirst du durchhalten.
- Versuch in Unterwäsche vor dem Spiegel zu essen. Dann willst du bestimmt nichts mehr zu dir nehmen.
- Kauf dir eine Hose, die dir zu klein ist, und versuche immer wieder reinzukommen. Der Frust wird dich antreiben.
- Trink nach jedem Bissen einen Schluck Wasser, so wirst du schneller satt.
- Iss nur so viel, dass dein Bauch sich nicht wölbt.

- Dreh im Winter die Heizung in deinem Zimmer ab. Frieren verbrennt Kalorien!
- Iss nichts, was größer ist als deine Handfläche.
- Schaue in den Spiegel und stell dir vor, du wärst jemand anderes. Halte deine Eindrücke schriftlich fest.
- Vergiss niemals: Nichts schmeckt so gut, wie sich Dünnsein anfühlt.

Diese Listen im Netz sind natürlich endlos und umfassen meist bis zu einhundert Punkte. Heutzutage ist es durch WhatsApp sogar noch schlimmer geworden: Junge Mädchen finden in WhatsApp-Gruppen zusammen, überlegen sich Challenges zum gemeinsamen Abnehmen, und wer sich nicht an die Regeln hält oder anfängt zu essen, fliegt raus. Regeln können so etwas sein wie: *Poste jeden Morgen ein Bild von der Waage. Poste jeden Abend, was du gegessen hast und was du dafür getan hast, die Kalorien wieder zu verbrennen.* Dank mobilem Internet, WhatsApp und Instagram muss man nicht mehr warten, bis man zu Hause ist, um sich »Hilfe bei einer Fressattacke« zu holen – sondern chattet ganz einfach schnell mit den anderen »Anas« in der Gruppe. Essstörung für die Hosentasche. Immer mit dabei. Dass ebensolche Mädchen mit total verdrehter Selbstwahrnehmung und selbst geschürtem Hass auf ihren Körper sogar Opfer werden von Pädophilen, die sich als »Abnehm-Coaches« ausgeben, ist der abscheuliche Gipfel dieser Bewegung.[2] Mein Herz wird ganz schwer, wenn ich nur daran denke, wie viele Mädchen auch heute noch der festen Überzeugung sind, dass der Selbsthass sie ins Glück führen könnte. Und was für unglaublichen Gefahren sie sich aussetzen – nicht nur aus gesundheitlicher Sicht, sondern auch aufgrund derer Menschen, die grausam genug sind, die Verzweiflung eines jungen Mädchens auszunutzen.

Ich war damals eine von ihnen. Auch ich versuchte stetig, den Selbsthass auf meinen Körper zu schüren – doch trotz Pro-Ana-Tipps und Thinspiration nahm ich nie ab. »Du musst dich nur genug selbst hassen, dann wird's schon klappen«. Man könnte diese Methode auch als negative Affirmation bezeichnen. Eine Affirmation ist eigentlich ein bejahender Satz, den wir uns wieder und wieder sagen, um die eigenen Gedanken umzuprogrammieren. Eine gut formulierte und häufig wiederholte Affirmation kann sich positiv auf das Selbstbewusstsein auswirken: »Ich glaube jeden Tag mehr daran, etwas wert zu sein, ich glaube jeden Tag mehr und mehr an mich selbst.« Aber was passiert, wenn die eigene Affirmation darauf abzielt, sich selbst möglichst schlechtzumachen? Was, wenn wir uns über Jahre hinweg einreden, dass unser Körper hässlich ist, dass wir nichts wert sind, solange eine bestimmte Zahl auf der Waage steht? Wie kommen wir nur auf die Idee, dass sich etwas *Positives* in uns entwickeln könnte, wenn wir uns ständig nur Gift in den Kopf jagen? Ich habe mir damals mit voller Absicht wieder und wieder eingeredet, hässlich zu sein. Ich habe mir ein negatives Selbstbild in den Kopf gepflanzt. Ich hätte so viel abnehmen können, wie ich wollte – »schön« hätte ich mich niemals gefunden. Denn sich schön zu finden und zu fühlen hatte ich nie gelernt. Wie auch, ich redete mir seit Jahren das Gegenteil ein.

Egal, was wir auf Selbsthass sähen: Es wird niemals Glück, Selbstliebe oder Zufriedenheit daraus erwachsen. Eine Gleichung, die niemals aufgeht.

An diesem Tag, 2009, übergab ich mich nach dem Mittagessen zum ersten Mal. *Wenn alles nichts hilft, dann muss das wohl sein.* Und trotzdem: Essgestört war ich in meinen Augen natürlich nicht. Eine Essstörung, so sagte ich mir selbst, haben doch nur die »Abgemagerten in der Klinik«. Ich hatte mir ja bisher nur ein paar Tipps aus dem Internet für drei oder vier Kilos weniger gesucht, weiter nichts. Und als ich mich schließlich übergab, machte ich das ja nicht *immer*, nicht nach *jeder* Mahlzeit, und deshalb war es *nicht so schlimm.* Auch die Bulimie kannte ich bis dato nur aus den Medien, und in meinem Kopf entsprach ich nicht dem Bild einer:eines Bulimikers:in. Ich war ja nicht untergewichtig. Ich hatte ja keine Mangelerscheinungen, keinen Haarausfall, keine kaputten Zähne oder brüchigen Fingernägel. An mir war alles normal – also war das bisschen Erbrechen wohl auch *nicht so schlimm.*

Diese Zeilen zu schreiben macht mich auch heute noch tief traurig. So absurd mir all das von meinem jetzigen Standpunkt aus erscheint – damals war es meine Wahrheit. Und es ist noch heute die Wahrheit so vieler junger Menschen. Der Glaubenssatz, dass man ausschließlich mit einem sehr schlanken Körper in dieser Gesellschaft akzeptiert wird, ist immer noch weit verbreitet – wenn er auch selten laut ausgesprochen wird. Auf jedem Plakat, in jedem Magazin, in jedem Film und auf fast jedem Instagram-Account steht er in unsichtbaren Lettern geschrieben: *Du musst schön sein, um etwas zu erreichen.* Und auch ich war felsenfest davon überzeugt, dass all meine Probleme einzig und allein daher rührten, dass ich nicht »schön genug« war. Ich dachte, wenn ich dünn wäre, würden sich all meine Probleme endlich in Luft auflösen: Denn nur schöne Menschen erreichen etwas im Leben. Schöne Menschen sind erfolgreich und finden einen »Mann fürs Leben«. Wer schlank ist, wird nicht betrogen. Außerdem würde ich mich ja endlich schön fühlen, wenn ich dünn wäre, und somit hätte ich auch endlich mehr Selbstbewusstsein. Ich wäre schön und cool, und niemand in der Arbeit würde mich dumm oder blöd finden. Ich wäre stark und selbstbewusst und tough. Nur so, ganz allein so, würden mich endlich alle mögen – und nur so könnte ich jemals glücklich werden.

Ich hatte mir also gleich zwei negative Glaubenssätze in den Kopf gelegt: »Ich kann nichts« und »Ich bin nicht schön genug«. Natürlich war mir damals nicht bewusst, dass es sich dabei um Glaubenssätze handelte, die in der Kindheit und Jugend unter anderem durch die Gesellschaft geprägt wurden – damals war es einfach meine Wahrheit. Früher waren meine Gedanken und meine Gefühle immer die Wahrheit und somit absolut. Erst später lernte ich, nicht all meinen Gedanken und Gefühlen sofort zu glauben und darüber zu reflektieren. Damals aber konnte ich noch nicht differenzieren. Es war (und ist auch heute noch) ganz normal, dass vor allem Frauen ihre »Problemzonen« haben. Ein Mädelsabend ist kein Mädelsabend, wenn man sich nicht auch über sich selbst auslässt. Die eine findet ihre Oberschenkel zu dick, die andere mag ihre Nase nicht, die dritte beschwert sich über ihre Dellen – und all das scheint ganz normal. Sich selbst *nicht* zu akzeptieren wird akzeptiert. Man würde wahrscheinlich eher auf Verwunderung stoßen, fände man nichts an sich selbst auszusetzen.

Zwar sagten und zeigten meine Eltern mir tagtäglich, dass sie mich liebten, dass sie mich schön fänden, und doch liegt der Glaubenssatz »Ich bin zu dick« bei mir in der Familie. Ich kannte niemals eine Frau in meinem näheren Umfeld, die mit ihrer Figur zufrieden war.

Vor einigen Jahren, als ich gerade mit meiner Familie über Weihnachten bei meinen Großeltern war, fand ich alte Fotos von meiner Mutter: eine so schöne junge Frau, mit braunen Locken und großer 80er-Jahre-Hornbrille, High-Waist-Jeans und engem Top. Meine Augen strahlten – ich erkannte mich selbst in ihr. So eine tolle Mama habe ich, dachte ich, denn in meinen Augen ist meine Mama eine der coolsten und schönsten Frauen der Welt. Und trotzdem musste ich stutzen, als ich das Bild sah. Hatte meine Mutter nicht erzählt, dass sie »schon immer etwas zu dick« war? Ich sah kein »zu dick«, ich sah kein »zu viel«, ich sah einfach nur meine Mama mit der tollen Ausstrahlung und einem mir sehr bekannten Lächeln auf den Lippen – und einer Figur wie meiner.

Als ich ihr das Bild zeigte und sie fragte, was sie daran denn als »zu dick« empfand, sah sie mich entgeistert an. Ganz so, als könne sie nicht glauben, dass ich es nicht sehen konnte. Ich sah es nicht. Und da verstand ich zum ersten Mal, was es bedeutet, ein verzerrtes Bild von sich selbst in sich zu tragen. In meinen Augen war ich »zu dick« und meine Mutter »perfekt«. In den Augen meiner Mutter war sie »zu dick« und ich »perfekt«. Dabei sahen wir uns doch so ähnlich! Ich erkannte, dass man sich selbst immer viel strenger begutachtet als die Menschen, die man liebt. Wir beide sahen uns selbst nur durch unsere eigenen Augen kritisch.

Trotzdem: Eine Essstörung ist nicht in Stein gemeißelt, nur weil die eigene Mutter – wie viele Frauen – ebenfalls Probleme mit dem Selbstbild hat. Ich denke sogar, dass viele Eltern einen ähnlichen Glaubenssatz in sich tragen, und trotzdem rutscht das eigene Kind nicht in eine Essstörung. Auch mein damaliger Freund, der mich zur Zeit des Praktikums betrog, war nicht »schuld« an meinem negativen Selbstbild – es war nur ein weiterer Tropfen, der das Fass zum Überlaufen brachte. Ein Fass, das ich bereits mit elf Jahren anfing zu füllen.

Über die Jahre und vor allem durch meine Therapie begab ich mich immer weiter auf die Suche nach den Gründen. Heute weiß ich: Es ist verdammt schwer, in dieser Gesellschaft frei zu bleiben von einem negativen Selbstbild. Dazu kam noch der gesellschaftliche Druck, als junge Erwachsene meinen Platz in der Gesellschaft zu finden, meine Sensibilität und Emotionalität und die Tatsache, dass Wut kein Gefühl war, das ich zu akzeptieren und auszuleben wusste: Bevor sich meine Wut gegen mein Gegenüber richten konnte, schluckte ich sie herunter, weinte und zog mich zurück. Dass ich all diese unterdrückten Gefühle letztendlich an meinem eigenen Körper ausließ, erscheint mir heute als logische Schlussfolgerung daraus. Wohin mit all der Energie, mit all der Aggression, wenn sie nicht nach außen kann? Dann verläuft sie sich im Inneren, in einem Kampf gegen sich selbst.

Aber woher hätte ich damals all das wissen sollen? Woher hätten mein Chef, meine Eltern und mein damaliger Freund es also wissen sollen? Ich kannte mich selbst (noch) nicht – wie hätten andere mich (er)kennen sollen?

Mia

Die Jahre danach wurde die Bulimie meine treue, beständige Begleiterin. Mia, eine toxische Freundin, die immer für mich da war. In meiner damaligen Realität redete ich mir weiterhin ein, dass eine »Krankheit« ganz anders aussähe. Ich übergab mich ja »nur« zwei- bis dreimal die Woche. Nicht jeden Tag oder mehrere Male nach jeder Mahlzeit. »Es ist ja nicht so schlimm« wurde zu meinem eigenen kleinen Mantra. Die Bulimie fühlte sich viel zu leicht an, als dass sie eine schwere Krankheit hätte sein können: Irgendwann war ich so routiniert, dass sich das Erbrechen wie Händewaschen anfühlte. Ich hing nicht – wie man es sich klassisch vorstellt – weinend und voller Selbsthass geplagt über der Kloschüssel, sondern ich lief ins Bad, steckte mir den Finger in den Hals, und binnen dreißig Sekunden war alles vorbei. Und ich war für den Moment wieder glücklich. Manchmal konnte ich mich nicht einmal mehr daran erinnern, ob ich mich heute schon übergeben hatte oder nicht. Es war zur Normalität geworden. Auch hatte ich selbst nach acht Jahren Bulimie keine erkennbaren Schäden davongetragen – für mich nur ein weiteres Indiz dafür, dass es »nicht so schlimm« sei. Ich möchte also noch einmal betonen (weil ich ebensolche Zeilen damals sehr gebraucht hätte): Nur weil du in deinem Kopf nicht dem Bild einer Essgestörten, einer drogen-, alkoholsüchtigen oder depressiven Person entsprichst, bedeutet es *nicht*, dass du keine Hilfe in Anspruch nehmen darfst. Die unsichtbaren psychischen Probleme sind vielleicht sogar die schlimmsten. Jahre später, als ich meinen Weg in die Therapiegruppe fand, stellte ich erneut fest: Essstörungen sind viel mehr im Kopf als auf den Hüften. Ich saß jeden Mittwoch in einem Raum mit neun anderen essgestörten Frauen, und erkennbar untergewichtig waren höchstens zwei. Nur den wenigsten hat man ihre Essstörung angesehen.

Ich erkenne erst heute, über zehn Jahre nach dem schlimmen Moment im Praktikum, was die Bulimie damals für mich getan hat – und wieso ich nicht daran dachte, sie loszulassen: All die ständigen Gedankenkreise ums Essen und die permanente Angst vor dem Zunehmen waren auf einmal wie weggeblasen. Wann immer ich essen wollte, aß ich. Denn ich konnte es hinterher einfach wieder »loswerden«. Die Bulimie nahm mir mein schlechtes Gewissen, das mich jahrelang zuvor so zermürbte. Ich fühlte mich dadurch endlich frei. Der Gedanke daran, mein Essen immer bei mir behalten zu müssen, hätte mich wieder unendlich traurig gemacht. Doch genau das ist die Tücke, die größte Lüge, die sich Essgestörte selbst erzählen: *Die Essstörung macht alles besser.* Denn sie hilft uns, das Wesentliche, das, was eigentlich so schmerzt, schnell und unkompliziert zu verdrängen.

Eben deshalb ist es mir besonders wichtig, diese Worte loszuwerden: Die Bulimie, die Essstörung, ist immer nur eine *kurzweilige* Erleichterung. Wie bei jeder Sucht hilft sie zu verdrängen. Ich verdrängte damals vor allem meine riesengroße Angst davor, meinen Platz in dieser Gesellschaft nicht zu finden. Ich aß aus Langeweile oder aus Frust, denn Essen und gute Geschmäcker sind *immer* etwas Positives, machen *immer* glücklich. Wann immer sich ein Mensch in eine Sucht stürzt – egal ob Binge-Eating, Bulimie, Anorexie, Alkohol oder Drogen –, verdrängt er einen tief liegenden Schmerz. In meinem Fall das Bedürfnis nach Zugehörigkeit, nach Liebe, nach Kontrolle, nach Anerkennung. Stürzt man sich in eine Sucht und verdrängt diese Bedürfnisse und Probleme über Jahre hinweg, nimmt man sich die Möglichkeit, daran zu arbeiten. Gewährst du deinen Problemen keinen Raum, machen sie sich unterbewusst breit wie ein Lauffeuer. Sie wirken sich auf deine Beziehungen, deine Freundschaften, deine Arbeit, auf dein ganzes Leben aus – ganz still und heimlich und ohne, dass man sich dessen bewusst ist. Je früher man also anerkennt, dass eine Sucht vorhanden ist, desto mehr Zeit hat man, diese zu bekämpfen. Und natürlich tut es erst mal unfassbar weh, sich mit seinen größten Ängsten auseinanderzusetzen. Aber lass dir eines gesagt sein: Es lohnt sich. Je früher du deine Ängste anschaust und deinen Schmerz zulässt, desto früher wirst du da wieder rauskommen. Ich habe meine verdrängten Ängste acht Jahre mit mir herumgeschleppt, bis sie mich in die Depression und 2015 an meinen persönlichen Tiefpunkt trieben. Es ist schier unmöglich, sein Leben lang mit einer Sucht zu leben und gleichzeitig ein glücklicher Mensch zu sein. Innerlich aufzuräumen ist das Allerwichtigste, das wir für uns tun können – was du für dich tun kannst.

Was genau ich letztendlich getan habe, um meinen Weg aus dieser Sucht zu finden, werde ich natürlich noch erzählen.

I'm a loser, Baby

2015

Ich öffne die oberste Schublade an meinem Nachttisch und hole mein iPhone heraus. Ein vertrautes Gewicht in meinen Händen. Ich zögere, bevor ich den Einschaltknopf betätige. Ich verspüre einen Anflug von Angst, als sei das Drücken des Knopfes nun der endgültige Abschied von den sieben so unbeschwerten Festival-Tagen. Ich habe eine neunstündige Busfahrt hinter mir, die Nacht davor kaum geschlafen und möchte eigentlich nur in mein Bett fallen – aber die Neugier lässt mich nicht los. *Was habe ich verpasst?* Normalerweise gucke ich täglich Hunderte Male auf mein Handy. Checke meine Mails, meine Instagram-Follower-Liste, wie viele Likes und Kommentare ich bekommen habe. Und eigentlich mag ich das doch auch … oder?

Ich drücke den Knopf.

Eine Stunde später stehe ich immer noch am gleichen Fleck und tippe wie wild auf meinem Telefon herum. Ich war sofort wieder gefangen im Informationsstrudel. Mein bis vor einer Stunde noch entspannter Geist ist binnen weniger Minuten wieder randvoll mit Dingen, die ich verpasst habe, Dingen, die ich erledigen muss, und Dingen, die ich vergessen habe. Ich greife mir einen Zettel und schreibe mir eine Liste. Heute ist Dienstag.

Als ich nach einem vierzehnstündigen komatösen Schlaf total benebelt wieder aufwache und zur Toilette gehe, laufe ich im Gang an meinem Spiegel vorbei und halte kurz inne. Ich sehe mich das erste Mal nach den Festival-Tagen in einem Ganzkörperspiegel. Ich kenne meinen Anblick gut, stehe ich doch normalerweise stundenlang vor diesem Spiegel, um möglichst perfekt auszusehen. Aber jetzt erkenne ich mich kaum wieder. Ich sehe eingefallen und blass aus. Meine Haare habe ich über die Jahre total kaputt gefärbt, nach jeder Trennung und jedem Herzschmerz musste eine Veränderung her. Von Platinblond zu Pink zu Rot und schließlich zu Schwarz, weil jede andere Farbe sowieso nie so aussah wie auf der Packung. Dank der Extensions fallen sie bis über die Brust, obwohl meine eigenen Haare eigentlich auf Kinnhöhe abbrechen. Meine Haut leuchtet mir im Gegensatz dazu glatt und weiß entgegen. Ich stelle mich ganz gerade vor den Spiegel für einen Oberschenkel-Check. Jeden Morgen stehe ich so da, um mich zu vergewissern, dass sich meine Oberschenkel auch ja nicht berühren. Die Thigh Gap zwischen meinen Beinen ist in etwa so groß wie das Loch in meinem Herzen, denke ich, und in mir löst sich ein grauenhaftes dumpfes Lachen. Ich sehe meine Hüftknochen, mein Schlüsselbein, und als ich die Arme hebe, sind sogar meine Oberarme »dünn genug«. »Super«, sage ich laut und zynisch zu mir selbst, als ob mir eine tief vergrabene Angela damit irgendetwas sagen möchte.

Ich sehe eingefallen aus. Im Gesicht, an den Armen, am Bauch, an den Beinen. Eigentlich war »eingefallen« immer genau das, was ich erreichen wollte. Zart und blass wollte ich sein, zerbrechlich wie eine Elfe. Krankhaft war mein Schön. Und so »schön« empfand ich mich die letzten Monate doch auch – nur irgendwie ist es heute anders. Heute empfinde ich meinen Anblick überhaupt nicht elfenhaft – heute sehe ich mehr tot als lebendig aus. Vor mir steht ein dünnes, trauriges Mädchen, das irgendwie aussieht wie ich – und irgendwie auch nicht.

Gedanklich scrolle ich durch meinen Instagram-Feed, diese schöne, aufgeräumte Welt, die ich mir dort geschaffen habe. Meine schillernde Bloggerwelt, die genauso hell leuchtet wie die der anderen Bloggerinnen im Netz. Und wie ich hier im Dunkeln stehe, die Sonne verbannt aus meiner nach kaltem Rauch stinkenden Wohnung, zu nichts zu gebrauchen, mit geschwollenen Augen und gähnender Leere auf dem Konto, fühle ich mich wie die Königin der Heuchelei. Außer meiner nassen Augen und meiner fahlen Haut glänzt hier gerade rein gar nichts.

Ich war so glücklich, diese paar Tage ohne Internet und Handy. Ich habe getanzt und gelacht und gelebt, umgeben von guten Freunden. Zurück in meiner realen Welt, sehe ich nur wieder das, was ich bereits seit Jahren sehe: mein eigenes Versagen, mein »ich bin nicht gut genug«. Schon seit Monaten bin ich endlich so dünn, wie ich immer sein wollte – und doch wurde ich wieder betrogen, und doch weiß ich wieder nicht, wie ich nächsten Monat meine Miete zahlen soll. Und wenn ich ganz ehrlich zu mir selbst bin, fühle ich mich keinen Deut besser als damals mit neunzehn – ganz im Gegenteil. Ich bin trauriger als jemals zuvor.

Als ich mich wieder ins Bett lege, frage ich mich, wozu ich eigentlich noch aufstehen soll. Ich fühle keine Freude mehr. Als hätte sich mit jedem Kilo, das ich verlor, auch ein bisschen Lebenswillen in Luft aufgelöst. Also bleibe ich liegen.

Und dann liege ich da, eine ganze Woche lang.

• ● •

Rock Bottom

Wenn ich heute auf diesen Moment zurückblicke, spreche ich meist von meinem »Tiefpunkt«. Tiefpunkt, weil ich wirklich sehr weit unten war – aber auch, weil es hinterher nur noch bergauf ging.

Mein Fotografie-Studium schleppte ich zu dieser Zeit bereits seit über sieben Semestern mit mir herum. Die Regelstudienzeit hatte ich überschritten und trotzdem noch gefühlt zwanzig Kurse, die Bachelorarbeit und hundert andere Dinge offen. Ich hatte das Studium 2012 wegen meiner großen Leidenschaft zur Fotografie begonnen und war damals mächtig stolz darauf, die Aufnahmeprüfung geschafft zu haben – und stürzte mich voller Vorfreude in das Studentenleben. Aber ich merkte schnell, dass der Beruf der Fotografin wohl doch nichts für mich ist. Ich fühlte mich ausgeschlossen von Kommiliton:innen, Professor:innen und Dozent:innen, redete mir immer mehr ein, dass mich hier sowieso keiner mag und dass alle anderen sowieso »viel besser« waren als ich.

Das Einzige, was mir damals ein bisschen Stabilität gab, war mein Blog. Seit 2009 schrieb ich regelmäßig Kurzgeschichten und Artikel auf meiner Seite, die gerne gelesen und kommentiert wurden, bis 2013 die ersten Marken auf mich und andere Blogger:innen aufmerksam wurden. Die Blogger:innen von damals waren quasi die Influencer:innen der ersten Stunde. Ich bekam jeden Monat Unmengen an Klamotten geschenkt und verdiente mein erstes Geld als selbstständige Bloggerin. Irgendwann konnte ich sogar meinen ungeliebten Werkstudentenjob an den Nagel hängen. Im Internet war ich endlich jemand. Ich bekam Lob und Anerkennung für meine Outfits – und natürlich auch für mein Äußeres. Ich fand zum ersten Mal in meinem Leben Freude an etwas, mit dem ich sogar Geld verdienen konnte. Und nicht nur das: Ich wurde eingeladen auf hippe Bloggerevents, flog nach Berlin zur Fashion Week und fühlte mich dadurch irgendwie »besonders«. Erst heute erkenne ich, was für einen toxischen Weg ich da für mich eingeschlagen hatte: Ich machte mein Äußeres zu meinem Kapital. Meine gesamte Existenz hing an diesem seidenen Faden. Besonders schlimm wurde es, als immer mehr neue Blogger:innen aus dem Boden geschossen kamen – und mir den Platz streitig machten. Neid und Missgunst ließen nicht lange auf sich warten. Etwa ein Jahr lang verdiente ich mit dem Bloggen genug Geld, um mein Studium zu finanzieren. Doch als der Bloggertrend immer größer wurde und die Modemarken eine breite Auswahl an Influencer:innen hatten, fiel die Wahl immer seltener auf mich. Auf Instagram beobachtete ich ständig, wie andere Mädchen die Produkte in die Kamera hielten, durch die Weltgeschichte flogen und ihr Follower-Konto größer und größer wurde. Je weniger Aufträge ich bekam, desto mehr machte sich meine Existenzangst in mir breit. *Was sollte ich außer dem Bloggen denn sonst tun? Ich kann doch nichts! Wieso bin ich – schon wieder – nicht gut genug?*

Aus dieser Angst heraus tat ich wahnsinnig viel dafür, Modemädchen zu sein. Ich gab Unmengen an Geld für Haarverlängerungen aus und beäugte weiterhin jeden Zentimeter meines Körpers mit unbarmherziger Selbstkritik. In der Mode muss man schließlich dünn sein – und das war ich trotz Bulimie in meinen Augen immer noch nicht. Ich schoss jeden Tag neue Bilder von mir selbst, nur um 295 von 300 Bilder mit dem Gedanken »nicht schön genug« wieder zu löschen. Es gab nicht selten Tage, an denen mir ein einziges Foto den ganzen Tag versauen konnte. Ich verglich mich in einer Tour. Ich *wollte* nicht nur so sein »wie die anderen« – ich *musste* so sein »wie die anderen«.

Die Gestaltung meines Instagram-Feeds wechselte ich in etwa so oft wie meine Haarfarbe. Ich blickte ständig nur darauf, was andere taten, und versuchte es so gut wie möglich nachzuahmen – und tat dabei so, als sei das ich selbst. Ich kaufte teure Taschen für ein einziges Foto, nur um sie am nächsten Tag wieder zurückzuschicken. Ich wollte dem Bild einer Luxus-Bloggerin entsprechen, damit ebensolche Marken auf mich aufmerksam werden würden. Ich selbst hätte am liebsten nur Vintage-Jacken und schwarze Boots getragen – *aber wer will das schon sehen,* dachte ich. Ich konnte von alldem nicht ablassen. Denn obwohl ich eigentlich nichts mehr trug, was mir wirklich gefiel, fand ich an vielen Dingen immer noch Freude: am Schreiben, am Fotografieren und am Webseitengestalten. Und natürlich war ich auch abhängig von der Bestätigung, die ich im Überfluss im Internet bekam. Der Gedanke daran, all das sein zu lassen und einfach »etwas anderes zu arbeiten«, kam mir nicht in den Sinn. In meinen Augen *konnte* ich immer noch *nichts anderes.*

Ich bemühte mich so gut ich konnte, veröffentlichte jede Woche bis zu sechs Artikel. Drei davon waren Outfit-Posts, in einem Jahr kam ich also auf circa 150 neue Outfits – natürlich niemals mit den gleichen Teilen. Auf Dauer war es schier unmöglich, diese Menge an Klamotten tatsächlich zu besitzen, geschweige denn zu bezahlen – also wurde es irgendwann zur Routine, dass ich paketweise Kleidung auf Rechnung bestellte, um letztendlich alles wieder zurückzuschicken.

Nichts davon fühlte sich richtig an. Aber ich übertönte solche

Gedanken und Gefühle, indem ich mir einredete, dass das sowieso »alle so machten« und man sich eben anstrengen müsse, wenn man etwas erreichen wolle. *Fake it till you make it.* Ich wollte mehr abliefern als andere, schönere Fotos machen, perfekter aussehen, interessantere Geschichten erzählen.

Meine liebsten Posts allerdings blieben immer meine persönlichen Sonntagsposts. Hier konnte ich frei schreiben und Themen ansprechen, die mir wirklich am Herzen lagen – ganz abseits von Mode und Beautykram. Auf ebendiese Posts, die meiner Person und meinem tatsächlichen Ich am ehesten entsprachen, bekam ich die meisten und liebevollsten Reaktionen. Schon damals war mir klar: Wenn ich könnte, würde ich *nur* solche persönlichen Posts schreiben. Aber damit ließe sich nun mal kein Geld verdienen. Bezahlt wurde ich für Werbung über Mode- und Beautyartikel, nicht aber für das Offenlegen meiner Gefühle. Mich beschlich ab und an das diffuse Gefühl, dass man mir die Maske, die ich aufzusetzen versuchte, vielleicht doch ansah. Dass man merkte, wie wenig mich die glanzvolle Modewelt tatsächlich interessierte. Dass man meine wahre Einstellung zu alldem vielleicht doch zwischen den Zeilen lesen konnte – und ich deshalb nicht relevant genug war.

Ich wurde bitter. Und wütend. Wütend darüber, dass ich trotz meiner Bemühungen keinen Erfolg hatte. Ich war durchweg neidisch, konnte mir den plötzlichen Erfolg der anderen nur durch Follower-Kauf und frisierte Zahlen erklären – und natürlich durch die Tatsache, dass sie viel schöner und viel schlanker waren als ich.

Etwa zur gleichen Zeit lernte ich einen Mann kennen, der meinem sowieso schon angeknacksten Selbstbewusstsein den

Todesstoß versetzte. »Ich geriet an einen Narzissten«, hätte ich früher gesagt. Heute sage ich: *Ich suchte mir einen Narzissten.* Es erscheint mir heute logisch, dass ich mir jemanden an die Seite stellte, in dessen Glanz ich mich suhlen konnte. Jemand, der durch sein Charisma und seine vermeintliche Stärke mein winziges Selbstbewusstsein etwas aufbügelte. Ich war stolz, mit »so jemandem« zusammen zu sein. Er war witzig, intelligent, bestimmend und selbstbewusst. Ich himmelte ihn an – und er liebte es, angehimmelt zu werden. Leider aber genügte es ihm nicht, von nur einer Frau angehimmelt zu werden. Und um den Schein seiner schillernden Persönlichkeit aufrechtzuerhalten, musste er lügen. Sehr viel lügen. Wir verbrachten nur ein halbes Jahr miteinander, und ich war Gott sei Dank stark genug, die Beziehung selbst zu beenden. Erst viele Monate später fand ich gemeinsam mit zwei weiteren seiner Exfreundinnen heraus, in welchem Ausmaß er uns alle hintergangen hatte. Diese Geschichte möchte ich aber erst später erzählen, als ich gelernt hatte, ihm zu verzeihen. Heute habe ich erkannt, wieso ich damals dachte, jemanden wie ihn zu »brauchen«: Ich fühlte mich als ein Niemand – und er war ein Jemand.

In your twenties

Das ständige Herumschleichen ums Existenzminimum, der immer wiederkehrende Herzschmerz, das Sichverlieben in die »falschen« Männer und das (in meinen Augen) erfolglose Bloggen, verfolgte mich fast meine kompletten Zwanziger. Und ständig verurteilte ich mich dafür, dass ich »mein Leben immer noch nicht im Griff hatte«. Als ich mit einundzwanzig auszog, mein Studium begann und nebenbei auf Messen und Events kellnerte, war das irgendwie noch in Ordnung. So stellt man sich sein Studentenleben anfangs eben vor. Doch mit jedem Jahr, das finanziell ebenso mau aussah wie das davor, beschlich mich das ungute Gefühl, irgendetwas falsch zu machen. Mit jedem Jahr nahm ich mir vor, dass es »jetzt aber wirklich mal anders werden sollte«.

Die Gesellschaft lebt uns ein sehr geradliniges Leben vor: Nach der Schule hat man natürlich zu wissen, was man studieren möchte, hat dann ein paar Jahre »die schönste Zeit seines Lebens« als freier, ungebundener Student und wechselt nach dem Studium locker-flockig in die 40-Stunden-Woche. Man findet eine:n Partner:in, heiratet mit Ende zwanzig und gründet recht bald eine eigene Familie.

«Geradlinig« bedeutet für mich übrigens keinesfalls »schlecht« – ich finde es absolut bewundernswert, wenn man bereits nach dem Abschluss weiß, in welche Richtung man gehen möchte, welche Ziele man hat, und auf diese hinarbeitet. Meine Eltern haben es mir so vorgelebt, und weil ich in einem sehr harmonischen, glücklichen Zuhause aufgewachsen bin, wollte ich es ihnen natürlich gleichtun. Denn was meine Eltern glücklich gemacht hat, sollte auch mich glücklich machen. Ich stellte nie infrage, dass mich vielleicht etwas ganz anderes glücklich machen könnte – abseits der gesellschaftlichen Norm –, nein, für mich gab es nur diesen einen Weg. Aber irgendwie wollte dieser Weg für mich nicht so richtig funktionieren. Schon die schillernde Studentenzeit entpuppte sich als überhaupt nicht so, wie ich es mir vorgestellt hatte: Ich fand kaum Anschluss im Studium, überlegte ab dem 3. Semester bereits, ob ich nicht vielleicht doch etwas anderes hätte studieren sollen, mit den Männern wollte es auch nicht so richtig klappen, und das Konto blieb sowieso immer leer.

Heute habe ich eine ganz andere Sicht auf die Dinge, eine ganz andere Idee davon, wofür die Zwanziger eigentlich gut sein sollten: Die Zwanziger sind dafür da, mit all seinen Vorstellungen, die man vom Leben hat, aufzuräumen. Die Zwanziger sind dafür da, um alles auszuprobieren, was man glaubt zu wollen – nur um festzustellen, dass man eigentlich etwas ganz anderes möchte. In etwa so wie ein Ausschlussverfahren: Man weiß erst, was man will, wenn man herausgefunden hat, was man *nicht* will. Und überhaupt: Was bedeutet es schon, »sein Leben im Griff zu haben«? Wie lebt jemand, der sein Leben »im Griff« hat? In meiner damaligen Vorstellung hieße das, seine Finanzen im Griff zu haben, eine glückliche Beziehung zu führen, genaue Pläne und Ziele zu haben und auf diese hinzuarbeiten. Aber so funktioniert das Leben nun mal nicht. Das Leben ist niemals geradlinig, für niemanden – wir sprechen nur viel zu selten darüber. Aus Angst, aus Scham und weil wir ständig denken: »Alle anderen sind schon so viel weiter«. Dabei haben »alle anderen« genau die gleichen Gedanken und Probleme. Wie schön es wäre, würden wir alle ein bisschen mehr über unsere Ängste und Probleme in dieser Zeit sprechen!

Ich bin heute fest davon überzeugt, dass man in seinen Zwanzigern überhaupt nichts im Griff haben muss. Weder seine Finanzen noch seine Beziehungen noch seinen Lebensweg. Meine eigenen, fest eingebrannten Vorstellungen vom Leben haben mich jahrelang dicke, fette Scheuklappen tragen lassen. Ich versuchte felsenfest an ihnen festzuhalten, ohne mich umzublicken, ohne zu sehen, was das Leben rechts und links eigentlich noch so zu bieten hat.

Seid doch bitte alle wild und frei und unwissend! Seid pleite, macht Fehler, einen nach dem andern, fangt etwas an, beendet es sofort wieder, probiert euch aus! Eigentlich sind wir doch gerade erst geschlüpft, wurden gerade erst auf eigenen Füßen in die Welt entlassen – woher sollen wir denn wissen, wie all das funktioniert? Man macht sich die schöne spannende Zeit der Zwanziger so schnell kaputt mit solchen Gedanken. Ich wünsche mir, dass wir uns viel mehr erlauben würden zu struggeln. Es ist okay, nicht zu wissen, was man will. Es ist okay, ein Studium, eine Ausbildung abzubrechen, gerne auch zwei – oder noch mehr, so lange man eben braucht. Es ist ein Trugschluss zu glauben, dass man »nichts lernt«, nur weil man etwas nicht bis zum Ende durchzieht. Wir lernen nicht ausschließlich im Studium oder in der Arbeit – wir lernen vom Leben, ganz egal, wie wir es gestalten. Das Wichtigste ist doch, sich stetig zu fragen, was man aus einer bestimmten Erfahrung mitgenommen hat. Und sei es eben nur, herausgefunden zu haben, was man *nicht* möchte. Vielleicht muss man gegen 99 Wände laufen, um die eine offene Tür zu finden. Die Zwanziger sind einzig und allein dafür da, sich selbst zu erfinden, sich selbst zu erkunden, sich selbst kennenzulernen.

Ich denke, am leichtesten lebt es sich, wenn man offen für alles ist, was kommen mag. Ich bin auch heute, mit Anfang dreißig, noch immer offen fürs Leben und habe noch längst nicht alles aufgeräumt und erkundet, was es in mir zu erkunden gibt. Ich bin doch auch erst dreißig! Wie langweilig wäre das Leben, hätte ich alle Erkenntnis. Selbstfindung ist eine Lebensaufgabe – und keine Checkliste, die man bis Ende zwanzig abgearbeitet haben muss. Macht euch eure Zwanziger bitte nicht kaputt, indem ihr glaubt, ankommen zu müssen.

SEID SO LANGE AUF DEM WEG,
WIE IHR BRAUCHT.

Flucht

Ich fasse noch einmal kurz zusammen: Ich war immer noch fest davon überzeugt, dass ich eigentlich »nichts kann« und deshalb niemals in der Lage wäre, finanziell auf eigenen Beinen zu stehen. Mein »Versagen« als Fashionbloggerin und im Studium war in meinen Augen nur ein weiterer Beweis dafür. Und auch dem Mann, in den ich so verliebt war, war ich nicht genug.

Ich begann, nach und nach aus meinem Alltag und vor all diesen Dingen zu flüchten, indem ich am Wochenende exzessiv feiern ging. Ich verließ manchmal Freitagabend das Haus und kam erst Sonntag wieder. Ich versuchte den Moment, abends allein im Bett zu liegen, so weit wie möglich hinauszuzögern oder gar nicht erst eintreten zu lassen. Mich am Wochenende abzulenken, funktionierte wahnsinnig gut. Ich lachte, feierte, zog mit neuen Freunden um die Häuser, fühlte mich frei und ganz weit entfernt von Zukunftsängsten und Selbstzweifeln. Ich brach aus meiner glatt gebügelten Instagram-Welt aus und tauchte ab in die raue, dunkle Welt der Clubs. Vielleicht war es der viel zu lange unterdrückte Rest meines Selbst, der nun krampfhaft den Weg nach draußen suchte – und fand. Ich wollte so sehr zumindest für eine kurze Zeit lang sorgenfrei sein.

Ein für mich damals »positiver« Nebeneffekt war, dass ich am Wochenende schlichtweg aufhörte zu essen. All die Jahre zuvor hatte ich mir genau das immer gewünscht: einfach nichts essen zu können und somit abzunehmen. Und mit einem Mal fiel es mir überhaupt nicht mehr schwer. Heute denke ich, dass ich damals den Hunger aufs Leben verlor. Ich betäubte mich am Wochenende und unter der Woche erbrach ich einfach, was ich aß. Und jeden Montag stand ich voller Vorfreude wieder auf der Waage und sah den Kilos beim Purzeln zu. Je mehr ich abnahm, desto mehr konnte ich meinen Anblick im Spiegel ertragen. Und jedes Mal, wenn mir jemand sorgenvoll sagte, ich sei aber »dünn geworden«, fühlte ich Stolz. Beschrieb mich jemand als »zu dünn«, hüpfte mein Herz ein klein wenig. Der Blick auf die Waage und die Wochenenden waren alles, was mir zu dieser Zeit Freude bereitete. Ich war *endlich* dünn. Endlich da angekommen, wo ich immer hinwollte. Und das gab mir Mut. Wenn es zuvor mit Männern und Job nicht geklappt hatte, dann musste es doch jetzt endlich so weit sein.

Das Ganze ging in etwa ein Jahr lang so weiter. Ich war mit Mitte zwanzig noch sehr jung und steckte die durchzechten Nächte anfangs gut weg. Und die »Belohnung« in Form der immer kleiner werdenden Zahl auf der Waage war es mir absolut wert. Mit der Zeit aber musste ich mir eingestehen, dass mein Energielevel unter der Woche immer mehr zu kippen drohte. Der Schlafmangel wollte auf einmal nachgeholt werden, auf die Wochenend-Hochs folgte spätestens dienstags ein bewegungsunfähiges Tief. Irgendwann fühlte ich mich erst mittwochs wieder bereit zu arbeiten, aber schon donnerstags wurde ich wieder unruhig und spürte den Drang, feiern zu gehen. Doch trotz der wiederkehrenden depressiven Phasen kam ich aus der Spirale nicht mehr raus. Ohne meinen Ausbruch am Wochenende konnte ich mein Leben nicht aushalten. Und ich dachte auch immer noch, dass mein »neuer« schlanker Körper den Rest schon regeln würde. Immerhin war ich nun sogar für die Modewelt »dünn genug«. Zwar war mir bewusst, dass ich für meinen Körper den Preis der Gesundheit zahlte, aber auch das war mir egal. *Dünn sein ist wichtiger als gesund sein.*

Das Problem aber war: Nichts wurde besser. Ich setzte meine Gesundheit immer weiter aufs Spiel, und die Tage, an denen ich klar, bei Sinnen und nüchtern war, wurden immer kürzer, wogen immer schwerer und waren bald nicht mehr auszuhalten. Es war ein Teufelskreis. Meine feste Überzeugung davon, dass alles besser werden würde, »wenn ich dann mal dünn bin«, ließ mich nicht ausbrechen. Ich wollte dünn sein, um in der Modewelt jemand sein zu können, dafür musste ich meinen Körper regelmäßig solchen Strapazen aussetzen. Und dadurch fehlte mir die Energie, ins Handeln (oder überhaupt aus dem Bett) zu kommen.

Trotzdem: In den kurzen nüchternen Momenten beschlich mich immer öfter das Gefühl, etwas falsch zu machen. Etwas übersehen zu haben. Ich nenne es heute »das erste Gefühl« – mehr dazu später. Und doch dauerte es bis zu dem Moment, als ich eine geschlagene Woche lang weinend in meinem Zimmer lag, bis ich begann zu verstehen.

Eigentlich wusste ich es bereits. Eigentlich haben wir es alle schon einmal irgendwo gehört: Äußere Umstände werden niemals wahres inneres Glück hervorbringen. Ein schlanker, perfekter Körper hat nichts mit dem eigenen Glücksniveau zu tun. Aber die Gesellschaft versucht, uns stets das Gegenteil zu beweisen. Sie verspricht, Geld, Reichtum, Schönheit, Ansehen, Konsum und Besitztümer würden uns glücklich machen. Mit diesen Gedanken wachsen wir auf. Unterbewusst werden wir ständig mit dem Wunsch nach materiellem Reichtum, mit dem Streben nach höher und weiter befeuert.

Als junge Erwachsene sind wir diesem Problem besonders stark ausgesetzt. Wir streben danach, unser Glück, unsere Zufriedenheit zu finden, und kaum einer kann sich frei machen von jeglichem gesellschaftlichen Druck. Auch ich dachte, bewundert zu werden, ein Haus mit Garten, genug Geld, um die Welt zu bereisen und unendlich viele Klamotten zu besitzen, wären der Schlüssel zu anhaltender Zufriedenheit. Und den Grundstein für all das würde mein Äußeres legen. Ein perfekter Körper ist der Knackpunkt, sollte der Anfang sein für die Reise zum immer andauernden Glück.

Aber es war kein Anfang. Der Gedanke, dass irgendwas besser wird, »wenn ich dann mal dünn bin«, hielt mich sogar fest. Er ließ mich stillstehen. Wie oft habe ich gedacht, dass ich dieses und jenes machen werde, »wenn ich dann mal dünn bin«. Dass sich dieses und jenes von Grund auf ändert, »wenn ich dann mal dünn bin«. Ständig blickt man auf eine Zukunft, in der alles anders sein soll, und bleibt doch in der Gegenwart stehen. Ich bin mir ganz sicher, dass ich mit diesen Gedanken nicht allein bin. Deshalb möchte ich dir etwas ans Herz legen, das ich aus meinen Erfahrungen gelernt habe, in der Hoffnung, dass du dir damit ein paar Jahre des Stillstandes sparst: *Nichts, absolut gar nichts wird in deinem Inneren besser, wenn du abgenommen hast.* Welchen Preis hast du bereits dafür gezahlt, ständig diesem Gedanken hinterherzurennen? Was hast du alles schon *nicht* erlebt und *nicht* gemacht, weil du dachtest, du müsstest »erst mal abnehmen« und irgendwann später wäre ein besserer Zeitpunkt dafür? Was hast du verpasst, weil du dachtest, du bist so, wie du bist, nicht gut genug dafür?

»Ich werd' bald schön,
ich werd' bald klug,
und ganz vielleicht bin ich dann
endlich gut genug«

»Sag was du willst« – Neufundland[3]

Platz im Kopf für die schönen Dinge

Ich habe für mich beschlossen: Ich möchte nicht mit sechzig Jahren immer noch hier sitzen und mir denken: »Aber ein paar Kilo weniger wären schon ganz toll, denn dann ...«
Ein Tag hat nur 24 Stunden. Und seit ich elf Jahre alt war, vergeudete ich meine Gedanken auf genau diese Weise. Ich verbrachte viel Zeit vor dem Spiegel, um mich zu inspizieren, um meine Problemzonen ganz genau ausfindig zu machen. Nur um mir vorzustellen, wie ich denn ohne diese Zonen aussehen würde. Am meisten Zeit aber verschwendete ich darauf, mir tagtäglich vorzunehmen, »heute mal wirklich weniger zu essen«. Das sah in etwa so aus:

7:30: Heute esse ich auf jeden Fall weniger als gestern. Das war echt zu viel. Am besten ich lass das Frühstück ganz aus.

8:00: Verdammt, ich hab so Hunger. Vielleicht ein Vollkornbrot mit Quark ...

8:15: Okay, zwei. Vielleicht noch bisschen mehr drauf. Oh, da liegt ja noch die Brezel von gestern ...

9:00: Jetzt habe ich in der Früh gleich viel zu viel gegessen. Ich muss doch eigentlich die Nudeln von gestern Abend ausgleichen. Dann halt mittags weniger. Aber das erst später, also so lange wie möglich ohne Essen aushalten. Wieso sieht die Hose eigentlich so scheiße aus heute? Prima, ich komm sowieso wieder zu spät, weil ich nichts zum Anziehen finde.

11:00: Wieso hab ich denn jetzt schon wieder so saumäßig Hunger?

11:15: Ich esse um zwölf. 45 Minuten werde ich ja wohl noch aushalten. Ich würd' schon gern mit den anderen zum Italiener. Aber nicht schon wieder Nudeln! Am besten gar keine Kohlenhydrate. Und vor allem nichts Fettiges. Auf gar keinen Fall Nudeln! Einfach einen Salat oder so. Dann wäre auch das von heute Morgen wieder okay, glaube ich ...

12:15: Super. Hast doch die Nudeln bestellt. Wieso kannst du nicht ein einziges Mal durchhalten? Jetzt darf ich abends dafür *wirklich* gar nichts essen. Sonst war der ganze Tag wieder umsonst. So nimmst du niemals ab.

12:45: Jetzt bin ich so voll, dass ich Bauchweh habe. Wieso machen die immer so viel auf den Teller? Und wieso kann ich nicht einfach aufhören, wenn ich satt bin? Und wieso sag ich dann auch noch »Ja«, wenn Lisa mir ihr letztes Stück Pizza anbietet?

13:15: Ich hasse das Gefühl, so voll zu sein. Wieso halt ich's nicht mal länger aus, hungrig zu sein? Jetzt muss ich den Knopf im Sitzen aufmachen. Die ganze Zeit spüre ich meinen Bauch. Ich hasse es einfach. Morgen *muss* es einfach klappen. Es muss. Und heute Abend wird *nichts* gegessen!

Bis zum Mittagessen hatte ich mich also bereits fünfmal selbst verurteilt, siebenmal beleidigt und mir dreißigmal überlegt, was ich essen oder nicht essen sollte, wie ich's wieder loskriege oder wo ich eine Sporteinheit reinquetsche, um das Gegessene wieder »auszugleichen«. All das sind keine besonders schönen Gedanken.

Ich bin kein Fan von »Was wäre gewesen, wenn …?«, aber in diesem Fall hat mir genau dieser Gedanke sehr geholfen, etwas Grundlegendes ändern zu wollen: Ich fragte mich, was wäre, würde ich all die Energie nicht an Selbsthass und an Gedanken ums Essen verschwenden. Wie viel mehr Raum hätten mein Geist und mein Herz, wenn ich frei wäre von diesem Gedankenstrudel? Wie viel mehr könnte ich erschaffen, wie viel Energie bliebe mir für die Dinge, die ich liebe? Für Freunde, Familie und Beziehung. Für die Frage, was ich vom Leben eigentlich wirklich will, für meine Vision von einer besseren Welt? Würde ich all die verschwendete Energie und Zeit der letzten zehn Jahre in ein Paket bündeln, sie umwandeln in etwas Positives, ich hätte Berge versetzen können.

Und an diesem Punkt nahm ich mir fest vor, in Zukunft Berge versetzen zu wollen. Keine Zeit mehr verschwenden an: »Wenn ich dann mal dünn genug bin.« Keine Energie mehr verschwenden für: »Du bist nicht genug.« Dafür mehr tanzen. Mehr lachen, mehr lieben, mehr Platz im Kopf haben für die guten Gedanken. Ich möchte nicht mein ganzes Leben lang einem äußeren Ideal hinterherrennen und noch mehr meiner kostbaren Energie verschwenden. Ich will meinen Körper nicht mein Leben lang hassen.

Und wenn das bedeutet, meinen Körper akzeptieren zu lernen, dann muss das wohl so sein.

Was macht mich glücklich?

Diese Gedanken, dieses Vorhaben klingen natürlich sehr schön. Aber dennoch: Die Erkenntnis, so viele Jahre in eine falsche Richtung gelaufen zu sein, tat unfassbar weh. Vielleicht lag ich deshalb auch eine ganze Woche weinend im Bett. Ich musste mir eingestehen, dass ich mein halbes Leben lang an eine Lüge geglaubt hatte. Eine Lüge, die mir die Gesellschaft erzählte und die letztendlich zu meinem eigenen Mantra geworden war. Ich hatte so felsenfest daran geglaubt, dass mein Leben besser wird, »wenn ich dünn bin« – und zu sehen, zu fühlen, dass nichts von dem wahr ist, stürzte mich in ebendieses tiefe Loch. Hatte ich bis dato geglaubt zu wissen, was mich irgendwann einmal glücklich machen sollte – wusste ich es nicht mehr. *Wenn Dünnsein mich nicht glücklich macht, was dann? Wo liegt das Glück dann vergraben, wenn nicht dort?*

Ich wusste es nicht. Ich wusste nicht, was mich glücklich macht. Ich wusste nicht mehr, wo ich hinwollte. Ich wusste noch weniger, wie ich meinen Platz in dieser Welt finden sollte. *Ich weiß nicht, wie man glücklich ist. Ich weiß nicht, was mich glücklich macht.*

Ich würde an dieser Stelle nur zu gerne sagen können, ich hätte es ein paar Tage später herausgefunden. Doch wie alles im Leben blieb diese Suche ein langer, schwieriger und manchmal auch ernüchternder Prozess. Ich würde gerne sagen können, die Essstörung hätte sich an diesem Tag verabschiedet, ich hätte aufgehört, jedes Wochenende exzessiv feiern zu gehen, wieder an Gewicht zugelegt und wäre absolut okay damit gewesen. Es stimmt zwar, dass dieser Tiefpunkt mein Leben im weitesten Sinne verändert hatte – aber dennoch lagen vor mir tausend weitere Babysteps. Ich hatte zwar endlich verstanden, was mein Problem war, und fühlte mich bereit, dieses anzugehen, aber die Lösung lag noch in weiter Ferne. Die Bulimie war immer noch meine toxische Freundin, die mir das Leben vermeintlich leichter machte – auch, wenn ich nicht mehr die Intention verfolgte, weiter abzunehmen. Eine Sucht lässt man nicht einfach so los.

Nur in meinem Kopf

7. Oktober 2015

Ich setze mich auf einen großen Baumstumpf am Wegesrand und beobachte durch die Äste hindurch den See. Den schönsten See, den ich jemals gesehen habe, der mich jedes Mal wieder umhaut, wenn ich dort bin. Wie konnte ich all die Jahre nicht wissen, dass es so einen Ort in meiner Umgebung gibt? Wie konnten mir die Berge, die Seen, die Wälder früher so egal sein?

»Das gibt's doch nicht«, hast du immer und immer wieder gesagt, als du zum ersten Mal vor diesem krassen, unbeschreiblichen Panorama standest. Ich wusste, dass du so reagieren würdest, du fühlst doch genauso viel wie ich, deshalb habe ich dich hergeführt, weil ich mir nichts Schöneres vorstellen kann als genau dieses Leuchten in deinen Augen. Vor uns erstreckt sich der türkisblaue Eibsee, das Wasser so ruhig, dass sich die Berge darin eins zu eins spiegeln. Wir könnten genauso gut auf dem Kopf stehen, denke ich, und meine Welt steht doch gerade kopf. Der See ist heute meine Metapher. Die Zugspitze da unten und wir hier oben.

Man hört nichts außer Stille. Eine Art der Stille, die ich erst ganz neu für mich entdeckt habe. Dabei gibt es so viele Arten der Stille: Die Stille kurz vor einer Lüge entlarvt sie als solche. Die Pause zwischen zwei Tönen lässt mehr fühlen als der Ton selbst. Das Schweigen zwischen zwei Menschen kann Herzen zerreißen und lauter sein als ein Presslufthammer. Die Ruhe vor dem Sturm ist leise und doch so bedrohlich.

Stille hat absolut nichts mit Geräuschen zu tun – das habe ich gelernt. Es kann an den lautesten Orten still sein: zum Beispiel, wenn du jemanden, den du sehr gerne magst, auf der Tanzfläche küsst. Und es kann an den leisesten Orten furchtbar laut sein: abends, wenn du versuchst zu schlafen, aber dein Kopf keine Ruhe gibt. Die Stille in der Natur aber ... sie ist so sanft und gutmütig und liebevoll. Die Stille in der Natur will niemals etwas Böses – sie will mir nur zeigen, wer ich bin. Ich möchte am liebsten für immer hierbleiben, mit dir zwischen den Bäumen – und der Stille. Ich glaube, nur hier draußen ist so eine Stille nicht drückend, nur hier draußen kann man sie wirklich genießen. Nur hier draußen nimmt mich die Stille komplett ein, macht meinen Kopf frei, ohne dabei Platz zu machen für negative Gedanken.

Wir sind hierhergefahren, weil du sagtest, du willst mit mir raus, endlich an Orte, die dann uns gehören. Dieser wunderbare Ort hier, den schenk ich dir, der gehört nun uns. Wir liefen die kompletten sieben Kilometer außen herum, kein einziges Mal wünschte ich mir, woanders zu sein, und wenn ich könnte, würde ich ab heute ein Leben lang mit dir um diesen See laufen und dich »das gibt's doch nicht« sagen hören.

Und jetzt sitze ich hier auf diesem Baumstamm, ganz allein. Ich bin nur kurz in den Wald gelaufen, weil ich zu viel Tee getrunken habe, und als ich wieder auf den Weg zurücklief, warst du nicht mehr da. Dabei hätte ich schwören können, dich hier zurückgelassen zu haben. Aber du bist nicht da und auch nicht ein Stück weiter. Ich sehe dich nicht mehr.

Ich sitze einfach nur hier, blicke durch den Wald, und auf einmal beschleicht mich wieder dieses gemeine Gefühl, ich hätte mir all das nur eingebildet. Das passiert mir in letzter Zeit öfter, weil ich nicht fassen kann, dass das mit uns real sein soll und es doch eigentlich eine

Parallelwelt sein muss. Dass es dich eigentlich gar nicht gibt. Dass alles nur in meinem Kopf passiert und ich mir diese perfekte Welt, in der ich mich gerade dank dir befinde, nur ausgedacht habe. Also sitze ich hier, auf meinem Baumstumpf, und ich fühle mich plötzlich so allein, als wärst du niemals da gewesen. Mein Kopf sagt mir ein paarmal mehr, dass ich vielleicht einfach nur verrückt bin, dass es wirklich alles nur Einbildung sein könnte und ich heute allein an den See gefahren bin. Dass die Leichtigkeit der letzten Wochen, die ich so sehr gebraucht habe, nur in meinem Kopf stattgefunden hat. Dass ich eigentlich immer noch seit Juli im Bett liege und weine.

Doch kurz bevor der Wirrwarr in meinem Kopf in Panik umschwenkt, sehe ich dich um die Ecke kommen, mit großen Augen läufst du auf mich zu und fragst mich, wo ich gewesen bin, ich wollte doch nachkommen. Und dann sagst du, dass du kurz den wirren Gedanken hattest, dass du allein an den See gekommen wärst und ich eigentlich gar nicht existiere.

Und wieder falle ich in dir zusammen und halte dich und halte dich und du hältst mich und ich weiß wieder, wie real es ist.

Wie real das alles ist, wie schön das Leben sein kann, mit dir, hier, mit der Stille – und irgendwie sogar mit mir.

• ● •

The Art of Overthinking

In dieser Zeit drohte mein Kopf regelmäßig fast zu explodieren. Kein Wunder – die Frage danach, was uns in diesem Leben glücklich machen soll, ist essenziell. Ich begann, alles infrage zu stellen. Ich traute mir selbst nicht mehr so recht über den Weg. Vielleicht gab es noch andere, »falsche« Überzeugungen? Vielleicht gab es auch noch andere Dinge, die ich übersehen hatte? *Muss ich wirklich so »geradlinig« leben, wie die Gesellschaft es mir vorlebt? Häufe ich wirklich gerne Unmengen an Klamotten an, bereitet es mir wirklich Freude, immer mehr zu kaufen und zu konsumieren? Bin ich überhaupt dafür gemacht, in einem Angestelltenverhältnis zu arbeiten – wenn mich doch das Praktikum damals schon so unglücklich gemacht hat? Gibt es vielleicht doch einen anderen Weg? Muss mein Leben so aussehen?*

Etwa zur gleichen Zeit musste ich mich meinem bis dahin sorgfältig beiseitegeschobenen Studium wieder widmen. Die Fristen rückten immer näher. Ich musste meine Bachelorarbeit dieses Jahr noch abgeben, sonst hätte ich ohne Abschluss studiert. Und ohne das Stück Papier am Ende des Studiums wäre in den Augen der Gesellschaft alles umsonst gewesen. Als hätte ich mich die letzten fünf Jahre nicht trotzdem weiterentwickelt, als hätte ich überhaupt nichts gelernt. Ich hätte mich gerne schon damals von dem Gedanken, dass man ohne Studium »nichts ist«, frei gemacht. Aber das konnte ich (noch) nicht. Zu all meinem Gedankenwirrwarr mogelte sich also nun auch noch der Druck hinzu, mein Studium endlich abzuschließen.

Dabei war mir eigentlich permanent alles zu viel. Es wäre doch so schön gewesen, hätte ich einfach an meinem Teufelskreis festhalten können. Aber ich hatte nun mal etwas Neues verstanden, und für mich gab es keinen Weg mehr zurück.

Nichtstun

Das permanente Gefühl von Überforderung war eigentlich nichts anderes als der sehnlichste Wunsch nach Ruhe. Ein bisschen Frieden. Zufriedenheit und Entspannung. Ich dachte damals, wären all meine Probleme nicht, würde sich das Gefühl der Ruhe schon ergeben. Also ratterte mein Kopf permanent weiter in der Hoffnung, eine Lösung zu finden und dem inneren Frieden ein Stück näherzukommen. Ich versuchte, die Stille in meinem ständigen Zerdenken zu finden. Aber dort fand ich sie natürlich nicht.

Gemeinsam mit einer Freundin verbrachte ich in meiner Bachelorarbeitsphase sehr viel Zeit in den Uni-Bibliotheken von München. Meine Freundin kannte meine Sorgen, und je geistesabwesender ich wurde, desto mehr sorgte sie sich um mich. Mein Kopf war so voll, dass ich ab und an mitten im Gespräch vergaß, worum es gerade ging, ich verlor meinen Schlüssel noch häufiger als zuvor, verlief mich in der Stadt, die ich seit fünfundzwanzig Jahren kannte, und wie man ohne Podcast einschlief, hatte ich schon lange verlernt. Mit meinen eigenen Gedanken konnte ich nicht einschlafen – also musste ich meinen Kopf mit anderen, leichten Geschichten füttern, um einschlafen zu können.

Ab und zu legte sie mir nahe, es doch einmal mit Meditation zu versuchen. Aber der Gedanke kam mir absurd vor. Ich hatte weder Geld noch Zeit – und dann sollte ich stillsitzen und *nichts* tun, anstatt an meiner Bachelorarbeit zu arbeiten? Ich tat niemals *nichts*. Nicht, wenn ich in der S-Bahn saß, nicht mal auf dem Weg dorthin, nicht mal abends im Bett. Die Dusche am Morgen war wohl die einzige Zeit am Tag, in der ich mich nicht von irgendwas berieseln ließ – sei es Handy, Musik oder Podcast. Der Gedanke ans Nichtstun machte mich nervös. Ich dachte, ich müsse auf dem Weg dorthin meine Mails beantworten, müsse hier im Bus allen Leuten auf ihre Nachrichten antworten und den ganzen Instagram-Kram erledigen – oder beim Essen nebenher meine Serien weitergucken. Ich dachte, ich müsste jede Sekunde meines Tages mit etwas »Sinnvollem« füllen. Immer etwas *machen*. Niemals stillstehen. Und trotzdem hatte ich am Ende des Tages immer das Gefühl, ich hätte zu wenig geschafft.

Ich hatte seit Ewigkeiten kein Buch mehr gelesen, denn wenn man ein Buch liest, muss man sich ja einzig und allein auf dieses konzentrieren. Ich hatte keine sportlichen Hobbys, die mir den Kopf freimachten. Stillsitzen und Nichtstun kam mir nicht in den Sinn – zu wenig Zeit, zu viel zu tun, ich hatte es mir doch nicht verdient, einfach *nichts* zu tun. Ich war permanent unter Druck und getrieben, musste doch »was schaffen«, um weiterzukommen – und dann sollte ich einfach *nichts tun*? Wie sollte mir *das* helfen? Nur Menschen, die genug Geld haben, die etwas »erreicht« haben im Leben, dürfen es sich erlauben, mal nichts zu tun. Ich erlaubte es mir niemals – denn ich hatte in meinen Augen nichts »erreicht«.

Der Geschmack von Stille

Ich erinnere mich noch sehr genau an den Tag und das Gefühl meiner ersten Meditation, meinem ersten Kosten der Stille. Ich lief mal wieder in meinem Zimmer auf und ab, überlegte mir, was ich denn nun tun könnte, um *weiterzukommen,* was ich tun könnte, um dem Verlorensein-Gefühl zu entkommen. Und wie immer zermürbten mich tausend Fragen: *Mit was soll ich mein Geld verdienen? Ich kann doch nichts! Was mache ich, wenn mein Studium beendet ist? Die Selbstständigkeit wird dann viel teurer, dann muss ich mich selbst versichern. Wie soll ich das zahlen?*

In ebendieser Phase verliebte ich mich wieder neu und erinnerte ich mich wieder an das wundervolle Gefühl des Miteinanderseins. Für meinen Freund nahm ich mir Zeit – denn ich war verliebt, und verliebt sein heißt, dass sich das Herz über den Kopf stellt, ob man will oder nicht. Mein Herz zwang mich regelrecht dazu. Wie oft lagen wir stundenlang da und sahen uns einfach nur an, ohne ein Wort miteinander zu sprechen. Ich fand mich irgendwie in der Zweisamkeit wieder und merkte, wie wundervoll sich das süße Nichtstun anfühlen konnte. Ich merkte, wie ich dadurch wieder auftankte und viel gelassener, viel geordneter durch den Tag kam. Natürlich leisteten auch die Glückshormone ganze Arbeit, aber dieses absolute Wohlsein durch das Nichtstun ging mir nicht mehr aus dem Kopf. Ich verspürte das Bedürfnis, dieses Sein auch ohne ein Miteinander fühlen zu können. Ich wollte auftanken können, ohne von jemandem abhängig zu sein. Ich wollte aus der Misere, in der ich mich befand, selbst herauskommen, ich wollte mich selbst am allermeisten brauchen. Ich wollte in mich selbst und in dieses Leben ebenso verliebt sein wie in meinen Partner.

Je mehr ich mich selbst beobachtete, desto mehr beschlich mich das Gefühl, dass mein permanentes Getriebensein vielleicht sogar die Ursache für mein Unwohlsein sein konnte. Vielleicht sollte ich es also doch einmal mit dem Gegenteil versuchen?

Für gewöhnlich kreisten meine Gedanken stundenlang in meinem Kopf herum, bis ich irgendwann anfing zu weinen und schließlich vor Erschöpfung für ein paar Stunden einschlief. Dieses Mal aber hörte ich die Stimme meiner Freundin in meinem Kopf, die mir zur Meditation geraten hatte. Also griff ich nach meinem Handy, lud mir die erstbeste Meditations-App herunter und startete einen Grundlagen-Kurs: Eine männliche Stimme erklang, die mich gleich beim ersten Wort aufmerksam lauschen ließ. Sie war so ruhig, freundlich und verständnisvoll, dass ich nicht anders konnte, als zuzuhören. Ich schloss die Augen und hörte zu *und sonst nichts.*

• ● •

Irgendwas ist anders

Dezember 2015

»Öffne die Augen und nimm den Raum um dich herum wieder wahr«, sagt Paul, die Stimme meiner Meditations-App, und ich tue, was er mir sagt. Es dürften nicht mehr als zehn Minuten vergangen sein. Mein Atem ist ruhig, meine Lider ein wenig schwer. Ich sitze immer noch aufrecht auf meinem Schreibtischstuhl, ein bisschen vorgerückt in Richtung Kante, weit genug von der Lehne entfernt, damit ich meinen Oberkörper selbst halten muss. Ich blicke auf meine Hände und spüre meinen Herzschlag. Ein sanftes Pochen zwischen Hand und Oberschenkel, und ich frage mich, wann ich das letzte Mal meinen eigenen Herzschlag gespürt habe oder wann mein Kopf das letzte Mal so leer war, um sich auf so ein winziges (und doch so großes) Detail konzentrieren zu können. Vielleicht nie. Wann habe ich mich das letzte Mal so gespürt?

Ich stehe auf und beginne, mein Zimmer aufzuräumen. Ich hatte nicht vor, mein Zimmer aufzuräumen, aber irgendwie erscheint es mir gerade richtig. Ich lausche den Geräuschen, die meine nackten Füße hinterlassen, wenn sie das Parkett berühren, hebe Kleidung vom Boden auf, fädle sie fein säuberlich auf Kleiderbügel und hänge sie auf die Stangen. Als ich beginne, eine leise Melodie vor mich hin zu summen, spüre ich die sanfte Vibration meiner Stimme in der Brust. Bei jedem Griff, den ich tätige, tue ich einzig und allein das und nichts anderes. Ich greife, lege ab, greife erneut, laufe umher, und alles ist so ruhig, alles ist irgendwie okay. Es ist okay, einfach nur mein Zimmer aufzuräumen, es ist okay, einer eigentlich so monotonen, automatisierten und langweiligen Aufgabe nachzugehen, ohne mir gleichzeitig zu überlegen, was ich als Nächstes tue. Ohne nebenher einen Podcast zu hören oder eine Serie zu gucken. Ich tue einzig und allein eine Sache und bin gedanklich zu einhundert Prozent genau hier.

Und es fühlt sich so, so schön an. Ich habe das Gefühl, meine Gedanken hätten sich zum ersten Mal seit Jahren hintereinander in eine Reihe gestellt. Immer nur einen Gedanken nach dem anderen lasse ich zu mir herein. Normalerweise verhalten sich meine Gedanken wie Teenager vor einem Justin-Bieber-Konzert: Sobald die Tore offen sind, stürmen alle gleichzeitig hinein, um sich die besten Plätze zu sichern und nicht übersehen zu werden. Was entsteht, ist ein einziger wirrer Gedankenbrei, und eigentlich kommt keiner so richtig zu Wort.

Was hier gerade passiert, ist wie eine Audienz: Nur ein Gedanke wird geladen, angesehen, angehört und wieder entlassen. Ich fühle mich zum ersten Mal nicht total überladen – dabei hat sich nichts an meinen Umständen geändert. Ich bin die Gleiche wie vor zehn Minuten, meine Probleme sind die gleichen, meine Gedanken auch – aber sie überfordern mich nicht mehr. Sie sind einfach da. Und ich, ich bin eine stille Beobachterin, die ruhig und gelassen ihre Gedanken inspiziert, ihnen zuhört oder sie gegebenenfalls weiterschickt.

Ich habe das erste Mal seit Langem wieder das Gefühl, dass alles gut wird. Dass alles okay ist mit mir und gar nichts falsch. Dass ich das alles schon irgendwie hinbekomme. Was ich fühle, ist ein kleiner Keim Hoffnung. Alles ist okay so, wie es ist.

Ich bin auf dem richtigen Weg.

• ● •

Be here now

Ich lernte in den Wochen und Monate danach sehr viel über die Stille. Und auch über mich. Ich musste feststellen, dass ich mich und mein Herz erst so richtig hören konnte, als ich begann, den Kopf auszuschalten. Oder sagen wir besser: Als ich begann *zu versuchen*, den Kopf auszuschalten. Einfach mal so »an nichts denken« ist nämlich gar nicht so einfach. Es ist ein weitverbreiteter Irrglaube, dass es bei Meditation einzig und allein darum geht, an nichts zu denken. Natürlich ist es das höchste Ziel – für mich aber blieb Meditation immer mehr *der Versuch, an nichts zu denken.* Und in diesem Versuchen beobachte ich, was mir das Nichtdenken erschwert. Sobald ich versuche, zur Ruhe zu kommen, merke ich am allermeisten, welche Gedanken und Gefühle mich blockieren. Eine echte tiefe Leere im Kopf entsteht (auch heute noch) nur für ein paar Sekunden, bis wieder Gedanken aufpoppen. Und dennoch: Diese wenigen Sekunden reichen aus, zehn Gänge herunterzuschalten. Natürlich blieb ich niemals den ganzen Tag in solch einem wunderschönen, achtsamen, tranceartigen Zustand wie direkt nach einer Meditation. Manchmal war ich bereits nach dreißig Minuten wieder ganz die Alte. Aber dennoch: Diese Minuten nach der Meditation waren es mir wert.

Ich verstand, was es bedeutete, nach innen zu gehen. Bis dato lebte ich permanent im Außen, die Gedanken ständig in der Zukunft oder in der Vergangenheit. Die Zukunft immer ungewiss und angstbesetzt (*wo will ich hin, wie soll ich mich finanzieren, wie funktioniert das Leben, wer will ich sein?*), die Vergangenheit voller Reue, Vermissen und Fehlern, die ich in meinen Augen begangen hatte. Ich war nie im Moment, nie in der Gegenwart, weil ich ständig damit beschäftigt war, woanders hinzukommen. Ich suchte permanent nach einer Antwort auf meine Zukunftsängste, damit ich *in der Zukunft* glücklich sein könnte. Hatte ich früher gedacht, dass alles anders wird, »wenn ich dann mal dünn bin«, suchte ich auch zu diesem Zeitpunkt noch nach einem Geheimrezept dafür, dass *in Zukunft* alles anders wird. Ich fragte mich immer, wie ich irgendwann einmal glücklich *werde,* nicht aber, wie ich *jetzt* glücklich sein konnte – denn das stand mir in meinen Augen nicht zu. Meine Umstände ermöglichten es mir vermeintlich nicht, *jetzt* glücklich zu sein, weshalb ich mich auf das Glück in der Zukunft konzentrieren musste. Mit einer Meditation aber schaffte ich einen Frieden in mir selbst in genau dem Augenblick, in dem ich mich gerade befand. Vielleicht lag der Frieden also gar nicht in weiter Zukunft – vielleicht war er immer schon hier, irgendwo in mir, und ich hatte einfach an den falschen Orten danach gesucht.

Who am I?

Das Gefühl dieses Zustandes ließ mich nicht mehr los. Die Sekunden der Stille, in denen ich voller Zufriedenheit dahockte, ohne einen einzigen Gedanken, ließen mich zum ersten Mal wieder richtig aufatmen. Ich hatte in diesen kurzen Momenten das Gefühl, wieder zu wissen, wer ich war. In meinem Alltag verlor ich das Gefühl, ich selbst zu sein, ständig wieder aus den Augen. Aber in den kurzen Momenten des Nichtdenkens war ich mir zu einhundert Prozent sicher: Das hier bin *ich*. Und das, obwohl ich rein gar nichts tat, rein gar nichts dachte, rein gar nichts sagte. *Wie konnte das möglich sein?* Wie konnte es sein, dass ich mich spürte, wenn ich nichts von dem tat, was mich als Person vermeintlich ausmachte?

Hätte man mich zu dieser Zeit gefragt, wer ich *bin,* hätte ich wahrscheinlich in etwa so geantwortet: Ich heiße Angela. Ich studiere Fotografie, schreibe einen Blog, ich bin sehr emotional, ich zerdenke viel, ich fühle mich »zu dick«, ich fühle mich irgendwie nicht »genug« für diese Welt. Ich bin wahnsinnig zerstreut, leidenschaftlich, oft traurig, selten wütend. Ich gehe gerne feiern, bin fürsorglich, ängstlich und unsicher. All diese Dinge machten meine Person in meinen Augen aus. Eine

Aneinanderreihung von Eigenschaften und Dingen, die ich in meinem Leben tue – das bin ich, das ist mein Wesen. Doch woher kommt es beispielsweise, dass ich ängstlich bin? Ich mag keine Achterbahnen, ich mag keine hohen Geschwindigkeiten, ich mag keine Höhen. All das macht mir Angst. Mein Vater war in meiner Kindheit sehr fürsorglich und wollte uns Kinder vor Schmerzen und Unfällen schützen, weshalb er uns stets ermahnte, nicht zu schnell zu laufen, nicht zu hoch zu klettern, abends nicht alleine nach Hause zu laufen. Er wollte uns schützen.

Demnach bin ich also selten bis nie irgendwo herunter- oder hingefallen – vielleicht hasse ich heute deshalb das Gefühl zu fallen? Und wenn es doch einmal passiert ist, schockiert es mich so sehr, dass ich mich selbst niemals wieder in so eine Situation bringen will. Was aber wäre passiert, hätte mein Vater einen anderen Erziehungsstil gewählt, wäre mein Vater ein anderer Typ Mensch gewesen? Was wäre gewesen, hätte er uns einfach machen lassen, hätte uns vielleicht sogar ermutigt, »gefährliche« Dinge zu tun – mit der Intention: »aus Fehlern lernt man doch am besten«? Aus der Eigenschaft »ängstlich« hätte schnell ein »leichtsinnig« werden können. Und so hätte ich mir heute eher die Eigenschaft »leichtsinnig« zugeschrieben.

Letztendlich entstanden also all die Eigenschaften, die ich mir als Person zuschreibe, aus nichts anderem als aus der Summe meiner Erfahrungen. Meiner Persönlichkeit – wie ich mich verhalte, wie ich reagiere – liegt alles, was ich in der Vergangenheit erlebt habe, zugrunde. Ich bin die Summe all meiner Erfahrungen. Wir alle sind die Summe unserer Erfahrungen.

Was aber war ich *vor* alledem? Bin ich *niemand*, wenn ich noch keine Erfahrungen, keine Erlebnisse auf dem Lebenskonto habe? Ein Säugling hat noch keine Erfahrungen gemacht und muss keiner Aufgabe nachgehen – ist er deswegen *nichts*? Ist ein Baby deshalb weniger liebenswert oder weniger wert?

Ganz im Gegenteil – und das wissen wir alle. Ein Baby hat eine unfassbare Kraft. Auf die eigene Mutter ganz besonders. Meine Freundin Ina wurde erst vor Kurzem Mutter, und auch sie sprach von diesem unglaublichen, überwältigenden, reinen Gefühl des Liebens und des Geliebtwerdens beim Blick auf ihre neugeborene Tochter. Das Kind muss nach der Geburt nichts *tun* und nichts *leisten*, um geliebt zu werden. Es ist einfach nur da. Ohne Erfahrungen, ohne Aufgabe – und doch ist es unendlich wertvoll, vielleicht sogar die wertvollste Form des Lebens. Ein Baby hat eine Reinheit an und in sich, die kaum in Worte zu fassen ist. Ein neugeborenes Baby ist *Sein* in der reinsten Form. Ein Baby *ist*.

Möchte ich mein Selbst also herunterbrechen auf das, was ich *vor* meinen Erfahrungen bin, was ich ohne meine Erlebnisse bin, dann *bin* ich einfach. Und das ist bereits genug. Dann kommt hinter dem »Ich bin …« nichts mehr. Das ist *Sein* in der reinsten Form.

Ich *bin*. Du *bist*. Und jeder Mensch *ist*.

Und genau dieses Gefühl, diesen Frieden, fand und finde ich auch heute noch in den kurzen Sekunden der Meditation. Ich schnitt mich selbst von allem, was ich glaubte, sein zu wollen, ab. Und hier lag auf einmal die Zufriedenheit, die Freiheit, der Frieden, den ich mir so sehr wünschte – den ich zu dieser Zeit so sehr gebraucht hatte.

Wo man die Stille findet

Du merkst, ich begann zu philosophieren – ohne zu wissen, dass ich es tat. Ich begann, irgendwie »spirituell« zu werden – obwohl ich mit dem Begriff überhaupt nichts anfangen konnte und er mir auch heute nicht zu einhundert Prozent zusagt. Für mich waren all meine Gedanken logische Schlussfolgerungen. Wollte ich in Kontakt mit mir selbst treten, musste ich still werden. Ich denke, wenn Menschen behaupten, Meditation hätte »ihr Leben verändert«, dann meinen sie damit nichts anderes, als die Stille in sich und das Gefühl der Ruhe und Zufriedenheit gefunden zu haben – wenigstens für einen Moment. Dann meinen sie damit, dass sie ihre Gedanken, Gefühle und all ihre Erfahrungen für einen kurzen Moment ausblenden können – um einfach zu *sein*. Sie meinen, dass sie in dieser hektischen Welt einen Moment der Ruhe finden, der sie den restlichen Tag über leichter durchs Leben gehen lässt. Und ja, dieses Gefühl ist tatsächlich lebensverändernd. Es verändert. Ob es sofort eine durchweg positive Veränderung mit sich bringt, bezweifle ich allerdings – denn wer aufbricht, stellt sich auch seinen Ängsten und Dämonen. Meditation ist auch nicht unbedingt das für alle passende Tool. Also keine Sorge, wenn du es schon öfter probiert hast und einfach nicht verstehen kannst, was die Leute daran finden – das ist mehr als okay. Du bist ja nicht »die Leute«, sondern du, mit ganz anderen Erfahrungen. Menschen sind so verschieden, und wenn wir doch alle die Summe unserer Erfahrungen sind, kann es nicht den *einen* richtigen Weg für uns alle geben. Ich denke, wichtig ist herauszufinden, was uns frei macht, was uns leicht macht, was uns kurz vergessen lässt, wer wir *glauben* zu sein – um wieder *wirk-*

lich zu sein. Vielleicht findest du es auf einem Surfbrett, vielleicht ist es das Gefühl nach einem Halbmarathon, vielleicht ist es der Blick in die Augen des eigenen Kindes, oben auf der Spitze eines Berges oder auf dem Weg dorthin, beim Schleifen eines Holzbretts, beim Vogelbeobachten, beim Kajakfahren, beim Zeichnen, beim Tanzen, beim Zusammenlöten. Kurze Momente der vollkommenen Zufriedenheit können überall zu finden sein – man muss nur auf die Suche gehen, sich vielleicht wieder auf das besinnen, was man als Kind gerne getan hat, und aufmerksam genug sein, um zu erkennen, wenn so ein Moment auftaucht. Solche Momente bringen uns dazu, wieder in Kontakt mit uns selbst zu treten und somit auch wieder in Kontakt mit der Welt zu stehen.

Stille und Kreativität

Dieses Buch hier ist die materialisierte Form der Stille in mir. Zwischen dem unterschriebenen Buchvertrag und der Manuskriptabgabe lagen genau fünf Monate. Ich hatte fünf Monate Zeit, um ein ganzes Buch zu füllen, und jede einzelne Zeile davon sollte meinen Ansprüchen genügen, euch berühren und ins Herz treffen. Für jede Zeile dieses Buches aber brauche ich diese ganz besondere Stille in mir. Ich kann nicht gut schreiben, wenn nebenher ein Podcast läuft. Ich kann nicht mal schreiben, wenn Musik mit deutschen Lyrics läuft. Am besten schreibe ich, wenn ich kurz vorher zwanzig Minuten auf meinem Meditationskissen sitze und bewusst *nicht* über das nachdenke, was ich gleich schreiben möchte.

Wenn der Verstand nicht schreibt, schreibt das Herz, und

was das Herz schreibt, ist echt. Und der:die Leser:in, du, erkennst sofort, ob etwas echt ist oder nicht: Es trifft dich, oder es geht an dir vorbei. Es lässt dich etwas fühlen, oder es prallt an dir ab.

Heute schaffe ich es, mich bewusst in solch einen Herzenszustand zu versetzen: Ich werde still auf meinem Kissen, und wenn ich wieder »aufwache«, nutze ich den Moment der Stille wie eine weiße Leinwand. Wahre Kreativität entspringt immer der Stille. Wahre Kreativität kann nicht mit Denken erzwungen werden – sie entsteht im Raum zwischen den Gedanken. Sie entsteht, wenn wir frei sind von allem, was wir erreichen möchten, was wir gelernt haben und wer wir glauben zu sein. Willst du kreativ sein oder eine Lösung für ein Problem finden, musst du still werden. Die Stille in mir ist das höchste Gut, das ich habe – und ich bin fest davon überzeugt, diese Welt wäre eine bessere, würden die Menschen mehr nach innen gehen.

»Wenn du nicht nach innen gehst, gehst du leer aus.«
– Neal Donald Walsch[4]

Das erste Gefühl

Ich war schon immer ein Mensch, der sich stark von seinen Gefühlen leiten ließ. Ganz oft ein wenig zu blind, denn nicht jedem Gefühl sollte man Glauben schenken, genauso wenig wie jedem seiner Gedanken. *Glaub nicht alles, was du denkst – aber auch nicht alles, was du fühlst.* Doch je öfter ich die Stille besuchte, desto mehr sprach mein Bauchgefühl zu mir. Heute nenne ich es gerne »das erste Gefühl«, weil es oft tatsächlich das allererste ist, das in mir auftaucht. Manchmal aber ist es auch das Gefühl, das einem anderen, sehr starken Gefühl zugrunde liegt. Vielleicht ist es gleichzusetzen mit »Intuition« und der »inneren Stimme«. Für gewöhnlich aber verweilt das erste Gefühl viel zu kurz, um es vollständig wahrnehmen zu können, und wird gleich wieder von anderen Gedanken und Erfahrungen weggespült.

Ein simples Beispiel: Eine Freundin versetzt mich, obwohl ich ihren Rat gerade sehr gebraucht hätte. Ich werde wütend, denn ich fühle mich vergessen, zurückgestellt, unwichtig. Wut ist ein starkes Gefühl, macht oft blind und lässt uns Dinge sagen und tun, die wir im Nachhinein vielleicht bereuen. Das erste Gefühl in mir aber weiß, dass die Nichtanwesenheit meiner Freundin rein gar nichts mit mir zu tun hat. Wer weiß schon, was ihr dazwischengekommen ist? Ich fühle mich zwar dennoch unwichtig, aber dieses Gefühl kommt aus mir selbst. Es ist ein Indiz dafür, dass ich mir gerade nicht bewusst bin, dass ich sehr wohl wichtig bin. Es zeigt mir, dass mein Selbstwertgefühl – also das Bewusstsein darüber, dass ich wertvoll bin – angeknackst ist. Meine Freundin ist meine Freundin, weil sie mir bereits sehr oft gezeigt hat, wie wichtig ich für sie bin.

Das gerade ist nur eine Situation, die nichts mit mir oder ihrer Freundschaft, ihrer Liebe zu mir zu tun hat. Sondern einzig und allein mit meinem Selbstwertgefühl.

Ich bin mir sicher, dass wir unsere ersten Gefühle eigentlich bereits kennen. Wir haben nur gelernt, sie über die Jahre gekonnt zu verdrängen. Es fängt bereits bei der Wahl des Studiums an: Tue ich etwas, das mir Freude bereitet, oder lieber etwas, das gesellschaftlich anerkannt wird und später auch genug Geld einbringt? *Eigentlich* fühlt man die Wahrheit in sich. *Eigentlich* weiß man, dass der Wunsch des Herzens der richtige wäre. Das erste Gefühl trägt eine gewisse Weisheit in sich. Es ist das Gefühl, das uns sagt: *Eigentlich weiß ich ja, dass es nicht so ist. Eigentlich weiß ich, was ich tun sollte. Eigentlich weiß ich, was ich tun möchte. Eigentlich weiß ich, was für mich richtig ist.*

Aber.

Nach dem »Aber« treten sofort wieder all unsere Erfahrungen, Erwartungen von außen und Ängste in Kraft, und was wir letztendlich tun, hat oft herzlich wenig mit dem ersten Gefühl zu tun.

An dieser Stelle möchte ich dem Ganzen trotzdem kurz einmal die Schwere nehmen: *Nobody's perfect*, und ich tue auch in meinem heutigen Leben noch verdammt viel, was absolut nichts mit meinem ersten Gefühl zu tun hat. Ich mache Dummheiten und Fehler und laufe gegen Wände, und am Ende fasse ich mir an den Kopf, weil ich's doch *eigentlich* bereits besser wusste. Vor allem, wenn es um Selbstfürsorge geht, bin ich ganz oft eine ziemliche Niete. Wenn ich so richtig traurig bin, mich in Selbstmitleid suhle, dann kann mir das erste Gefühl ganz schön gestohlen bleiben. Deshalb ein kurzer Shout-out an alle, die auch gerade irgendwo ganz tief drinstecken, die eigentlich ganz genau wissen, dass an die frische Luft gehen, 'ne Runde laufen, Musik hören oder die beste Freundin anrufen gerade das Richtige wäre – es aber trotzdem nicht tun. Weil man halt gerade einfach nicht kann. Wie oft war ich da schon und habe mich genau für das verurteilt: es eigentlich besser zu wissen, aber gerade einfach nicht zu können. Das hier ist für die Gelähmten in Schockstarre: *I feel you!* Denn bei aller Selbstliebe: Manchmal ist das so. Wer bewegungsunfähig ist, schafft es gerade mal so, überhaupt zu denken, nicht aber in die positive Richtung. Vielleicht aber wenigstens in diese: Mach dich nicht noch zusätzlich fertig dafür, dass du dir gerade nichts Gutes tun kannst. Mach dich nicht fertig dafür, dass du nicht auf dein erstes Gefühl hören kannst. Kein Mensch hört immer auf seine innere Stimme, und nur die wenigsten sind in der Lage, in wirklich schwierigen Lebenssituationen die Selflove-To-do-Liste von oben nach unten abzuklappern.

Es ist okay, ganz genau zu wissen, was *eigentlich* richtig wäre, was einem *eigentlich* guttun würde – und es trotzdem nicht zu tun.

Alles braucht seine Zeit.

Wichtig ist, den ersten Gedanken und Gefühlen trotzdem zuzuhören. Auch wenn man ihnen nicht gleich und sofort nachgehen kann. Einen Raum zu schaffen für das, was ganz tief aus uns spricht, ist unfassbar wichtig. Und dieser Raum kann mit ein bisschen Übung immer größer werden.

Angst vor Veränderung

Je öfter ich mir Momente der Stille einräumte, je öfter ich mit mir selbst in Kontakt trat, desto lauter konnte ich meine ersten Gefühle hören. Es waren allerdings keine neuen Gefühle. Früher war die Stimme nur sehr leise – doch je öfter ich ihr zuhörte, desto lauter wurde sie. Leider aber brachte das auch einige Probleme mit sich: Denn je mehr Raum ich den ersten Gefühlen gab, desto komplizierter schien sich mein Leben zu gestalten. Das menschliche Gehirn kann leider nicht besonders gut mit Veränderungen umgehen. Neurobiologe Dr. Gerald Hüther (ein Mann, den ich sehr bewundere, dem ich gerne zuhöre) schrieb in einem Artikel, dass die Lieblingsbeschäftigung des Gehirns Energiesparen ist.[5] Es richtet sich immer so ein, dass möglichst wenig Energie verbraucht wird. Das sei laut Hüther ein Grundgesetz der Natur. *Ich möchte etwas in meinem Leben ändern – doch ich habe große Angst davor, denn ich weiß nicht, was auf mich zukommt, wie ich es schaffen soll, wohin mich mein Weg führt. Ich weiß nicht, ob es klappt, ob ich stark genug bin, ob es nicht zu schmerzhaft wird.*

Unser Gehirn verbraucht schon im Ruhezustand zwanzig Prozent unserer gesamten Energie. Sobald wir den Gedanken nach Veränderung zulassen, fangen die Nervenzellen kräftig an zu feuern, unser Energieverbrauch schießt in die Höhe, und man spürt sofort ein ungutes Gefühl in der Brust- oder Bauchgegend. *Lieber doch nicht.* Deshalb sind Veränderungen für uns Menschen so wahnsinnig schwierig. Also bleiben wir da, wo wir sind, machen weiter wie bisher. Alles beim Alten zu belassen spart Energie – sogar wenn »das Alte« uns gar nicht guttut. Für unser Gehirn ist es gefährlicher, sich auf etwas Neues einzulassen, als die bestehenden Umstände, so unbehaglich diese auch sein mögen, zu ändern. Das Ungewisse *kostet* Energie. Das, was wir kennen, *spart* Energie.

Ich finde dieses Wissen beruhigend. Ich finde es erleichternd zu wissen, dass das menschliche Gehirn nun mal so ausgelegt ist. Dass es *menschlich* ist, Veränderungen nur langsam und schwer in sein Leben zu lassen. Wichtig ist, sich dessen bewusst zu sein und seiner Angst vor Veränderung mit diesem Bewusstsein entgegenzuwirken: *Wow, ganz schön anstrengend, diese Gedanken an die bevorstehenden Veränderungen. Aber das ist okay, so funktioniert mein Gehirn nun mal, es ist menschlich, so zu fühlen.*

Niemand geht angstfrei in eine Veränderung. Sei es ein neuer Job, ein Umzug, der Anfang oder das Ende einer Beziehung, ein Studien- oder Ausbildungsbeginn, eine große Reise, ein Kind. Wenn wir alle – mal wieder – eine Sache gemeinsam haben, dann ist es die Angst vor Veränderung. Hallo, *Ubuntu!*

Meine ersten Gefühle

Bis zum Zeitpunkt meines Tiefpunktes schrieb ich bereits seit sechs Jahren einen Modeblog und verdiente mir damit meinen kompletten Lebensunterhalt. Ich war fest davon überzeugt, dass ich nichts anderes kann und dass die Selbstständigkeit der einzige Weg für mich sein würde. Mein erstes Gefühl aber sagte mir schon seit Jahren, dass hier etwas nicht ganz stimmte. In der Stille ließ ich die Abneigung gegen das, was ich da tat, zum ersten Mal richtig zu: Ich verdiente mein Geld damit, andere zum Konsum anzuregen. Ich machte Werbung mit meinem Gesicht. Und ich bewarb nicht nur irgendetwas: Ich warb für Mode, die von unterbezahlten Arbeiter:innen in Bangladesch, China oder der Türkei genäht wird. Damit ich so billig wie möglich kaufen konnte, müssen diese Arbeiter:innen so schnell wie möglich unter den schlimmsten Arbeitsbedingungen und teilweise sechzehn Stunden am Tag schuften – und trotzdem leben sie in Armut. Am 24. April 2013 bezahlten 1135 Textilarbeiter:innen bei dem Einsturz der Textilfabrik Rana Plaza mit ihrem Leben. Schon damals ging dieses tragische Ereignis nicht spurlos an mir vorbei – doch ich konnte es noch nicht so weit an mich ranlassen, dass ich tatsächlich etwas an meinem Konsum änderte. Doch je mehr ich meinen ersten Gefühlen Raum gab, desto mehr erkannte ich: Ich konsumierte diese Kleidung nicht nur, ich verdiente sogar mein Geld damit, andere dazu zu bringen, sie ebenfalls zu konsumieren. Ich war Teil der Maschinerie. Mein erstes tiefes Gefühl sagte mir, dass das nicht richtig ist. Dass das nicht *ich* bin, dass *ich* eigentlich nicht für so etwas stehen möchte.

Das zweite sehr starke erste Gefühl zu dieser Zeit bezog sich ebenfalls auf meinen Konsum – aber diesmal auf meine Ernährungsweise. Ich war nun sechsundzwanzig Jahre alt und ernährte mich bereits seit sieben Jahren vegetarisch. Meine Liebe zu Tieren war eines dieser ersten Gefühle, welches ich niemals, auch nicht im Teenager-Alter, unterdrücken konnte. Ich schaffte es verdammt gut, vor vielen Dingen in dieser Welt die Augen zu verschließen – vor Tierleid aber nicht. Der Gedanke daran, dass eine Kuh, ein Schwein, ein Huhn meinetwegen einen qualvollen Tod sterben müsse, ist für einen sensiblen Menschen wie mich kaum auszuhalten. Für mich war immer klar: Meine Katze ist meine liebste Freundin. Ich möchte meine Katze nicht töten und essen. Tiere sind meine Freunde – *und ich esse meine Freunde nicht.* Ich mache keinen Unterschied zwischen Hunden, Katzen, Kühen oder Hühnern. Tiere waren immer schon ein ganz besonderer Ruhepol für mich.

Ich schaffte mir in dieser Sache schon sehr früh ein Bewusstsein dafür, dass vielleicht nicht alles, was mir die Gesellschaft als »normal« verkaufte, wirklich so »normal« war. Also strich ich Fleisch aus meinem Speiseplan, und was mir anfangs noch schwerfiel, wurde irgendwann zur normalsten Sache der Welt.

Der nächste Schritt hin zur veganen Ernährung – also das Weglassen aller tierischen Produkte wie Milch und Eier – lag eigentlich nahe. Denn das Tierleid ist auch bei Milchkühen und Hybridhühnern enorm – oft sogar noch schlimmer als in der Fleischindustrie. Aber wie ich bereits erwähnt habe, ist eine Veränderung anfangs immer ein schwieriger Schritt, die Beweggründe müssen stark genug sein und von innen heraus entstehen. Man muss es wirklich *wollen.* Dieser Prozess kann ein wenig dauern. Meine Gedanken zum Thema Veganismus sahen damals in etwa so aus: *Eigentlich* weiß ich doch, dass Milchkühe ein grausames Leben fristen. *Eigentlich* weiß ich, dass nur weibliche Hühner Eier legen, dass sich die männlichen Küken wirtschaftlich nicht rentieren – und sie deshalb lebendig geschreddert werden. *Eigentlich* weiß ich doch bereits, dass die Muttermilch einer Kuh nicht für den Menschen gedacht ist. *Eigentlich* weiß ich doch, dass die gesamte Nutztierhaltung verheerend ist für Umwelt und Klima. *Eigentlich* weiß ich bereits, dass die vegane Ernährung für mich die gesündeste wäre.

Mein Wille stärkte sich jedes Mal, wenn ich in die Stille ging und meinen ersten Gefühlen Gehör schenkte. Und so kam ich auch bei dem Gedanken an Milch und Eier irgendwann an einen Punkt, an dem ich es einfach nicht mehr konnte.

An dieser Stelle möchte ich kurz an etwas erinnern, was ich zu Beginn des Buches bereits sagte: Alles, was ich dir hier erzähle, ist mein ganz eigener Weg, meine Welt in meinem Kopf. Dieses Buch heißt »Es ist okay«, weil ich jedem Menschen das Gefühl geben möchte, dass sein ganz eigener Weg, sein ganz individuelles Sein vollkommen und absolut in Ordnung ist. Ich habe neunzehn Jahre meines Lebens Fleisch gegessen, bis ich mich dazu entschloss, es nicht mehr zu tun. Ich habe sechsundzwanzig Jahre meines Lebens Milch und Käse und Eier gegessen und weiß ganz genau, dass sich der Schritt zum Veganismus zunächst wie ein riesengroßer Verzicht anfühlt. Auch für mich war es jahrelang »zu viel«. Ich möchte also nicht mit dem Finger auf diejenigen zeigen, die es anders machen als ich. Alles braucht seine Zeit, und so habe auch ich mir die Zeit genommen, die ich gebraucht habe. Es hat lange gedauert, bis ich zu diesem letzten Schritt bereit war, und wenn du es (noch) nicht bist, dann ist es okay. Es gibt Menschen, die keine besonders große Empathie gegenüber Kühen und Schweinen hegen, und auch wenn ich es nicht verstehen kann, versuche ich es zumindest nachzuvollziehen. *Warum?* Weil es immer eine Kluft zwischen mir und meinem Gegenüber schafft, wenn ich mit dem Finger auf andere zeige. Das kenne ich von mir selbst. Zeigt jemand mit dem Finger auf mich oder versucht mich gar zu etwas zu drängen, baue ich meine Mauern umso höher. Ablehnung und Abgrenzung sind die Folge. Ich werde stur und tue Dinge »aus Prinzip« nicht, einfach nur, weil jemand anders es von mir verlangt. Ich möchte verhindern, dass solch eine Kluft überhaupt entsteht. Ich möchte keine Linie zwischen mir und »den anderen« ziehen, denn begegnet man sich nicht auf Augenhöhe, ist Kommunikation kaum mehr möglich. Ich möchte mich mit der Art und Weise, wie ich mich ernähre, nicht über andere stellen, denn hier oben hört man mich womöglich gar nicht mehr. Was ich aber gelernt habe, ist Folgendes: Anderen Menschen etwas vorzuleben ist viel effektiver, als zu missionieren. Über die Jahre haben sich sehr viele Menschen in meinem engeren Umfeld für eine fleischlose oder sogar für vegane Ernährung entschieden. Mein Beitrag dazu waren die leckeren Gerichte, die ich für sie kochte, und die Leichtigkeit, die ich in dieser Sache an den Tag legte. Dadurch, dass ich niemanden für seine Ernährungsweise verurteilte, traute man sich auch, mich um Rat oder nach meinem Warum zu fragen. Niemand fühlte sich von mir abgelehnt – und dadurch war Kommunikation überhaupt erst möglich.

Ich möchte diesen Gedanken gerne noch etwas weiterspinnen: Mein persönlicher Tiefpunkt, mein Unglück, brachte mich damals dazu, alles in meinem Leben infrage zu stellen. Meine Verzweiflung und meine Suche nach Antworten brachten mich meinem dringenden Bedürfnis nach Ruhe und Stille näher. In dieser Stille hörte ich meiner inneren Stimme zum ersten Mal bewusst zu. Und im Prinzip sagte sie mir nichts anderes als das: Liebe ist die Kraft, mit der ich durchs Leben gehen möchte. Ich möchte nichts tun, was anderen Menschen oder Lebewesen Leid zufügt – und ich bin fest davon überzeugt, dass eigentlich kein Mensch auf dieser Welt Leid verursachen möchte. Hört man sich selbst lang genug aufmerksam zu, so erkennt man, dass wahres Glück nicht in Konsum und Dingen zu finden ist, sondern immer nur in Verbindung mit anderen Menschen und der Natur. In echten Freundschaften, der eigenen Familie, im Helfen. Ich trage die Hoffnung in mir, dass, würden wir alle ein bisschen mehr auf unsere ersten Gefühle achten, ein neuer Lebensweg irgendwann unausweichlich wird. Bewegt man sich hin zu sich selbst, bewegt man sich wieder hin zum Wesentlichen. Ich wünsche mir, dass Themen wie Nächstenliebe, Umweltschutz und Konsum für diejenigen, die nach innen gehen, irgendwann unausweichlich werden. Wer aufmerksam genug ist zu erkennen, welche positive Wirkung die Natur auf uns hat, wird diese vielleicht ebenso schützen wollen. Wer versteht, dass Liebe und zwischenmenschliche Nähe die Essenz des Menschseins sind, wird diese Welt hoffentlich für seine eigenen Kinder und deren Kinder erhalten wollen. *Was wir lieben, schützen wir.*

Eben deshalb möchte und brauche ich gar nicht mit dem Finger auf andere und erst recht nicht auf dich zu zeigen. Ich möchte euch eher dazu anregen, nach innen zu gehen, eure ersten Gefühle zu erforschen und ihnen so oft wie möglich zuzuhören. Je mehr man sich zuhört, desto mehr begibt man sich auf den Weg zu sich selbst. Und irgendwann kommt man an den Point of no Return, der ganz laut sagt:

Ich kann das einfach nicht mehr.

Sei es der aktuelle Job, die Beziehung, das Studium, die Art und Weise, wie man lebt. Und das ist eine *gute* Sache! Es fühlt sich zunächst furchtbar an, denn eine Veränderung wird unausweichlich. Aber nur hier, an genau diesem Punkt, ist der Wille plötzlich stark genug.

Ich möchte vorleben und zeigen, was mit mir geschehen ist, als ich nach innen ging. Der Rest, das Überdenken des eigenen Konsums und der eigenen Lebensweise, ist jedem selbst überlassen. Um es mit den Worten Gandhis zu sagen: »Sei du selbst die Veränderung, die du in der Welt sehen willst.«[6]

Doch was war mit der Bulimie? Ich hatte doch bereits erkannt, dass meine Essstörung größtenteils von der Gesellschaft geprägt wurde. Von dem Bild der Frau, das an jeder Hauswand, in jeder Zeitschrift propagiert wurde. *Und ich?* Ich stehe da lächelnd vor einer Kamera, mit einem Körper, den ich zugrunde richten musste, um so auszusehen. Damit die Kleidung locker sitzt, damit das Schlüsselbein zu sehen ist und die Thigh Gap bei jedem Schritt vorhanden. Ich war zu genau dem geworden, was mich selbst so unglücklich gemacht hatte. Ich war jetzt Teil dessen, was mich in die Essstörung trieb. Vielleicht trug ich sogar dazu bei, dass sich andere ebenfalls minderwertig fühlten – so, wie ich mich immer gefühlt hatte. Mein erstes Gefühl sagte mir ganz deutlich: *Ich will nicht, dass sich andere meinetwegen schlecht fühlen.*

Ich hatte für mich erkannt, dass mein Schönheitsideal stark

eingeschränkt und über die Jahre in eine bestimmte Richtung abgedriftet war. Nun entsprach ich selbst ebendiesem Schönheitsideal – doch dieses Ideal zu halten schaffte ich nur mit großer Anstrengung. Ich war von meinem Wohlfühlgewicht weit entfernt, aber tat so, als würde ich mich wohlfühlen. Ich tat so, als sei alles *leicht*. Als sei es für mich *normal*, so auszusehen. Dabei war es unendlich schwer. Ich war nicht authentisch, aber tat so, als sei ich die Authentizität in Person.

Jedes Mal, wenn ich online ein Kompliment für meine Figur bekam mit den Worten:»ich würde gern so aussehen wie du«, oder:»ich wünschte, meine Beine wären so schlank wie deine«, kämpften meine Gefühle miteinander: Einerseits fühlte ich so etwas wie Stolz – denn genau das wollte ich doch immer, bewundert werden, dünn sein –, aber andererseits brach es mir das Herz. Weil ich mir ganz genau vorstellen konnte, wie da eine junge Frau vor dem Bildschirm sitzt und sich vielleicht mein Foto in ihrem»Thinspiration«-Ordner abspeichert, um es sich immer wieder anzusehen, wenn sie»Motivation« zum Abnehmen brauchte. So wie ich es früher tat.

Ich war nicht mehr die, die sich die Fotos ansah – ich war das Mädchen auf dem Foto geworden. Ich dachte, diesen Platz einzunehmen, wäre das Größte für mich, doch genau hier war ich am allerweitesten von mir selbst entfernt. Vielleicht hat es mir deshalb so das Herz zerrissen. Ich hatte mich so weit von dem, was ich wirklich war, von dem Ort, wo mein Herz hingehörte, entfernt, dass es drohte auseinanderzureißen.

Ich wollte nicht der Grund dafür sein, dass sich jemand *verliert,* dass sich jemand unwohl fühlt mit der Art und Weise, wie er nun mal *ist.* Ich wollte mit meinem Unglück nicht der Keim für das Unglück anderer sein. Ich will nicht Teil des Weges ins

Sich-selbst-Verlieren sein, ich will Teil des Weges in Richtung Authentizität, in Richtung Sich-selbst-Finden sein. Ich will auf dem Weg nach unten nicht noch einen kleinen Schubser geben, sondern auf dem Weg nach oben die Hand reichen. Diese Worte aufzuschreiben fühlt sich unglaublich leicht und echt an. *Das ist das erste Gefühl.* Eine hundertprozentige Sicherheit, dass das hier richtig ist, ohne das große »Aber« am Ende des Satzes. Und ich hoffe, dass du als Leser:in dieses Gefühl nachempfinden kannst und verstehst, was dieses erste Gefühl für mich bedeutet – und vielleicht erkennst du nun auch einige erste Gefühle in dir.

Aber was ist eigentlich »schön«?

An dieser Stelle möchte ich etwas für mich sehr Wichtiges loswerden: *Jeder Körper ist schön.* Ganz egal, ob der BMI »Untergewicht«, »Übergewicht« oder »Normalgewicht« ausspuckt. Wie soll so etwas wie ein BMI überhaupt auf jeden einzelnen der 7,75 Milliarden Menschen auf diesem Planeten passen?

Ich möchte keinesfalls sagen, dass schlanke oder dünne Frauen kein Recht mehr dazu hätten, in der Öffentlichkeit zu stehen oder dass an ihren Körpern etwas »falsch« sei. Ich wäre keinen Schritt weiter, würde ich jeder schlanken und sportlichen Frau unterstellen, sie trüge zu einem »falschen Schönheitsideal« bei. »Zeig dich nicht so schön, dadurch fühle ich mich minderwertig!« – denn auch das wäre Bodyshaming. Nur in die andere Richtung.

Meine gute Freundin Alix beispielsweise lernte ich vor Jahren über das Bloggen kennen. Auch heute noch treffen wir uns, um gemeinsam Fotos zu schießen. Sie betreibt einen Modeblog, ist schlank und groß gewachsen und sieht ganz einfach großartig aus. Alix aber trägt eine beneidenswerte Leichtigkeit in sich: Nicht selten zeigt sie sich komplett ungeschminkt im Netz. Etwas, was mir auch heute noch schwerfällt. Sie ernährt sich gesund, ganz ohne Anstrengung, macht sich keine Gedanken um Kalorien und versucht sich nicht an irgendwelchen Diäten. Sie treibt regelmäßig Sport, weil sie gesund sein möchte. Bestimmt ist ein sportlicher Körper auch für sie ein positiver Nebeneffekt – der Unterschied zu mir und anderen aber ist, dass sie sich nicht verurteilt, sollte die Sporteinheit mal ausfallen. Sie käme auch nie auf die Idee, sich Süßigkeiten zu verbieten. Es ist vollkommen okay, auf Ernährung und Sport zu achten – wichtig ist, dass man sich selbst nicht fertigmacht, sollte man mal seinen Gelüsten nachgehen oder faul auf der Haut liegen. Alix macht sich gerne schön – aber es ist ihr auch egal, sollte sie mal nicht perfekt aussehen. Sie legt zwar Wert auf ihr Äußeres – aber fühlt sich nicht wert*los* ohne Make-up und Sport. Die Balance, die Unbeschwertheit macht's. Ihr schlanker Körper ist natürlich und authentisch, sie muss nicht hungern oder sich extrem anstrengen, um so zu sein. Mein Äußeres war geprägt von einer Essstörung, von ständiger Selbstverurteilung. Deshalb wollte ich auch nicht mehr, dass sich jemand *mich* zum Vorbild nahm.

Mit Alix als guter Freundin habe ich gelernt, dass Schönheit divers ist und dass Frauen, die dem gesellschaftlichen Schönheitsideal entsprechen, nicht zwangsläufig die gleichen Probleme haben müssen wie ich. Ich habe gelernt, dass es sehr wohl Menschen gibt, die ohne Essstörung und Selbstoptimierungswahn dem Ideal entsprechen. Wie könnte ich sie und andere also dafür verurteilen?

Alles, was ich mir wünsche, ist ein wenig mehr Diversität. Eine Erweiterung des Begriffs »schön« in unseren Köpfen. Wieso empfinden wir das eine als schön und das andere als weniger schön? Wer entscheidet überhaupt, was schön ist – und was nicht? Und wieder liegt die Antwort auf der Hand: Wir empfinden das als schön, was uns die Gesellschaft als schön verkauft. Schönheitsideale haben sich in der Geschichte der Menschheit immer und immer wieder gewandelt: In den 50er-Jahren, nach den mageren Kriegsjahren, waren Kurven ein Muss: Ein üppiger Busen, eine schlanke Taille, dazu breite Hüften à la Marilyn Monroe. Konfektionsgröße 40 bis 42 waren das angestrebte Ideal. Empfand man sich in dieser Zeit als »zu dünn«, griff man sogar auf Nahrungsergänzungsmittel zurück, um zuzunehmen. In den 90er-Jahren hingegen war Kate Moss das Vorbild der Jugend: dünn, androgyn, Size Zero. Das komplette Gegenteil. Heute ist das Ideal wieder im Wandel: Die Kardashians leben es vor. Ein üppiger Hintern, ein perfektes Gesicht, volle Lippen, hohe Wangenknochen.

Der ständige Wandel zeigt: Was wir schön finden, ist nicht etwa unsere eigene Meinung. Schönheit liegt *nicht* im Auge des Betrachters – sondern im Auge der Gesellschaft. Wie kann ich mich also auf mein Empfinden von »schön« und »nicht schön« verlassen, wenn dieses Empfinden gar nicht aus mir heraus entstand? Wenn mir ein Ideal in den Kopf gelegt worden ist – kann ich es dann nicht vielleicht auch selbst verändern?

Meine Erfahrungen der letzten Jahre zeigen: Man kann! Ich beschloss für mich, dass ich mein »schön« bewusst erweitern wollte. Ich wollte lernen, andere Menschen schön zu finden, auch, wenn sie nicht meinem bisherigen Ideal entsprachen, in der Hoffnung, dadurch auch mich und meinen Körper mehr akzeptieren zu können. Was ich dann tat, war eigentlich ganz simpel: Ich erkannte, welche Ideale um mich herum propagiert wurden, und versuchte, mir neuen Input zu liefern. Instagram ist ein hervorragendes Tool dafür. Einerseits schimpfen wir auf diese App, weil man sich so perfekt wie möglich darzustellen versucht – dabei können wir selbst entscheiden, wem wir folgen und wem nicht. Folgte ich bis dato nur Frauen, die meinem Ideal entsprachen, suchte ich mir nun bewusst Menschen aus, die mich auf andere Weise faszinierten. Wegen ihrer Einstellung, ihres Humors, ihrer Stärke, ihres Charakters – ganz egal. Es gibt so viele starke Persönlichkeiten im Netz, die ihre Verletzlichkeit zeigen, die sich in ihren Körpern wohlfühlen – ganz gleich, wie dieser aussieht. Ich wollte mir Menschen als Vorbild nehmen, die bereits erreicht hatten, was ich mir für mich wünschte. Die echt und authentisch waren auch abseits der gängigen Schönheitsideale.

Es fühlte sich ein wenig so an, als versuchte ich, meinen Kopf bewusst neu zu programmieren. Ich gab mir neue, visuelle Nahrung. Es dauerte eine Zeit lang, ein paar Jahre sogar, aber irgendwann fiel mir auf, dass ich Menschen als schön empfand, die ich früher insgeheim nicht so bezeichnet hätte. Und je mehr Schönheit ich in Diversität fand, desto mehr fand ich sie auch in mir selbst.

Wir fühlen uns so sicher darin, was wir schön finden und was nicht – dabei sind es selten wir selbst, die dieses Empfinden geprägt haben. Diese Erkenntnis half mir ungemein, Verantwortung für mein Denken zu übernehmen. Und so kam ich letztendlich ins Handeln. Heute empfinde ich es fast so, als hätte ich mich selbst und die Gesellschaft ein bisschen ausgetrickst. *Ha! Ihr könnt mir gar kein Schönheitsideal in den Kopf legen. Ich bestimme selbst, was ich schön finde, und ich möchte alles und jeden Menschen schön finden.*

Ich wünschte mir, wir würden alle lernen, jeden Menschen immer in seiner Ganzheit zu betrachten – und so individuelle Schönheit zu erkennen.

ICH BIN NICHT

SO SCHÖN WIE DU,

ICH BIN SO SCHÖN

WIE ICH.

Feuer im Herzen

Februar 2016, Kaua'i, Hawaii

»Casey, hast du mal Feuer?«

Ich halte ihm meine offene Hand hin, die Zigarette bereits im Mundwinkel. Casey sitzt am Boden neben dem Auto, zieht an seiner Kippe und wartet darauf, bis ich all meine Sachen, die ich zum Schlafen brauche, zusammengepackt habe: die Schaumstoffmatratze, die wir vor einigen Tagen am Wegesrand fanden, und meinen Schlafsack, mehr brauche ich nicht. Wie jeden Abend schlafen wir auch heute mit den anderen draußen – nur können wir nicht an den Strand. »Wir brauchen wenigstens ein kleines Dach über dem Kopf«, meinte Casey, »es wird wohl regnen.« Ich verstehe nicht, woher er das wissen will, der Himmel ist sternenklar. Aber ich glaube ihm.

Casey sieht grinsend zu mir hoch, mit seinen wachen, hellen Augen: »Angela, du brauchst kein Feuer«, sagt er, »das hast du doch bereits in deinem Herzen!« Ich lasse meinen Arm wieder sinken und lache mit ihm. So ein Hippie, ey. Da will man nur kurz ein Feuerzeug und bekommt das. Aber genau deshalb mag ich ihn so. Er sieht ein bisschen aus wie Helge Schneider, mit den wirren Haaren, dem Bart und der bunten Schlabberhose. Casey ist die Zufriedenheit in Person, wenn er um mich ist, fühle ich mich wohl. Er hat so eine ruhige, liebevolle Ausstrahlung, ist wahnsinnig witzig, und alles, was er von sich gibt, klingt wie aus einem buddhistischen Lebensratgeber. Seit fünf Jahren wohnt er hier auf Hawaii am Strand – »auf der Straße« würde man in Deutschland sagen, aber hier auf Hawaii ist Obdachlossein halb so wild. Ich bin es ebenfalls seit zwei Monaten und liebe es.

Ich höre Casey so gerne zu. Er selbst hat immer nur einen kleinen Rucksack und seinen Schlafsack bei sich, mehr braucht er auch gar nicht, sagt er. Einmal habe ich versucht, ihm eine unserer Isomatten anzudrehen, aber er meinte nur, er schliefe gerne auf dem Boden, so fühle er sich der Erde näher. Auch da habe ich lächeln müssen, vielleicht habe ich es da noch belächelt. Ich finde es schön, wie er denkt, und er scheint so glücklich mit alldem zu sein, also lass ich ihn. »Komm her«, sagt er und streckt seine Hand nach mir aus. Ich nehme sie und setze mich neben ihn auf den Boden. Der Teer ist noch ganz warm von der Sonne.

»Dein Herz«, beginnt er, »besteht aus diesen zwei Herzkammern.« Er lehnt sich weiter zu mir, streckt seine Arme vor uns in die Luft und formt mit seinen Händen eine Art Ball. Er lässt seine Hände pulsieren und mimt mit seiner Stimme leise das Pochen eines Herzens. Bumbum, Bumbum, Bumbum.

»Und hier drin ...«, er öffnet seine pulsierenden Hände ein wenig, sodass wir durch sie hindurch die Sterne sehen können, »genau hier, zwischen den Kammern, da ist ein winziger Hohlraum. Hier ist dein Leben, hier drin ist eben dasselbe Licht, das du dort oben am Himmel sehen kannst.« Er deutet zu den Sternen. Wie immer, wie jede Nacht hier auf Hawaii, kann man die Milchstraße sehen und all die Millionen Sonnen und Planeten in ihr. Jede Nacht decke ich mich mit diesem Sternenhimmel zu.

»Du kannst es doch fühlen, oder?«, fragt er aufgeregt und legt seine Handfläche vorsichtig unterhalb meines Schlüsselbeines. Seine Augen sehen mich freudig an. Wie ein Kind strahlt er mich an, als hätte er mir gerade die großartigste Sache der Welt erklärt. *Solche Blicke sind so selten*, denke ich. *Solche Blicke gibt es nur, wenn jemand von etwas erzählt, das ihm wirklich viel bedeutet.* Eine kindliche Aufregung, die so leicht ist, frei und echt.

Seine Hand verweilt dort, und während ich noch ungläubig gucke,

legt er seine andere Hand auf meinen Rücken zwischen die Schulter-
blätter. »Das Feuer ist auch im Meer, weißt du«, spricht er weiter. »Hör
nur zu.«

Und ich höre. Ich höre das Meer seit sieben Wochen, aber bewusst
zugehört habe ich nur selten. Ich höre nur die Brandung, wie das
Wasser kommt und geht. Hier draußen ist es gerade alles, was ich
hören kann. Keine Autos, keine Vögel in der Nacht, keine Menschen.
Jedes Mal, wenn es rauscht, drückt mir Casey die Hand fester auf den
Rücken. Ich atme aus, und mein Oberkörper beginnt, sich mit dem
Meer zu bewegen. Mein Atem und mein Körper beginnen, sich mit
dem Meer zu verstehen. Mich überkommt ein unglaubliches Gefühl,
und ich muss meine Augen schließen, weil ich kaum fassen kann, wie
schön sich all das anfühlt.

Und so sitze ich da und atme mit dem Meer, zusammen mit Casey,
zusammen mit den Sternen, zusammen mit allem, was uns umgibt.
Dieses Leben, denke ich, *es kann so schön sein, und schon wieder
brauche ich rein gar nichts außer Liebe und Natur.* Ich fühle mich,
als hätte ich mich kurzzeitig in alle meine Atome aufgelöst, als würde
ich überall sein, und überall ist in mir. Und irgendwie wird es warm,
fast heiß, inmitten meiner Brust.

Ein bisschen später im Unterschlupf versuche ich meiner Freundin zu
erklären, was gerade passiert ist. Aber ich stottere nur irgendwas von
Sternen und Feuer und Herzen und Meeresrauschen – und eigentlich
verstehe ich selbst nicht, was geschehen war. Ich hatte nichts von
dem, was Casey über das Licht der Sterne, welches das gleiche sein
soll, das irgendwo in meiner Brust sitzt, verstanden. Ich dachte, es
wäre so eine spirituelle Phrase, und damit hatte ich mich abgefun-
den – denn das Gefühl war es, was ich verstand. Und für den Moment
reichte mir das vollkommen. Casey aber wollte wohl, dass ich besser
verstehe – und so kramte er kurz vorm Schlafengehen aus seinen

wenigen Habseligkeiten ein kleines zerfleddertes Buch hervor. Es war *Feuer im Herzen* von Deepak Chopra. Er hatte mir eine Seite an der Ecke eingeknickt, also nahm ich an, dass ich diese wohl lesen sollte. Und als ich folgenden Satz las, verstand ich auch, warum: »Das Wasser in deinem Körper enthält dasselbe Salz und dieselben Mineralien wie der Ozean – du trägst den Ozean in dir«.[7]

Wir schliefen in dieser Nacht auf einem Spielplatz in der Nähe des Strandes, unter einer der Hängebrücken und Rutschen. Zwar lag ich auf der Matratze, aber diese lag heute auf der braunen Erde und nicht im Sand. Sie lag im Dreck, wenn man so will. Trotzdem griff ich im Halbschlaf nach ebendiesem Dreck und ließ ihn durch meine Hand gleiten. Eben so, wie ich es mit dem Sand am Strand immer tat. Ich liebe das Gefühl von Sand in meinen Händen, und in diesem Moment merkte ich, dass ich auch das Gefühl von Erde in meinen Händen mochte. Denn – was ist schon Dreck? Dreck ist Erde. Es ist der Boden, der uns nährt, der alles hier nährt. Ich verstand, was Casey meinte, als er sagte, er fühle sich der Erde so näher.

Und so lag ich dort, mit dem Gefühl der ganzen Welt in meiner Hand, der leisen Musik einer Ukulele im Ohr und dem Meeresrauschen im Hintergrund, als es anfing zu regnen. Natürlich regnet es. *Meeresrauschen und Regen*, denke ich, *meine beiden liebsten Geräusche.*

• • •

Auf und davon

Als kleines Mädchen und auch als Teenager habe ich wandern gehen immer gehasst. Ich sah keinen Sinn darin, mich einen Berg hoch zu quälen, nur um oben Brezen und Obazda zu essen und dann den ganzen Weg wieder runterlaufen zu müssen. Meine Suche nach Stille aber brachte mich der Natur mit der Zeit immer näher – und ich begann zu verstehen. In der Natur fand ich meine innere Ruhe viel schneller als zu Hause in der Stadt. In der Natur fühlte ich mich richtig, denn in der Stadt, im realen Leben und in der Gesellschaft, in die ich noch immer nicht so richtig reinzupassen schien, fühlte ich mich zunehmend fehl am Platz. Vielleicht lag es daran, dass ich genau zu dieser Zeit, in der ich eigentlich überhaupt kein Geld besaß, beschloss, meine erste große Reise anzutreten. Ich wollte unbedingt weg. Weg von meinen Zukunftsängsten, weg von der Essstörung, weg von allem, was ich kannte. Den letzten Anstoß und den Mut dafür gab mir eine gute Freundin – und so saßen wir eines Abends gemeinsam auf meinem Bett und buchten einen Flug nach Hawaii. Eigentlich wollten wir nach Asien – aber der günstige Flug nach Hawaii purzelte uns an diesem Tag schicksalhaft entgegen. »Angela, wann meinst du werden wir jemals wieder die Möglichkeit bekommen, nach Hawaii zu fliegen?«, hatte meine Freundin gesagt, und ich stimmte ihr zu. Um die halbe Welt fliegt man nur sehr, sehr selten – weil man es sich schlichtweg nicht leisten kann. Heute würde ich so einen Flug ebenfalls nicht mehr antreten, der Umwelt zuliebe. Damals aber fühlte es sich an wie eine große Chance, die wir unbedingt ergreifen mussten. Weiter weg als Hawaii ging eigentlich gar nicht, und vielleicht wollten wir gerade deshalb dorthin. *So weit weg wie nur möglich.* Also arbeitete ich die nächsten Monate dreimal so viel, schaffte es sogar, meine Bachelorarbeit frühzeitig abzugeben und nebenbei genug Geld zu verdienen, um für die Reise zu sparen. Am 15. Januar 2016 startete unser Flieger Richtung Hawaii.

Hawaii

Rückblickend betrachtet war die Reise nach Hawaii vielleicht das Wichtigste, was ich in meinem bisherigen Leben für meine persönliche Entwicklung getan hatte. Gab es auf meiner Lebenslinie Abzweigungen, dann befand sich die erste an meinem Tiefpunkt 2015 – die zweite auf meiner Reise nach Hawaii Anfang 2016. Man sagt, außerhalb der Komfortzone passieren die größten Abenteuer. Zwar bin ich immer noch starker Verfechter von Komfortzonen – ich sehe nichts Falsches daran, sich wohlzufühlen –, aber dennoch sehe ich auch viel Wahrheit in diesem Satz. Ich habe zwar damals für zwei lange Monate alles hinter mir gelassen, was mir so viel Schmerz bereitete – aber ich ließ auch meine sichere Umgebung und alles, was ich bis dahin kannte, zurück. Ich hatte große Angst. Ein fremdes Land, fremde Menschen und eigentlich viel zu wenig Geld in der Tasche für eine so große Reise. Meine Freundin und ich hatten zwar einen groben Plan geschmiedet, wie wir auf den Inseln finanziell überleben wollten, aber bereits kurz nach der Ankunft wurde uns klar: Irgendwo müssen wir Abstriche machen. In vielen asiatischen Ländern wäre es finanziell kein Problem gewesen, von A nach B zu kommen, eine bezahlbare Übernachtungsmöglichkeit zu finden und günstig zu essen. Hawaii aber ist ein sehr teures Reiseziel. Will man an verlassene Orte, will man wandern gehen, braucht man ein Auto, ein ausgebautes Bussystem gibt es nicht. Zusätzlich sind alle Konsumgüter auf der Insel sehr, sehr teuer. Hawaii liegt 4000 Kilometer vom Festland entfernt, viele Waren müssen von weit her importiert werden und sind demnach sehr teuer. Zwei Monate lang ein Auto zu mieten, genug zu essen zu haben und eine Unterkunft bezahlen zu können, überstieg unser Budget bei Weitem.

Wir mussten uns also entscheiden: Sind wir mobil und mieten uns ein Auto, oder zahlen wir eine Unterkunft? Wir entschieden uns für ein größeres Auto, in dem wir schlafen konnten (natürlich nicht ohne anfangs ein mulmiges Gefühl dabei zu haben), und verzichteten auf Hotels und Hostels. Ich war es zwar bereits gewohnt, auch daheim aufs Geld achten zu müssen – aber hier auf Hawaii waren wir arm. Dieser Umstand aber war letztendlich das Beste, was uns passieren konnte.

Was ich durch den Mangel an Geld gelernt habe

Seit ich mit einundzwanzig von zu Hause auszog, lebte ich mit dem Mangel an Geld. Mein Vater sagte immer zu mir: »Angela, du lebst von der Hand in den Mund!« Und genauso war es auch. Am Ende des Monats reichte das Geld meist nur knapp für die Miete. Mir etwas zur Seite zu legen war nie drin. Und ich hasste diesen Umstand. Auch dieser Mangel zeigte mir vermeintlich immer wieder, ich sei nicht genug – denn nur wer in dieser Gesellschaft ein sicheres Einkommen hat, wer in die Rente einzahlen und sich auch mal was leisten kann, ist etwas »wert«. Ich fühlte mich wertlos, denn keine Arbeit, die ich verrichtete, brachte mir »genug« ein. Geld ist die Währung, die uns zeigt, wie viel unsere Arbeit der Gesellschaft wert ist. Und da wir uns mit unserer Arbeit identifizieren, hängt dieser Wert auch stark am eigenen Selbstwertgefühl. *Meine Arbeit ist nichts wert, also bin ich nichts wert.* Die Corona-Krise 2020 zeigte uns, welche Berufsgruppen diese Gesellschaft tatsächlich tragen und das System am Laufen halten – trotzdem aber unterbezahlt sind: die Pfleger:innen in den Krankenhäusern, Journalist:innen, Busfahrer:innen, Erzieher:innen, Lehrer:innen und die Kassierer:innen in den Supermärkten. Allein an diesem einen Beispiel zeigt sich ganz deutlich, wie falsch es ist, seinen eigenen Wert an der gesellschaftlichen Stellung des eigenen Berufes festzumachen. Was die Gesellschaft als wertvoll erachtet, ist oft verzichtbar. Was die Gesellschaft als weniger wertvoll erachtet, ist oft unverzichtbar.

Was ich damit ausdrücken möchte, ist Folgendes: Es ist okay, sich wertlos zu fühlen, wenn das Konto leer ist. Doch wie so oft wird dieses Gefühl von außen geprägt – von klein auf. Sich davon zu lösen, ist unendlich schwer, und wenn es nicht sofort klappt, sollte man sich dafür nicht noch zusätzlich verurteilen. Auch mir fiel es schwer, mich davon frei zu machen. Was mir aber half, war, mir bewusst zu machen, dass mir die Gesellschaft diesen Glaubenssatz in den Kopf gelegt hatte – und dass es nun mal nicht einfach ist, über Jahre eingeprägte Glaubensmuster wieder abzulegen. Ich begann, mir meinen eigenen Wert immer wieder ins Gedächtnis zu rufen: *Ich bin nicht weniger wert, nur weil ich wenig Geld besitze. Ich bin wertvoll, denn ich bin Tochter und gute Freundin. Mein Wert hängt nicht an meinem Einkommen – sondern an der Liebe, die ich zu geben habe, und an der Liebe, die ich bekomme. An Dankbarkeit, Freundschaft und Nächstenliebe. Ich bin wertvoll, ganz einfach, weil ich Mensch bin.* Auch wenn du für deine Arbeit keine angemessene Wertschätzung in Form von Geld erhältst, ist sie dennoch wertvoll. Vielleicht beförderst du Menschen jeden Tag von A nach B – wo wären diese Menschen ohne dich? Vielleicht hilfst du Senioren im Altenheim beim Essen – was wären diese Menschen ohne dich? Vielleicht unterhältst du andere und bringst sie zum Lachen – was wären sie ohne dich? Vielleicht bist du liebende Mutter – was wären deine Kinder ohne dich? Vielleicht füllst du Supermarktregale wieder auf – was sollen die Menschen tun vor leeren Regalen?

Ende 2018, mit 29 Jahren, sah ich mich das erste Mal gezwungen, zum Jobcenter zu laufen – über diese Zeit werde ich später noch genauer berichten. Ich hatte tatsächlich eine Zeit lang so wenig Geld auf dem Konto, dass ich meine Miete nicht mehr zahlen konnte, also bezog ich einige Monate lang Arbeitslosengeld II – auch bekannt unter Hartz IV. Eine ganz neue Herausforderung für mich und mein Selbstwertgefühl. Hartz IV, das bedeutet für viele, versagt zu haben. Auch ich hatte mich anfangs so gefühlt. Als würde ich am Rande der Gesellschaft leben, nicht reinpassen. Doch Hilfe in Anspruch zu nehmen bedeutet keineswegs, versagt zu haben. Es waren damals meine Umstände. Und da ich das Privileg habe, in Deutschland aufgewachsen zu sein, wollte ich in Anspruch nehmen, was mir zustand: Hilfe vom Staat. Trotzdem aber verhalf mir diese Zeit zu ein paar weiteren wichtigen Erkenntnissen: Ich stellte mir bewusst die Frage, ob mir mein ewiger Mangel an Geld vielleicht sogar etwas gebracht hatte. Ob ich vielleicht auch daraus etwas Positives ziehen kann – und mit einem Mal fielen mir unendlich viele Dinge ein, die gar nicht passiert wären, hätte ich mich niemals in diesem Mangel befunden. Einige Beispiele:

- Ich hatte nie genug Geld, um einen Designer oder Programmierer zu bezahlen, der meinen Blog und meine Webseite gestaltete. Also blieb mir nichts anderes übrig, als mir all diese Dinge selbst beizubringen. Ich übte mich früh an Photoshop, WordPress und Basis-HTML-Wissen. Was ich nicht mit Geld bezahlen konnte, musste ich mir selbst beibringen. Ich investierte also kein Geld – dafür aber Zeit. Und erhielt dafür Wissen und Expertise.
- Während des Studiums hatte ich nicht selten sogar zu wenig Geld, um mir etwas (Gesundes) zu essen zu kaufen. Mir wäre es nicht in den Sinn gekommen, mich ständig nur von Tiefkühlpizza und Nudeln mit Tomatensoße zu ernähren. Also begann ich zu containern. Gemeinsam mit Freunden schlich ich mich nach Ladenschluss regelmäßig raus, um die Müllcontainer der Supermärkte unsicher zu machen. Ich lebte damit wie eine Königin – sogar meine Kochkünste wurden kreativer. Denn ganz oft fand ich Dinge, die ich so nie gekauft hätte – Kohlgemüse beispielsweise. Damit das Essen aber nicht wieder im Müll landete, musste ich mich mit neuen Gemüsesorten und somit mit neuen Rezeptideen auseinandersetzen. Mit der Zeit erkannte ich sogar den Wert der Sache an sich: Mir wurde bewusst, wie viele Lebensmittel weggeschmissen werden, ich setzte mich mit dem Thema intensiver auseinander und kommunizierte es sogar im Netz. Mein Mangel an Geld hat mich also nicht nur kreativer gemacht, sondern ließ mich auch nachhaltiger leben. Auch heute gehe ich gerne noch containern – weil ich es schlichtweg als richtig empfinde, Lebensmittel zu retten. Solange Menschen in dieser Welt an Hunger leiden, weil wir im Überfluss leben, möchte ich auf dieses Thema aufmerksam machen.

Natürlich ging ich auch nur sehr selten auswärts essen. Weil:

zu teuer. Ich kochte so gut wie alles selbst und nahm mir mein Essen in die Uni oder in die Arbeit selbst mit. Heute bin ich deshalb eine sehr gute Köchin, kann mit Fast Food nur wenig anfangen und ernähre mich generell sehr gesund und ausgewogen.

- Bleiben wir beim Thema Nachhaltigkeit. Fast alles, was ich mir kaufe – seien es Klamotten, Wohnungseinrichtung oder Technikkram –, ist aus zweiter Hand. Auch das entstand ursprünglich aus einem Mangel an Geld. Heute kaufe ich secondhand, weil es die nachhaltigste Variante von Konsum ist. Egal ob Handy, Laptop, Kamera, Sofa, Jacke oder Schuhe: Ich bin nie die erste Besitzerin. Und wenn mir etwas kaputtgeht, schmeiße ich es selten weg, sondern repariere es. *Wieder was gelernt.*

- Auch besaß ich nie ein Auto. Dadurch fahre ich viel mehr mit dem Rad oder mit den Öffentlichen als andere – was nicht nur gut ist für die Umwelt, sondern auch gut für mich.

- Generell war ich immer darauf bedacht, Wege zu finden, weniger zu verbrauchen. Ich muss nicht alles gleich in die Waschmaschine schmeißen – manchmal reicht es auch, einen Fleck per Hand auszuwaschen oder die Kleidung auszulüften. Ich besitze seit Jahren keine Wattepads und Abschminkzeug mehr, sondern benutze einen Mikrofaser-Lappen, der nur mit Wasser benetzt werden muss.

- Kleidung, die ich nicht mehr tragen will, landet nie im Container. Ich suche immer Wege, meine Kleidung weiterzugeben und damit ein bisschen Geld dazuzuverdienen: Also verkaufe ich auf Flohmärkten, auf eBay oder Kleiderkreisel.

Ich konnte nie den »einfachen« Weg gehen und Geld auf meine Probleme werfen, also jemanden für Lösungen bezahlen – ich musste mir andere Lösungswege überlegen. Ich *musste* kreativ werden. All diese Wege haben mir entweder neues Wissen beschert oder mich zu einem nachhaltig lebenden Menschen gemacht. Mit dieser Erkenntnis veränderte sich mit einem Mal meine Sicht auf die Dinge: Anstatt Geld und den Mangel daran zu verteufeln, war ich plötzlich dankbar dafür. Dankbar, dass ich mich dadurch weiterentwickeln konnte, dass ich kreativer wurde, die Umwelt weniger belastete und mir so viel selbst beibringen musste.

Ich möchte dich gerne dazu auffordern, es mir gleichzutun: Überlege dir, was du dir alles schon nicht »einfach so« kaufen konntest – und wie dieser Umstand zu deiner Entwicklung beigetragen hat. Vielleicht hast du auch schon viele kleine Jobs gehabt, hast gekellnert, bist an der Kasse gesessen, hast Essen geliefert. Was hast du dort über dich gelernt? Welche Menschen hast du dadurch kennengelernt? Lebst du vielleicht auch nachhaltiger, weil du nicht jedes Jahr mit dem Flieger in ein anderes weit entferntes Land geflogen bist – sondern mit den Eltern nach Italien zum Campen gefahren bist? Und lebt man auf dem Campingplatz nicht viel naturverbundener als im Club-Hotel?

Ich bin fest davon überzeugt, dass ein gewisser Mangel an Geld, gerade in den Zwanzigern, für die eigene Entwicklung wichtig sein kann. Man wird weltoffener, tritt ab und an mal raus aus seiner eigenen Blase und stellt sich neuen Herausforderungen. Man kommt ins Handeln, denn Ausruhen fällt schwer. Sobald man ein bisschen aus dem Mangel-Gefühl ausbricht und erkennt, was dieser Mangel eigentlich *für* einen selbst getan hat, so entsteht etwas Positives. Es ist ein leeres Glas, das auf einmal mit Sinn gefüllt wird – und der Mangel verflüchtigt sich. Wo früher *nichts* war, ist auf einmal *etwas*. Eine Erkenntnis, eine Lehre, ein Sinn.

Obdachlos auf Hawaii

Auf Hawaii mussten wir nun sogar das sichere Dach über dem Kopf aufgeben. Wir schafften es tatsächlich, keine einzige der 66 Nächte in einem Hostel zu übernachten. Die ersten Nächte war es beängstigend, und ich möchte niemanden dazu anhalten, im Auto zu leben – vor allem nicht hier in Deutschland. Auf Hawaii aber ticken die Uhren etwas anders: Es ist nachts nicht besonders kalt, und die Menschen auf den Inseln leben nach einer ganz anderen Mentalität. Obdachlosigkeit ist fast schon normal. Da wir ständig draußen unterwegs waren, sahen wir uns gezwungen, ganz schnell Kontakte zu knüpfen. Wir mussten herausfinden, wo es sichere Spots zum Übernachten gab, wo man günstig essen konnte, wie das Leben »auf der Straße« hier funktionierte. Die Menschen auf Hawaii sind unfassbar großzügig, sozial und hilfsbereit. Wir schlossen schnell nicht nur Bekanntschaften – sondern echte Freundschaften. Nicht selten wurde uns für mehrere Nächte – auf Maui sogar für mehrere Wochen – ein Bett angeboten. Wir machten ein bisschen Couchsurfing, schliefen ganz viel direkt am Strand und lebten auf Kaua'i sogar mit einer kleinen Hippie-Gruppe zusammen am Meer.

Ich möchte keine dieser Erfahrungen missen müssen. Nicht einmal für viel Geld hätte ich eine einzige Nacht in einem der Luxus-Resorts verbracht. In dieser abgeschotteten Welt erfährt man nichts von Hawaii. Nichts von seiner Magie, nichts von Aloha, nichts von den Menschen dort. Will man ein Land und seine Leute wirklich kennenlernen, muss man leben wie »die Leute«. Ein Land ist erst abseits des Tourismus schön. Ich denke, das ist der Unterschied zwischen reisen und Urlaub

machen: Man muss das Land schon spüren, um es lieben zu
lernen. Die schönsten Erfahrungen dort machten wir mit den
großartigen Menschen, die wir kennenlernen durften. Die uns
die Inseln zeigten, wie sie sie kannten. Die uns mit zu sich nach
Hause nahmen und uns ihre Geschichten erzählten.

• • •

Briefe

Mitte Februar, 2016, Hawaii

Lieber Linus,

wir leben nun schon seit zehn Tagen bei den Jungs auf Maui. Weißt
du noch? Die drei Jungs aus der Pizzeria, Adam, Eli und Taylor. Sie
leben zu dritt in einer kleinen 40-m²-Wohnung. Adam schläft im
Wohnzimmer, nur ein Vorhang trennt ihn vom Rest des Raumes. Und
trotzdem dürfen wir auch dort sein und auf dem Sofa schlafen. Wir
kochen ganz viel für die drei, um uns irgendwie erkenntlich zu zeigen.
Eli meinte gestern zu uns, dass wir gerne bleiben können, solange wir
wollen. Unsere Anwesenheit tue ihnen gut, sagt er.

Jeder Tag hier ist ein neues großes Abenteuer. Ich beginne langsam
zu verstehen, wieso mich die Inseln so faszinieren. Anfangs habe ich
nur total erstaunt in der Gegend rumgeguckt und nicht so recht rea-
lisiert, was genau es ist – aber je mehr ich zu Hause vergesse, je mehr
ich wirklich hier bin, desto mehr verstehe ich: Ich bin eine solche
Diversität an Natur nicht gewohnt. Das Grün hier ist satter und dunkler, als ich es kenne. Man hat das Gefühl, auf jedem Quadratmeter
Erde wachsen tausend unterschiedliche Pflanzen, leben hundert verschiedene Vogelarten. Ich kann mich gar nicht sattsehen an all den

Farben – und den Gerüchen! Und den Geschmäckern! Vor einigen Tagen haben wir uns einige Avocados direkt von einem riesigen Baum gepflückt, heute war die erste reif. Ich habe noch nie in meinem Leben so eine Avocado gegessen. Es ist fast so, als hätte jemand die Sättigung der Welt einfach hochgedreht. Jede Farbe hat mehr Farbe, jeder Geschmack hat mehr Geschmack, jedes Geräusch klingt nach Musik. Alles leuchtet, ist bunt und so, so schön.

Gestern haben wir den ganzen Tag mit Taylor verbracht. Er ist so lieb und so dankbar, dass wir ihn aus der Bude herausholen. Er sagt, ganz oft sitzt er an seinen freien Tagen einfach nur auf der Couch, guckt Serien und kifft sich dabei zu. Er kommt eigentlich aus Boston und ist nach Hawaii geflohen – geflohen vor der Gewalt und den Drogen daheim. Wenn ich ihn ansehe, dann sehe ich nichts davon. Ich sehe einen großzügigen, kreativen, herzlichen Menschen. Er sagt, Maui hätte ihn ein bisschen geheilt. »If you have Aloha, you will get Aloha. But if you come here with bad intentions, the island will reject you«, erzählte er einmal. Wenn du Liebe in dir trägst, bekommst du Liebe – trägst du kein Aloha in dir, wirst du die Insel bald schon wieder verlassen müssen.

Als wir gestern in der Bucht tauchten und uns die Riffe ansahen, passierte etwas Unglaubliches: Ich holte tief Luft und tauchte runter, um mir eines der Riffe genauer anzusehen – als ich aus dem Augenwinkel plötzlich einen großen Schatten sah. Ich blickte direkt in die Augen einer riesigen Schildkröte. Ich schwamm ein bisschen mit ihr, sie ließ es einfach zu, ganz so, als ob wir jetzt eben ein Stück gemeinsam unterwegs wären. Ich ließ mich etwas weiter Richtung Meeresboden sinken und sah ihr von unten zu, die Sonne über ihr glitzernd. Ich hätte gerne so viel mehr Luft gehabt, um dieses Bild ein bisschen länger festhalten zu können. Ich bin mit einer Schildkröte geschwommen! Kannst du dir das vorstellen?

Ich kann mich kaum noch erinnern, wie sich ein Leben zwischen weißen Wänden und grauem Beton anfühlt, und ein bisschen habe ich Angst davor. Ich fühle mich so frei hier, Linus, so frei. Ich vermisse dich und meine Katze und manchmal auch meine Küche und meine Dusche – aber alles andere vermisse ich nicht. Ich lebe hier seit Wochen nur mit den wenigen Klamotten, die in den Rucksack passten, und keine Sekunde vermisse ich meinen vollen Kleiderschrank. Was hängt da eigentlich? Ich erinnere mich nicht einmal mehr. Ich glaube, ich habe das Leben und mich noch nie so gespürt wie hier. Alles, was mir daheim so viele Sorgen bereitet hat, erscheint mir hier so nichtig. Ich besitze hier nichts – und bin doch glücklicher als jemals zuvor. Was mich glücklich macht, sind die Menschen, die ich treffe, die unbeschreibliche Natur und das Schreiben. Ich fühle gerade, dass ich wirklich alles schaffen kann.

Es gib ein Sprichwort hier auf Hawaii. Es heißt: »*Aloha aka no, aloha mai no.*« Es bedeutet: »Ich gebe dir meine Liebe, du gibst mir deine Liebe.« Es bedeutet, dass die Liebe, die du aussendest, auch zu dir zurückkommt. Eigentlich ist mir das doch überhaupt nicht neu – aber ich beginne erst jetzt zu verstehen. Ich will ganz viel Liebe und Herz in alles stecken, was ich tue, aber dafür muss es sich authentisch anfühlen. Und ich bin mir ganz sicher, dass ich diese Liebe – in welcher Form auch immer – zurückbekommen werde.

Ich glaube jetzt, dass irgendwann wirklich alles gut werden kann. Ich hoffe es nicht nur – ich weiß es einfach.

Ich hoffe, es geht dir gut.

Alles Liebe,

Angela

• ● •

Fast Forward

Als ich diese Zeilen schrieb, beschloss ich, dieses Gefühl niemals vergessen zu wollen. Ich wollte die Leichtigkeit nicht verlieren und das Vorhaben, nichts mehr tun zu wollen, was sich nicht authentisch anfühlt. Mir war klar, dass das Leben in Deutschland wieder anders aussehen würde. Ich konnte dort natürlich nicht am Strand oder in einem Auto leben, ich musste mich meiner Umgebung und der Gesellschaft wieder anpassen. Aber der Entschluss, dass ich nichts mehr tun wollte, was nicht meiner Persönlichkeit und meinen Werten entsprach, stand fest. Ich wusste, dass die Zeit nach Hawaii nicht leicht werden würde – denn nun konnte ich mit dem Blog wirklich kaum mehr Geld verdienen. Keine Fast Fashion mehr. Kein Tierleid mehr. Ich wusste absolut nicht, wie alles weitergehen sollte – aber ich wusste, dass eine Veränderung kommen würde und dass ich mir selbst treu bleiben wollte.

Die Zeit auf Hawaii hatte mir die Ruhe beschert, die ich brauchte, um mir selbst über einen längeren Zeitraum hinweg gut zuzuhören. Ich hatte mir nicht nur zugehört, ich hatte in mich rein gespürt. Dadurch hat sich der Veränderungsprozess in mir beschleunigt. Ein Prozess, der vielleicht auch ohne diese Reise passiert wäre – bestimmt aber nicht so schnell. Letztendlich ist es ganz egal, in welcher Geschwindigkeit man eine Veränderung durchmacht. Sehr viele von euch haben vielleicht gar nicht die Möglichkeit, einfach mal ein paar Monate lang abzuhauen. Ich war damals frei und ungebunden, hatte keine Familie zu versorgen und nichts, was mich hielt. Ich war zwar frisch verliebt, und der Abschied fiel schwer – aber auch das hielt mich nicht mehr zu Hause, und die Liebe war auch nach Hawaii noch vorhanden. Wenn du in einer ähnlichen Situation bist wie ich, irgendwo in deinen Zwanzigern steckst, (noch) keine Kinder hast, dann leb diese Ungebundenheit! Nutz sie aus! Genau jetzt ist die Zeit, sich neu zu sortieren, sich selbst so richtig kennenzulernen. Fahr ganz weit weg, hau mal eine Zeit lang ab, finde Ruhe um dich herum und hör dir zu, auch, wenn's wehtut. Nichts ist so kostbar wie Zeit für sich – und wie eine Lücke im Lebenslauf.

Falls du nicht die Möglichkeit hast, alles hinzuschmeißen, weil deine Verpflichtungen zu groß sind: Such die Ruhe im alltäglichen Leben. Fahr mal alleine in die Berge, setz dich regelmäßig zehn Minuten hin und meditiere. Ruhe in kleinen Dosen ist auch vollkommen okay, und nur, weil nicht alles sofort und gleich klappt, nur, weil die Veränderung ganz langsam geschieht, heißt es nicht, dass sie gar nicht passiert. Ganz viele kleine Schritte sind in der Summe letztendlich auch ein großer Schritt. Wichtig ist, das Bewusstsein auf sich selbst zu richten, nach innen zu gehen und seine ersten Gefühle zu finden. Ob diese nun in der Meditation, im Gespräch mit der besten Freundin oder im Schreiben zu finden sind, ist ganz egal. Wichtig ist, einen Raum zu schaffen, um sich gut zuzuhören.

Ich glaube, es ist Mitgefühl

Ende Februar 2016, Hawaii

»Ich muss dir etwas Verrücktes sagen«, beginne ich vorsichtig. Ich habe ein wenig Angst, dass sie es vielleicht nicht verstehen könnte, oder ich es mal wieder nicht schaffe, mich verständlich auszudrücken. Aber wie wir hier so sitzen, mal wieder am Meer, mal wieder den schönsten Sonnenuntergang vor Augen, glaube ich, dass ich gerade das richtige Gefühl in mir trage, um meine Gefühle richtig auszudrücken.

»Ich glaube ich habe ihm verziehen.«

»Ich habe plötzlich ein ganz anderes Gefühl in mir, wenn ich an diese Sache zurückdenke«, sage ich zu meiner Freundin, »keinen Hass mehr, weißt du. Gar keinen. Es ist auch kein Überlegensein und auch kein ›fick dich, du kannst mir gar nichts mehr‹. Ich glaube, es ist Mitgefühl.«

Ich glaube, es ist Mitgefühl.

Die Kunst des Vergebens

Zwei Jahre zuvor hatte ich mich Hals über Kopf in jemanden verliebt, der mich ein halbes Jahr lang durch die Hölle hat gehen lassen. Ich wurde täglich belogen und auf eine Art und Weise hintergangen, die eigentlich schon filmreif war. Er wohnte in einer anderen Stadt und er konnte mich nur selten am Wochenende besuchen. Jeden Sonntag, wenn wir gemeinsam seine Zugtickets zurück buchten und ich ihn schweren Herzens am U-Bahnhof verabschiedete, fuhr er nur selten zurück in den Norden – sondern meistens direkt zu seiner anderen, zweiten Freundin, die nicht weit entfernt wohnte. Meldete er sich tagelang nicht bei mir, ließ er mich in dem Glauben, aufgrund einer Krankheit im Krankenhaus gewesen zu sein – oder dass er wegen einer depressiven Phase nicht ans Handy gehen konnte. Er war ein Mensch, der es gewohnt war, zu lügen. In kleinen wie großen Dingen. Er war ein großer Redner, ein Unterhalter und toller Geschichtenerzähler. Charismatisch, auffällig, selbstbewusst. Dass sich all seine großartigen Erlebnisse so gut wie nie zugetragen hatten, wusste niemand. Alltagslüge hier, große Lüge da, alles nur, um sein konstruiertes, schillerndes Bild seiner selbst aufrechtzuerhalten.

Nie wäre es mir in den Sinn gekommen, an seiner Liebe und seinen Worten zu zweifeln. Ich glaubte ihm alles. Wie ich anfangs bereits erwähnte, weiß ich heute, wieso ich mir einen solchen Mann suchte: Ich wollte jemanden an meiner Seite, der meinen eigenen Selbstwert hob. Jemanden, zu dem ich aufsehen konnte, fühlte ich mich selbst doch so klein und unbedeutend.

Als ich es schließlich schaffte, mich aus der Beziehung zu

lösen, weil ich den Schmerz, die Sorgen und die ständige Unwissenheit nicht mehr ertragen konnte, fühlte ich mich, als hätte ich ihn zurückgelassen in seiner Depression, in seinem körperlichen Leiden. Als hätte ich ihn aufgegeben. Als wäre ich ein fürchterlich egoistischer Mensch. Es war die Zeit, in der ich anfing, exzessiv feiern zu gehen und schnell sehr viel Gewicht zu verlieren. Die Zeit kurz vor meinem Tiefpunkt. Dass ich ihm nun tatsächlich vergeben habe, war ein langer Weg.

In dieser anderen Welt dort auf Hawaii, in der ich wochenlang nur Liebe, Offenheit und Hilfsbereitschaft erfahren hatte, gelang es mir, zu erkennen, dass ich vor allem mich selbst lieben musste. Und, dass jede Sekunde dieser toxischen Beziehung wichtig gewesen war für mich und meinen Weg, all das hatte dazu geführt, dass ich nun hier saß.

Und so erwischte ich mich dabei, wie ich mit dem Blick auf den hawaiianischen Sonnenuntergang an ebendiesen Ex-Freund zurückdachte, der mich so hintergangen und verletzt hatte – und wie in mir Mitgefühl aufstieg. Ich möchte gar nicht wissen, wie viel Schmerz er sein Leben lang mit sich tragen musste, dass der einzige Ausweg für ihn ein Lügenkonstrukt zu sein schien. Jemanden so zu hintergehen bedeutet, dass man selbst sein Leben lang hintergangen wurde – sei es von der eigenen Familie oder dem Umfeld, in dem man aufwuchs. Egal, was es war oder was es ist, es muss schrecklich gewesen sein. Und ganz plötzlich wünschte ich mir insgeheim, dass er seine Muster irgendwann erkennen möge und seine Verletzungen hinter sich lassen kann. Dass auch für ihn irgendwann alles gut wird. Und da wusste ich, dass ich der Vergebung einen großen Schritt näher gekommen war.

Ganz oft lernt man einen neuen Menschen kennen, es entwickelt sich eine Freundschaft oder sogar Liebe – und plötzlich handelt dieser neue Mensch fürchterlich irrational, flippt aus, wird verletzend. Wenn du jemanden wirklich kennenlernst, wirst du zwangsläufig auch all den Schmerz kennenlernen, den er in sich trägt. Diesen Mann damals zu verlassen war natürlich trotzdem die richtige Entscheidung – denn es ist nicht meine Aufgabe, einen anderen zu heilen. An einem bestimmten Punkt musste ich mich fragen, ob ich mir selbst nicht mehr wert bin – und das war ich. Ich war nicht die richtige Partnerin, um solch einem Schmerz standhalten zu können. Bis hierhin und nicht weiter. »Ich verlier lieber dich als mich.«

Narzissmus ist ein heikles Thema. Und wenn ich sage, er war ein Narzisst, dann ist das meine subjektive, nicht wissenschaftlich fundierte Meinung. Ich möchte mit dieser Geschichte keinesfalls ein generelles Misstrauen wecken, denn auch ich habe hinterher beschlossen, mir mein Grundvertrauen gegenüber anderen Menschen zu erhalten. Was ich aber dennoch gelernt habe: Ich merke schnell, wenn mir jemand auf Dauer nicht guttut, und schaffe es, mich zu lösen. Ich bin mir heute sehr viel mehr wert als damals.

Vergebung bedeutet, das Geschehene und die Unvollkommenheit eines anderen zu akzeptieren. Und ich denke, das habe ich geschafft. Trotzdem möchte ich auch hier betonen, dass du rein gar nichts *musst*. Vergebung bedeutet nicht, jegliche Handlungen des anderen in Zukunft einfach so hinnehmen zu müssen. Nur, weil man sich bewusst macht, woher die Verhaltensweisen des anderen kommen, heißt das nicht, darüber hinwegsehen zu müssen. Ich musste diesen Mann hinterher nie wiedersehen, und konnte so für mich abschließen. Ich konnte Frieden schließen mit allem, was geschehen war. Ist man einer solchen Person weiterhin ausgesetzt, ist abschließen natürlich weitaus schwieriger. Ich denke, wichtig ist auch, sich seines eigenen Wertes bewusst zu werden.

Erlaube es dir immer, zu gehen, wenn du nicht mehr kannst.

Und was ist mit Mia?

Ohne es zu wollen, ohne es mir vorzunehmen, ließ ich auch die Bulimie in Deutschland zurück. Es schien fast so, als fühlte sich meine gute Freundin Mia nicht wohl in der neuen Umgebung, als wüsste sie hier auf Hawaii nichts mit sich anzufangen. Sie passte einfach nicht in diese Welt.

Erst ein Jahr nach meiner Reise, als ich die Therapie anfing, begann ich, die Puzzleteile zusammenzufügen und herauszufinden, wieso die Essstörung auf Hawaii wie weggeblasen war. Mit »weggeblasen« meine ich nicht nur, dass ich die Bulimie zu Hause ließ (wo sie leider auch auf mich wartete), sondern auch, dass sich jegliche Gedanken an die Essstörung mit der Zeit verflüchtigten. Essen war schlichtweg kein belastendes Thema mehr für mich. Natürlich mussten wir uns täglich mit dem Thema befassen – Essen ist ein menschliches Bedürfnis, und Nahrung war auf Hawaii sehr, sehr teuer –, aber es waren natürliche Gedankengänge, die entstehen, wenn man Hunger hat und das Bedürfnis, sich gesund zu ernähren. Ich spürte zum ersten Mal, wie sich ein gesunder und normaler Umgang mit Essen anfühlen konnte.

Auf Hawaii mussten wir einen Weg finden, uns nicht durchweg von Fast Food zu ernähren. Denn natürlich gibt es all die amerikanischen Fast-Food-Ketten auch auf Hawaii: Burger King, McDonald's, Wendy's, Taco Bell – und all diese Ketten sind sehr viel billiger, als frisches Essen zu kaufen oder im Restaurant essen zu gehen. Natürlich kann man also mit wenig Geld auf Hawaii überleben – wenn man sich ungesund ernährt. Da wir uns aber beide vegan ernährten, war Fast Food keine Option für uns. Aber wozu auch, bei all der Vielfalt an Obst und Gemüse, das hier einfach so am Wegesrand wuchs?

Wir fanden recht schnell eine Lösung: Wir besorgten uns einen Laib Brot, dazu frische Avocados, Melonen und Bananen und alles, was man von Einheimischen an sogenannten »Food Stands« kaufen konnte. Dazu holten wir Tahin, Kichererbsen und Zitronen aus dem Bioladen und kauften ein paar Gewürze. Unser morgendliches Ritual sah fast jeden Tag gleich aus: Wir standen auf, duschten uns an einer der öffentlichen Duschen an den Stränden, packten unsere Vorräte aus und mixten uns aus Tahin, Kichererbsen und Zitrone einen leckeren Hummus. Ab und zu gab es sogar Müsli mit Sojamilch, die wir in einem selbst gebastelten »Kühlschrank« frisch hielten: einen Karton, den ich mit einer goldenen Wärmedecke aus dem Verbandskasten auslegte. In den Supermärkten fragten wir nach Eiswürfeln, mit denen wir die Kühlbox kalt hielten. Not macht eben erfinderisch (mal wieder). Mittags, wenn wir wandern gingen, schmierten wir uns Brote und deckten uns mit veganen Nussriegeln ein. Abends gönnten wir uns ab und an ein Essen im Restaurant oder kochten bei und für die Menschen, die uns bei sich zu Hause aufnahmen – oder grillten mit ihnen gemeinsam am Strand.

Wir aßen nicht nach Appetit, sondern nach Hunger. Ich aß, um Kraft und Energie zu tanken und nicht mehr aus Langeweile oder aus einem negativen Gefühl heraus. Ich *wollte* essen, ich *wollte* mich gesund ernähren. Ich wusste, dass ich Energie und Kraft nur aus einer gesunden, ausgewogenen Ernährung beziehen konnte – wieso also sollte ich hier noch auf Diät sein, wieso sollte ich das kostbare Essen, das so lecker schmeckte und mir Energie lieferte, wieder erbrechen? Versuchte ich zuvor bei jeder Mahlzeit so viele Kalorien wie möglich einzusparen, setzte ich hier darauf, möglichst genug Proteine, genug Vitamine und Fette zu mir zu nehmen – um die achtstündige Wanderung durch den Haleakala-Krater gut überstehen zu können, um genug Kraft in den Armen zu haben, aufs Meer rauszupaddeln. Die Tatsache, dass Essen nicht im Übermaß vorhanden war, dass ich nicht täglich zehnmal zu einem vollen Kühlschrank rennen konnte, ließ es mich wieder wertschätzen. Was ich aß, musste bei mir bleiben – denn das nächste Mal würde es erst wieder mittags etwas geben. Wir legten unseren Speiseplan jeden Tag neu auf das aus, was wir heute erleben wollten. Hier wollte ich nichts anderes, als fit und gesund sein für das nächste Abenteuer.

Ganz gut in die Karten spielte mir auch die Tatsache, dass Spiegel eine Mangelware waren. Natürlich hatte ich einen kleinen Schminkspiegel dabei, und auch im Auto gab es einen – aber wer keine Unterkunft hat, läuft auch nicht ständig an einem Ganzkörperspiegel vorbei. Heißt: Ich hatte kaum eine Möglichkeit, meine Oberschenkel zu inspizieren oder zu checken, ob mein Bauch jetzt »zu groß« war oder nicht. Und das wiederum heißt, ich verurteilte mich weniger. Mir kam die Idee, zu Hause in Deutschland meine Spiegel aus der Wohnung zu verbannen. Allerdings war das nicht die Lösung meiner Probleme: Ich wollte mich selbst nicht vermeiden; ich wollte lernen, mich so zu akzeptieren, wie ich bin.

Zu Beginn unserer Reise schminkte ich mich noch fast täglich. Über die Wochen aber verlor auch das an Bedeutung. Wozu Augenbrauen malen, wozu Make-up auftragen, wenn ich sowieso ins Meer springe? Für meine Haare konnte ich auch nicht viel tun, denn wo hätte ich mich föhnen sollen, wo hätte ich ein Glätteisen einstecken sollen? Und: wozu, wenn ich doch sowieso gleich wieder ins Meer springe? Auch über mein Outfit konnte ich mir nicht sonderlich viele Gedanken machen. Ich hatte für zwei Monate Reise einen einzigen Koffer zur Verfügung, der alle lebensnotwendigen Utensilien beinhalten musste. Da war kein Platz für eine große Klamotten-Auswahl.

Ich kann nicht behaupten, dass mir diese Veränderung leichtfiel. Ich war nie jemand, der ungeschminkt in die Öffentlichkeit ging. Ich legte immer sehr großen Wert auf mein Äußeres, auf meine Haare, auf mein Outfit. All das war für mich meine Identität und gab mir Selbstbewusstsein. Auch durch den Modeblog war mir die perfekte Selbstdarstellung äußerst wichtig geworden. Ich verdiente immerhin mein Geld damit. Und auch die Bestätigung der Männerwelt war mir insgeheim immer wichtig gewesen. Ich wollte hübsch und attraktiv sein. Ich fühlte mich nur gut, wenn mir mein Bild im Spiegel gefiel. Auf Hawaii aber musste ich mich entscheiden: Sehe ich perfekt aus, checke ich jede Stunde mein Spiegelbild und sehe den anderen vom Strand aus beim Baden zu – oder lasse ich das alles einfach sein und tue das, worauf ich Lust habe? Ich denke, so geht es vielen Menschen im Urlaub: Am Anfang versucht man noch, all die Routinen von zu Hause beizubehalten – aber mit der Zeit und der Last, die abfällt, kommt auch die Entspannung. Und mit ihr ein ungeschminktes Gesicht und wirre Haare. Ich finde es wichtig, sich dieses Gefühls bewusst zu werden: wie gut man sich fühlen kann, auch ohne all das.

Zu Beginn meiner Reise aber bereiteten mir mein ungeschminktes Gesicht und meine ungestylten Haare noch Unbehagen. Ich wurde dadurch unsicher und leise. Die Angst vor der fremden Sprache ließ mich in sozialen Situationen oft komplett verstummen. Normalerweise bin ich sehr gut darin, Gespräche am Laufen zu halten, mache Witze und möchte meinem Gegenüber ein gutes Gefühl geben. Hier aber brachen Gespräche mit mir schnell ab und eine peinliche Stille entstand. Ich war mit einem Mal schüchtern und unsicher und verlor ein Stück weit meine Persönlichkeit.

Taylor versuchte oft, mich aus der Reserve zu locken. Obwohl ich kaum ein Wort sprach, spürte ich, dass er mich mochte. Ich versuchte mit kleinen Gesten zu zeigen, wie dankbar ich für seine Gastfreundschaft war: Ich brachte den Jungs jeden Morgen Kaffee, putzte mal die Küche, fuhr sie zur Arbeit, bedankte mich viel. Ich erinnere mich noch sehr gut an den Moment, als Taylor mir mal wieder einen verbalen Seitenhieb verpasste und ich – anstatt beschämt zu lachen – schnell und locker einen Witz hinterherwarf. Er strahlte, sah mich mit großen Augen an und sagte: »Angela! You're funny! I didn't know you were funny!«

Von diesem Zeitpunkt an beschloss ich, ab jetzt wieder funny zu sein. Denn ich war witzig! Ich war schlagfertig! Ich hatte viel zu sagen! Warum sollte ich all das weiterhin verstecken? Nur aus Angst davor, auf Englisch etwas falsch zu sagen – und weil ich dachte, man könnte mich nur mögen, wenn ich schön und perfekt gestriegelt war? Auf Hawaii lernte ich, dass es vollkommen egal ist, ob ich Make-up trage oder nicht: Man mochte mich auch ohne all das. Man mochte mich auch ungeschminkt (oh Wunder!). Wollte ich denn überhaupt Menschen gefallen, die mich nur auf mein Äußeres reduzierten? Gibt es so etwas überhaupt in echten ehrlichen zwischenmenschlichen Verbindungen? Wieso denke ich als Frau überhaupt, dass ich »hübsch« sein und einem Ideal entsprechen muss? Weil wir das »schöne Geschlecht« sind?

Ein Leben lang glaubte ich, dass ich es nur zu etwas bringen würde, wenn ich schön und attraktiv bin. Dass ich Männern optisch gefallen muss. Dass ich Männern überhaupt gefallen muss. Auf Hawaii lernte ich, dass ich auch ohne all das liebenswert war. Ich lernte, dass ich gemocht wurde, ohne gefallen zu wollen. Ich lernte, dass ich so, wie ich bin, okay war. Ich brauchte weder einen Spiegel noch eine Waage, um mir meines Wertes bewusst zu sein. Ich maß mich nicht mehr in Kilogramm oder Schichten an Make-up – ich maß mich an Lachen und Liebe und füreinander da sein. Und war ich doch einmal traurig oder wütend, minderte das meinen Wert ebenfalls nicht. Nicht hier auf Hawaii und auch nicht daheim. Für meine Freunde musste ich nie perfekt aussehen – einzig und allein für Fremde auf der Straße und für das Internet wollte ich etwas darstellen.

Noch nie war mir mein Äußeres so egal wie in den zwei Monaten auf Hawaii. Und dabei fühlte ich mich wohler in meinem Körper als jemals zuvor. Je gleichgültiger mir mein Spiegelbild wurde, desto schöner fand ich mich. Je weniger Gedanken ich mir ums Essen machte, desto schöner fand ich mich. Ich spürte, wie es sich anfühlen konnte, ohne die Essstörung zu leben. Ich spürte, dass all das gar nicht notwendig war, um liebenswert zu sein. Ich strahlte. Und ich liebte es mit jeder Faser meines Körpers.

Man sagt, die inneren Werte seien viel wichtiger als alles andere. Und hey, es stimmt doch! Am Ende geht es nicht darum, womit du dein Geld verdienst oder wie du aussiehst. Am Ende geht es immer nur um Freundschaft und Liebe und die Menschen in deinem Umfeld. Ich musste es selbst erleben, um es wirklich zu verstehen – und hoffe, dir mit meinen Worten einen kleinen Schubs in die richtige Richtung zu geben. Dass auch du dich wieder daran erinnerst, was deinen wahren Wert ausmacht – abseits von Job, Geld und Aussehen. *Wer bist du, wenn keiner hinsieht? Wer bist du, wenn du nichts darstellen musst – und bei wem kannst du genau so sein?*

Rupi Kaur schrieb in einem Gedicht:

das allerwichtigste ist liebe
du sollst lieben als sei es das einzige was du kannst
denn wenn am ende die rechnung gemacht wird
hat all das hier keinen wert
diese buchseite
der ort an dem du sitzt
deine akademischen ehren
deine arbeit
dein geld
nichts ist von bedeutung
außer der liebe und den menschen
die du geliebt hast
und wie sehr du sie geliebt hast
wie du die in deiner umgebung berührt hast
und wie viel du ihnen gegeben hast
– Rupi Kaur, Milk and honey[8]

Ich wünschte mir ganz fest, dieses Gefühl zu Hause in Deutschland nicht zu vergessen. Doch je öfter ich an zu Hause dachte, desto mehr stellte ich mir die Frage, wie ich das Hawaii-Gefühl in eine so andere Welt mitnehmen konnte. Allem, was ich auf Hawaii entsagt hatte, würde mir zu Hause wieder entgegentreten. Die Zukunftsängste, die gesellschaftlichen Erwartungen, der Mangel an Geld, das alltägliche Leben zwischen Spiegeln. Die Gesellschaft, die mich sehr wohl nach all diesen Punkten bewertet.

Ich musste einen Weg finden, mein Selbstwertgefühl beizubehalten – auch in einer oberflächlichen Welt. Ich musste einen Zwischenweg finden. Ich wollte mich in Zukunft immer daran erinnern, wie glücklich ich war, mit ebendiesen Gedanken – und ohne die Essstörung.

Auf und Ab

Wäre das hier ein Roman, ein Blockbuster oder eine Rom-Com, dann wäre die Story hier wohl zu Ende. Ich hatte ja nun verstanden. Ich wusste, was ich will, was ich nicht will, hatte sogar die Essstörung durchschaut, und alles war gut. Dieses Buch aber soll das echte Leben erzählen – und das echte Leben endet nicht mit dem ersten Kuss, eine Essstörung nicht mit dem Ende einer Therapie, die Selbstfindung nicht nach vier Wochen Schweigekloster. Das Leben ist ein ewiges Auf und Ab, der eigene Weg endet erst, wenn das Leben endet. Oder wie mein Papa sagen würde: *Man lernt nie aus.*

2016

Ein Jahresrückblick

Winter

Ich stehe vor einem riesigen Abgrund, vor mir die ganze Welt. Vier Stunden sind wir zum Waimea Canyon gewandert, meine Füße tun weh, die Schuhe voller rotem Matsch. »Waimea« bedeutet »rötliches Wasser«. Die Braun- und Rottöne der Gesteinsschichten ergeben zusammen mit den grün bewachsenen Oberflächen ein unglaubliches Bild. Ein Hubschrauber fliegt vorbei, er wirkt so nah und doch so klein wie eine Fliege. Und ich fühle mich winzig und doch so riesengroß.

Diesen Ort hier will ich nie vergessen. Ganz da hinten ist das Meer, wo es aufhört und wo der Himmel beginnt, kann ich nicht erkennen, alles zerfließt. Ich habe mich so sehr in das Meer verliebt, ich kenne es jetzt, ich weiß, wie es tickt. Ich habe mich in die Strände verliebt, sie sind mein Bett. Ich habe mich in den Sternenhimmel verliebt, er deckt mich jede Nacht zu. Ich habe mich in Ukulelen, Lagerfeuer, Palmen, Felsen, Vulkane und Tea Leaves verliebt. Ich pflücke Avocados, Pomelos und Bananen von den Bäumen, und alles schmeckt doppelt und dreifach so gut wie zu Hause.

Zu Hause. So schön hier alles ist, ich vermisse mein Zuhause. Meine Katze, meine Freunde, meine Familie. Home is not a place, it's people, sagt man.

Frühling

Ich sitze auf meinem Bett und sehe aus dem Fenster. Und sehe nichts. Die bunten geflochtenen Strähnen, die braune Haut und meine erblondeten Haare sind alles, was mir aus Hawaii geblieben sind. Ich bin so müde. Wie besessen starre ich auf den einzigen Baum, der dort neben den grauen Fassaden steht, und versuche, das Grün zu finden. Ich erkenne es nicht. Wieso ist das Grün hier so anders? Ich fühle mich eingeengt zwischen weißen Wänden und dieser schrecklich farblosen Welt. Zwischen den grimmigen Zombies im Bus. Der Kontrast zwischen unendlicher Freiheit in der Natur und kahlen weißen Wänden wirkt wie ein Kulturschock. Zwei Monate lang habe ich jeden Tag unendliche Weitsicht genossen, hier in der Stadt kann ich lediglich bis zur nächsten Hauswand sehen. Ich sehne mich so sehr nach warmer Luft, Sonne, Moana und diesem Grün. Es war anders, wirklich, das Grün war so anders.

Und obwohl ich meine Waage gleich nach meiner Ankunft entsorgt habe, empfing mich die Bulimie nach nur wenigen Tagen wieder mit offenen Armen. Ich konnte gar nichts dagegen tun.

Ich sitze hier und bewege mich nicht. Dabei müsste ich so viel tun, ich muss endlich wieder Geld verdienen. Aber mit was? Ich will das alles nicht mehr. Dieser Modeblog, das bin nicht mehr ich. Es fühlt sich so falsch an.

Und dann bist da noch du. Ich hab dich so vermisst da drüben, so sehr. Dich wiederzusehen war wundervoll. Aber es ist so viel passiert mit uns beiden, und wir kannten uns doch erst so kurz. Wir haben so viel erlebt, Tausende Kilometer voneinander entfernt, konnten den anderen nicht teilhaben lassen. Und du verstehst nicht, dass ich etwas vermisse, was ich nicht mit dir erlebt habe. Es tut dir weh, dass ich mich zurücksehne. Dabei will ich nur mit dir zurück.

Ich war so bunt, und jetzt bin ich wieder so grau wie alles hier.

Und dann werde ich krank. Wochenlang schleppe ich diese Entzündung in meinem Auge mit mir herum. Dann der Tinnitus, schreit mich an, jede Nacht, wenn ich versuche zu schlafen. Und dann kommt die Blasenentzündung, und ich kann nicht laufen, weil jeder Schritt im Unterleib schmerzt. Ich bin blind, taub und bewegungsunfähig. Und grau.

Sommer

Aber du bleibst. Wenn ich dich frage, wann es denn endlich wieder besser wird, dann sagst du »ganz bald«. Ich lerne, wie weh es tun kann, sein Herz zu öffnen – und ich lerne, dass es ganz oft erst mal furchtbar wehtun muss, bis ich verstehe. Wer sein Herz so offen trägt, läuft immer Gefahr, es leicht zu verletzen. Aber das ist es mir wert.

Ich beginne, Weitsicht zu suchen. Ich muss irgendwo ganz weit hoch, damit mein Blick nicht ständig an Hauswänden abprallt, damit meine Gedanken weiterfliegen können. Also klappere ich Parkhäuser und Bürokomplexe in der Gegend ab, fahre mit dem Aufzug ganz nach oben in der Hoffnung, einen Ausgang zu finden – und entdecke eine Dachterrasse, die kaum besucht wird. *Hier hin will ich in Zukunft flüchten, wenn das Engegefühl zu groß wird.* Ich beschließe, dass es mir egal ist, wie lange es noch dauert, bis ich meinen Weg finde. Ich weiß jetzt, dass alles, was ich aus dem Herzen heraus tue, nur gut werden kann. Jede Zeile, die ich hier schreibe, ist wunderbar, solange der Kopf aus und das Herz an ist.

Ich kann wieder hören, sehen und tanzen, und ich bin endlich wieder gesund.

Herbst

Der einzige Baum vor meinem Fenster ist so bunt. Er ist länger bunt als all die andern Bäume in der Gegend. Der Herbst ist warm und so, so schön. Ich stehe auf, zieh mich an, trinke schnell meinen Kaffee, pack mein neues Meditationskissen ein und gehe raus in die Sonne. Gestern hat es ein bisschen geschneit, und ich beschließe, dass Schnee im Herbst ab jetzt mein neues Lieblingsding wird. Rot und Gelb und Braun und dazu Schneeweiß. Neben der Dachterrasse ist eine Bank im Park um die Ecke mein neuer Happy Place geworden, geschützt unter einem der bunten Bäume kann ich mich wunderbar hinsetzen. Gerade steht die Sonne so, dass ich dort im Trockenen meditieren kann und trotzdem die volle Dosis Vitamin D abbekomme.

Mir hat mal jemand gesagt, wenn man eine Reise hinter sich hat, die eine große innere Veränderung mit sich bringt, dann geht man zehn Schritte vorwärts. Kommt man zurück in seinen Alltag, geht man wieder neun Schritte zurück, und es fühlt sich so an, als hätte sich überhaupt nichts verändert. Aber dieser eine Schritt, den man doch vorwärts gegangen ist, der bleibt. Mich hat er dazu gebracht, mir meine eigenen Orte der Ruhe zu suchen, selbst hier in der Stadt. Er lässt mich hoffen, auch wenn bei Weitem noch nicht alles perfekt und aufgeräumt ist in mir. Ich habe von etwas Wundervollem gekostet, und ich erinnere mich noch immer ein bisschen an den Geschmack.

Ich setze mich im Schneidersitz auf mein Kissen, stelle mir den Timer auf fünfzehn Minuten und schließe die Augen. Das kann ich ganz gut mittlerweile. Und dann, dann hol ich mir mein Hawaii-Gefühl zurück. Einfach so sitze ich gedanklich wieder am Strand, und ein bisschen Leichtigkeit kehrt in mein Herz zurück.

Und dann denke ich an die Worte, die du letztens zu mir sagtest:

»Ich möchte, dass du deine Träume wieder verfolgst, und ich möchte miterleben, wie du sie dir erfüllst! Du hast Träume, du hast mir davon erzählt – glaub doch wieder daran! Alles liegt noch vor dir und wartet nur darauf, in die Hand genommen zu werden. Wenn du für dich selbst da bist, mit diesem Bewusstsein, kannst du die Welt verändern. Diese Welt kann uns nur so schön begegnen, wie wir bereit sind, uns selbst zu begegnen. Das waren doch deine Worte! Du hast es doch bereits entdeckt, Angela! Glaub doch wieder daran!«

UND ICH GLAUB WIEDER DARAN.

• ● •

Weil man das Glück ganz einfach sammeln kann

Das Meer ist einer der wenigen Orte, den man mit all seinen Sinnen erfahren kann: Mit dem Blick in die Ferne, mit nichts als Wasser und Himmel vor uns, fühlen wir uns frei. Das Auge wird nicht permanent mit hundert unterschiedlichen Eindrücken überfordert, sondern kann sich auf ein paar wenige wesentliche Dinge konzentrieren: Wasser, Sand, Himmel, vielleicht ein paar Vögel und Wolken. Die Farbe Blau wirkt nachweislich beruhigend. Außerdem tragen wir am Strand meist keine Schuhe – sondern fühlen den warmen Sand unter unseren Füßen. Und wir hören das Meeresrauschen, die Frequenz entspricht in etwa einem ruhigen Atemrhythmus. Wir können das salzige Wasser auf der Haut fühlen und auf den Lippen sogar schmecken. *Sehen, hören, riechen, schmecken, fühlen.* Es ist also kein Wunder, dass der Mensch sich vorzugsweise am Strand wiederfindet, versucht er aus dem Alltag auszubrechen. Das Meer ist heilsam.

Wie viele von uns war auch ich in meinem Leben schon öfter am Meer. Aber all diese Dinge wirkten auf mich, ohne dass ich es bislang bewusst wahrnahm. Das Meer machte mich glücklich, aber ich war mir nicht *bewusst* darüber. Überhaupt nahm ich vieles in meinem Leben bis zu meiner Reise nach Hawaii nicht bewusst wahr. Mein Fokus lag immer nur auf den Dingen, die schlecht liefen, und auf einer Zukunft, in der alles besser werden sollte.

Nach meiner Rückkehr aber hatte ich noch einmal mehr verstanden, dass ich das Glück meist in kurzen Momenten fand, verbunden mit der Natur, Musik und den Menschen, die ich liebte. Ich erkannte, dass ich von diesen Momenten zehren konnte, lange nachdem sie bereits vergangen waren. Und obwohl meine Probleme daheim die gleichen blieben – kein Geld, keine Zukunftspläne, keine Ahnung, wie es weitergehen sollte –, lernte ich, besser damit umzugehen. Obwohl meine Umstände die gleichen blieben, half mir mein Bewusstsein, tatsächlich glücklicher zu werden. Alles blieb gleich – und doch wurde es ganz langsam leichter.

Nachdem ich verstanden hatte, wieso das Meer so besonders auf mich wirkte, suchte ich bewusst und immer wieder nach Orten und Momenten, die mir ein ähnliches Gefühl von Freiheit und Freude bescheren sollten: Ich fuhr viel öfter in die Berge und erkundete meine Umgebung nach Dächern, die mir einen weiten Blick ermöglichten. Mit einem Sonnenuntergang über den Dächern Münchens tankte ich auf.

Ich begann, mich nicht nur darüber zu freuen, sondern ich freute mich sogar, dass ich mich freute. Das klingt ein wenig seltsam – aber im Prinzip ist es ganz einfach: In Momenten, in denen ich ehrlich glücklich war, machte ich mir bewusst, dass ich gerade glücklich war. Ich stellte mich neben mich selbst und sah mir dabei zu, wie ich genoss – und konnte dadurch doppelt genießen.

Je mehr ich darauf achtete, je mehr mir positive Gefühle in den Momenten, in denen sie auftraten, auffielen, desto leichter kam ich durch den Tag. Je bewusster ich wahrnahm, desto glücklicher wurde ich. Und dabei wurden die Glücksmomente sogar immer banaler und kleiner – aber sie fielen mir auf, und im Kopf machte ich mir eine kleine Liste mit all den schönen Dingen, die über den Tag verteilt passiert waren. Der Schritt aus der Haustüre an einem warmen Sommertag machte mich glücklich. Der Junge im Bus, der mit dem Finger die Marmelade aus seinem Krapfen pulte, machte mich glücklich. Die Musik in meinen Ohren auf dem Weg in die Arbeit machte mich glücklich, mit dem Fahrrad den Giesinger Berg runterbrettern machte mich glücklich. Jedes geschenkte Lachen landete auf meiner Liste. Das warme Fell meiner Katze, der Anruf einer guten Freundin, der Schnee zwischen Herbstlaub.

Positive Psychologie

Als ich einen Podcast mit dem gleichnamigen Titel »Weil man das Glück ganz einfach sammeln kann« aufnahm, erhielt ich hinterher einige interessante Hörernachrichten: Man legte mir nahe, mich unbedingt mit der »Positiven Psychologie« zu beschäftigen, denn ganz offenbar war das, was ich da tat – das Schöne und das Glück in alltäglichen Dingen zu suchen und zu erkennen –, eine bekannte Strategie der Positiven Psychologie. Ich las mich ein wenig ein, und mir war schnell klar: *Das ist es! Genau das mache ich!* Ich war stolz darauf, diese Sache ganz allein für mich entdeckt und nun sogar einen wissenschaftlichen Beweis dafür gefunden zu haben.

Es ist übrigens ganz normal, wenn du bis jetzt viele deiner positiven Emotionen nicht bewusst wahrgenommen haben solltest. Das menschliche Gehirn ist von Natur aus so angelegt, dass wir negative Gefühle viel intensiver wahrnehmen als positive Gefühle. Das hat ganz simple evolutionäre Hintergründe: Die Angst beispielsweise diente früher dem Überleben. Lauerte ein wildes Tier im Busch, nahmen wir Reißaus, und selbst wenn wir uns wieder in Sicherheit befanden, wirkte das Gefühl der Angst noch lange nach. Es machte uns vorsichtig. Diese Angst und die Vorsicht ließen uns überleben – so einfach ist das. Die Freude über eine Umarmung hingegen bleibt nur für wenige Sekunden, danach ist sie für das Überleben unbrauchbar und wird schnell vergessen. Umso wichtiger ist es deshalb, achtsamer mit positiven Emotionen umzugehen – und diesen bewusst ebenso viel Raum zu geben wie negativen Gefühlen.[9]

Aber was ist Positive Psychologie? Martin Seligman griff 1998 den Begriff wieder auf. Es gefiel ihm nicht, dass sich die Psychologie bis dato ausschließlich auf Krankheiten und Defizite beschränkte – er sagte, man müsse auch betrachten, was das Leben lebenswert mache. Der Fokus dürfe nicht nur auf dem »Reparieren« liegen, sondern müsse darüber hinausgehen: »Bei der Positiven Psychologie geht es nicht darum, Schäden zu begrenzen – und von –8 auf –2 der Befindlichkeitsskala zu kommen. Sondern wie wir uns von +2 auf +5 verbessern können.«[10]

Besonders schön finde ich auch folgende Beschreibung des Psychologen Christopher Peterson: Er sagt, Positive Psychologie sei »the study of what goes right in life, from birth to death and at all stops in between«[11] – die Wissenschaft von allem, was richtig läuft im Leben, von der Geburt bis zum Tod und überall dazwischen. Wie schön ist das?

Um es in einfache Worte zu fassen: Natürlich ist es wichtig, in einer Therapie über traumatische Erlebnisse zu sprechen und diese aufzuarbeiten. Aber es ist ebenso wichtig, über die Dinge zu sprechen, die gut laufen, ganz abseits vom eigentlichen Thema. Es ist durchaus möglich, positive Gefühle bewusst zu erzeugen. *Optimismus ist erlernbar.* Aber wie auch bei der gesunden Ernährung reicht es nicht, ab und zu mal ein bisschen Brokkoli zu essen – man muss es schon regelmäßig tun. Ich bin fest davon überzeugt: Wer lernt, seinen Geist öfter auf die schönen Dinge im Leben zu lenken, wird nachhaltig glücklicher. Was nicht gleichzeitig bedeutet, negative Gefühle auszuschließen, ganz im Gegenteil. Auch sie sind wichtig, ein Teil von uns und somit okay. Der Ausgleich aber, ein gesundes Maß von schlechten und guten Gefühlen, ist entscheidend. In jeder meiner Liebeskummer-Phasen (ich gebe zu: wenige waren's nicht) habe ich mich meinen Freunden wieder sehr viel näher gefühlt. Ich habe Gespräche gesucht und Ausflüge initiiert, um nicht gänzlich im schwarzen Loch zu versinken, habe Freundschaften vertieft und eine noch tiefere Dankbarkeit für ebendiese Menschen entwickelt. Die dunklen Gefühle suchen einen zwar gerade vor dem Einschlafen immer wieder heim, und die Zeit kurz nach einer Trennung ist und bleibt eine schwierige – aber mit der Zeit und mit Liebe lässt sich auch solch eine Phase überstehen. Denn: Positive Gefühle mildern negative Gefühle ab – man nennt das den *Undoing-Effekt*.

DA IST SO VIEL SCHÖNES
IN MEINEM LEBEN,

VIELLEICHT HAB ICH NUR
NIE RICHTIG HINGESEHEN.

Drei gute Dinge

In der Positiven Psychologie gibt es einige Übungen und Strategien – zwei meiner liebsten möchte ich euch hier vorstellen. »Drei gute Dinge« gefiel mir persönlich am besten, da sie dem, was ich sowieso bereits tat, am nächsten kam:

Nimm dir ein Notizbuch oder eine Notizen-App zur Hand und versuche drei Dinge zu finden, die dir am heutigen Tag ein positives Gefühl bescherten. Frage dich:

Was ist heute Gutes passiert?
Wie habe ich dazu beigetragen?

Diese Dinge müssen wie gesagt nicht großartig sein. Vielleicht hast du eine schöne Nachricht von jemandem bekommen? Bestimmt hat diese Nachricht auch einen Grund: Du bist wertvoll für diese Person, deine Persönlichkeit und deine Nächstenliebe haben dazu beigetragen. Vielleicht hat dir aber auch dein Mittagessen besonders gut geschmeckt – warum? Weil du dir die Zeit genommen hast, dir etwas Feines zu kochen. Stehst du mit geschlossenen Augen in der Sonne und genießt einfach nur die Dosis Vitamin D – dann hast du ebenso dazu beigetragen, allein dadurch, dass du diesen schönen Moment als positiv wahrnehmen kannst und den Schritt nach draußen getan hast. Stehe ich beispielsweise mal wieder auf der Dachterrasse und sehe mir den Sonnenuntergang an, dann weiß ich, dass mir das nur möglich ist, weil ich losgegangen bin und einen solchen Ort gesucht habe. *Gut gemacht!*

Natürlich wird es auch Tage geben, an denen selbst diese Aufgabe schwerfällt. Ich kenne das Gefühl, in einem Loch zu stecken und mich in Selbstmitleid und Negativität zu suhlen. Sei dir also selbst nicht auch noch zusätzlich böse, wenn das mit den drei positiven Dingen nicht klappen will. An solchen Tagen kannst du dich gerne auch nur fürs Aufstehen, fürs Kaffeemachen oder fürs Duschen loben. Oder eben dafür, dass du dir eingestanden hast, dass heute einfach nicht dein Tag ist und du heute deine negativen Gefühle rauslassen musst. Alles, was du fühlst, alles, was du heute schaffst oder nicht schaffst, ist okay. Es werden wieder andere Tage kommen – und an solchen fallen dir bestimmt wieder mehr schöne Dinge auf.

Random Acts of Kindness

Meiner Meinung nach gibt es so etwas wie selbstloses Helfen gar nicht. Das klingt erst mal hart – aber eigentlich ist es etwas Wunderschönes und eine perfekte Krux der Natur. Neurowissenschaftler haben bewiesen: Tun wir etwas Gutes, wird dasselbe Belohnungssystem im Hirn aktiviert, wie wenn wir etwas bekommen. Und nicht nur das: Es werden dieselben Areale im Hirn angezapft, die auch beim Sex oder Essen aktiviert werden. Helfen und geben ist wie guter Sex oder ein Fünf-Sterne-Menü! Wie cool ist das?[12] Paradoxerweise erweckt das Geben in uns also ein Gefühl der Fülle und des Reichtums. Obwohl wir uns von Geld, Zeit oder Gegenständen trennen, fühlen wir uns innerlich, als hätten wir etwas dazugewonnen. Die Freude einer guten Freundin über ein liebevoll gestaltetes Geburtstagsgeschenk macht sie ebenso glücklich wie mich. Ihre Dankbarkeit steigert sogar mein Selbstbewusstsein, denn ich fühle mich wertvoll. Das Schönste aber daran ist: Freundlichkeit verändert nicht nur dich selbst und dein Gegenüber, sondern wird sogar weitergetragen. Machst du einen anderen Menschen glücklich, trägt er die Freude darüber in sich weiter – und gibt sie vielleicht wiederum an andere weiter. Genau das braucht diese Welt heute doch dringender denn je.

Ich gebe also zu: Ganz selbstlos ist mein Instagram-Account nicht. Und selbst dieses Buch schreibe ich nicht nur aus reiner Nächstenliebe. Denn ich weiß ganz genau: Die Liebe, die ich gebe, bekomme ich in Form von Dankbarkeit und schönen Nachrichten zurück. Anderen Menschen etwas zu geben bedeutet mir unglaublich viel, das macht mich nachhaltig glücklich. Es erfüllt mich mit Sinnhaftigkeit.

Dabei ist es überhaupt nicht schwer, anderen Menschen etwas zu geben. Wir müssen nicht gleich Ärzt:innen werden oder ein Ehrenamt ausüben (natürlich auch eine schöne Idee – wenn du das möchtest, go for it!). Aber auch sonst kann man das Glück in alltäglichen Dingen ganz einfach sammeln. Hier ein paar Dinge, die du in deinen Alltag einfließen lassen kannst:

• *Dankbarkeit bewusst wahrnehmen und aussprechen.* Gerade in alltäglichen Situationen wie einkaufen gehen oder mit dem Bus fahren nehmen wir die Menschen, die unsere Dankbarkeit verdient haben, für zu selbstverständlich. Wann immer du an der Kasse stehst, kannst du bewusst Blickkontakt suchen, »Hallo« sagen und dich verabschieden. Auch im Bus kann man vorne einsteigen und Busfahrer:innen begrüßen und verabschieden.

Daheim oder in der Arbeit gibt es bestimmt viele Situationen, in denen du ebenfalls Dankbarkeit zeigen kannst. Jemand hat deinen Teller mit abgespült? Ein:e Kolleg:in hat dir einen Kaffee mitgebracht? Bedank dich – mit Augenkontakt.

- Hilf bei einem Umzug.
- Koche für jemanden, den du gerne hast.
- Biete deine Hilfe an, wenn jemand krank ist – koch eine Gemüsesuppe, fahr zur Apotheke.
- Bringe Frühstück ans Bett.
- Ruf mal wieder Oma und Opa an.
- Nimm die Pakete für deine Nachbarn an – und bedanke dich bei dem:der Postbot:in, an Weihnachten darf es gerne auch etwas Trinkgeld sein.
- Schreibe einem geliebten Menschen einen Brief.
- Hilf älteren Menschen beim Tragen ihrer Einkäufe, halte mal die Türe auf, schenke ein Lächeln.

Die Liste kann endlos weitergeführt werden. Es gibt so viele Dinge im Alltag, die wir für andere tun können – und gleichzeitig tun wir auch etwas für unser eigenes Wohlbefinden.

Da ich viel zu Hause arbeite, bin ich mittlerweile die Packstation für so gut wie alle Parteien in meinem Haus – dafür bekomme ich nicht selten einen Sekt oder einen Wein in die Hand gedrückt. Dafür kann ich meine Nachbarin aus dem ersten Stock fragen, ob sie meine Katze füttert, bin ich mal mehrere Nächte außer Haus. Der ältere Herr aus dem zweiten Stock ruft öfter bei mir an, da er aufgrund seiner Krankheit das Haus nicht mehr verlassen kann – und ich bringe ihm seine Pakete nach oben. Den Geschäftsführer im Supermarkt gegenüber kenne ich mittlerweile so gut, dass er extra für mich vegane Pizza ins Sortiment aufgenommen hat.

Hilfsbereitschaft bringt uns einander näher. Fremde Menschen, die einem ein gutes Gefühl geben, sind so, so wichtig. Wir spielen sozusagen Pingpong mit positiven Gefühlen. Es ist ein Austausch kleiner schöner Gesten und Gefühle, die beide Parteien mit durch den Tag tragen.

13 Semester

Januar 2017

Ich trete aus dem dunklen Betonklotz nach draußen in die warme Nachmittagssonne. Manchmal, wenn ich nach einem langen dunklen Winter wieder vergessen habe, wie sich die Sonne auf meiner Haut anfühlt, fährt sie durch meinen Körper wie ein kurzes Verliebtsein. Mein Herz wird ganz warm, ich schließe instinktiv die Augen und genieße die wohlige Vitamin-D-Umarmung. Meine Lungen füllen sich mit kalter Luft, und als ich wieder ausatme, habe ich ein bisschen das Gefühl, mit der Luft auch all den Frust der letzten sechseinhalb Jahre auszuatmen.

Das war's.

Es ist tatsächlich vorbei. Ich habe den letzten Vortrag gehalten, die letzte Arbeit abgegeben. Der Klotz an meinem Bein namens »Studium« ist endlich weg, ab heute kann er mir gar nichts mehr. Ich bin frei. Wie oft habe ich nicht mehr daran geglaubt? Wie oft lag ich heulend in meinem Bett und fragte mich, ob all die Jahre Studium nun umsonst gewesen waren? Wie oft habe ich diese Welt und diesen verdammten »ohne Bachelor bist du nichts«-Gedanken verflucht und verflucht und verflucht. Ich weiß es nicht mehr. Ich konnte es irgendwann nicht mehr zählen.

Es gab Zeiten, da habe ich mit allen Mitteln versucht zu verdrängen. Habe die Tatsache, dass ich immer noch mitten im Studium stecke, einfach weggeschoben – bis die Briefe ins Haus flatterten. Fristüberschreitung, Prüfung nicht bestanden. Weil: nicht angetreten. Drohungen mit Exmatrikulation. Jedes Mal, wenn mir der Gedanke an den Betonklotz wieder in den Kopf schoss, schlug mir das Herz bis zum Hals, meine Finger wurden ganz kalt, und ich fühlte mich unendlich allein. Was bin ich nur für ein Loser. Ich schaffe es nicht mal, mich auf der Studiums-Website einzuloggen und zu checken, was ich noch tun muss. Es ist doch gar nicht mehr so viel. Aber meine Handlungsunfähigkeit versaut mir alles. Alle aus meinem Semester sind bereits fertig, nur ich nicht. Wie soll ich mich da blicken lassen? Man wird mich so sehen, wie ich mich selbst sehe: als Versager.

Zu Beginn meines Studiums war ich noch voller Motivation. Endlich Studentin! Endlich vom süßen Studentenleben kosten! Und dann studiere ich auch noch Fotografie – alles, was ich jemals wollte. Doch mit den Jahren verlor ich meine Energie für die Sache. Ich war unsicher, verglich mich ständig mit anderen, und das Bloggen war eine für mich viel wichtigere und schönere Sache geworden. Ich versäumte immer mehr Vorlesungen, tat nur noch das Nötigste, und ab dem 4. Semester verlor ich komplett den Anschluss. Das Studium war irgendwann nur noch eine dunkle Wolke, die ich ständig mit mir herumtrug, die mir Übelkeit bescherte, sobald ich einen Gedanken an sie zuließ.

Ab und zu aber, wenn wieder ein Brief ins Haus flatterte, der mich ermahnte, dass ich eine bestimmte Prüfung dieses Semester ablegen müsste, schaffte ich es doch, das Mindeste an Energie aufzuwenden, um wenigstens eine einzige Prüfung im Semester abzulegen. Das war mein Limit. Danach ging alles wieder von vorne los – bis zum nächsten Brief.

Als ich endlich fast alle Module bestanden hatte, war die Regelstudienzeit von sieben Semestern bereits weit überschritten. Dann flatterte der Brief zur Bachelorarbeit ins Haus: erster Fehlversuch. Weil: einfach nicht angemeldet, einfach nicht hingegangen. Mal wieder. Ich hatte nur noch eine einzige Chance – und sogar die verbaute ich mir fast, weil ich wieder die Anmeldung verpasste. Mein Antrieb, auch nur ein Fitzelchen Energie für dieses Studium aufzuwenden, war so tief vergraben, dass sich selbst das Aufrufen der Uni-Webseite jedes Mal wie ein Marathonlauf anfühlte. Aber trotz verspäteter Anmeldung zur Bachelorarbeit durfte ich weitermachen. Ich fühlte mich wie ein lästiger Sonderfall. Ich begann alles, was mit dem Studium zu tun hatte, zu hassen. All die »Scheiß-Hipster-Design-Studenten«, jeden Professor und jede Dozentin, die vermeintlich über mich den Kopf schüttelten, den hässlichen Betonklotz und sogar den Weg dorthin.

Ich fühlte mich mit diesem Thema jahrelang so einsam, so allein, so verloren. Ich wollte abbrechen, Hunderte Male wollte ich einfach nur weglaufen. Jedes Semester wieder packte mich eine unfassbare Angst, eine unfassbare Wut über all das – und am meisten über mich selbst. Das Gebäude meiner Fakultät zu betreten war wie der Eintritt zur Hölle. Ich setzte mich allein in die hinterste Reihe und rannte davon, sobald ich wieder durfte. Ich bin allein damit. Niemand ist so bescheuert und so faul wie ich. Ich bin ein Versager.

Mit Ach und Krach schaffte ich es, ein Thema für meine Bachelorarbeit zu finden, das ich mochte – und einen Dozenten, der mir gut zusprach. Meine Motivation war der Flug nach Hawaii. Ich wollte unbedingt dorthin, musste dafür aber knapp vorher meine Arbeit abgeben. Und siehe da: Ich schaffte es tatsächlich.

Trotzdem fehlte mir noch immer ein einziges letztes Blockseminar. Ein Seminar, das ich eigentlich im 5. Semester bereits hätte belegen sollen, aber nie getan hatte – dessen Frist ich natürlich schon lange verpasst hatte. Fristüberschreitung, mein neuer, zweiter Vorname. Das Seminar würde genau dann stattfinden, wenn ich auf Hawaii sein sollte. Auf den letzten Drücker überwand ich mich dazu, dem zuständigen Dozenten von meiner Misere zu erzählen. Er war mein persönlicher Endgegner-Dozent, um den ich stets den größten Bogen machte, weil ich glaubte, seine Abneigung mir gegenüber am deutlichsten zu spüren. Mit wenigen harten Worten machte er mir klar, dass dies meine letzte Chance sei und ich den Kurs besuchen müsse. Fliege ich nach Hawaii, versaue ich mir mein komplettes Studium. Alle Prüfungen bestanden, die Bachelorarbeit abgegeben – und doch keinen Studienabschluss. Er blieb kalt, zeigte kein Verständnis. Ich verließ weinend den Raum.

Und flog trotzdem nach Hawaii. Ich war fürchterlich wütend. Es kam mir nicht in den Sinn, deswegen hierzubleiben. Ich wusste, dass diese Reise wichtig für mich sein würde – wichtiger als ein Bachelorzeugnis jemals sein könnte.

Als ich zurückkam, fasste ich neuen Mut. Ich wollte nicht wahrhaben, dass ich nun sechs Jahre diesen verdammten Klotz mit mir herumgeschleppt hatte und all die Tränen und Anstrengungen umsonst gewesen sein sollten – wegen eines einzigen Kurses. Also schleppte ich mich zur Studienberatung. Dort verriet man mir, dass ich lediglich eine schriftliche Fristverlängerung beantragen müsse – alles also halb so wild. Es geht halt doch immer irgendwie weiter, dachte ich voller Genugtuung.

Wieder verstrich ein Dreivierteljahr. Bereits die Wochen vor dem Seminar starb ich tausend Tode. Ich fürchtete mich so sehr vor dem Vortrag und der neuen Gruppe, die ich kennenlernen sollte: alles fleißige Fünftsemestler, ich als einziges unbekanntes Gesicht. Der Loser aus dem Dreizehnten. Bestimmt muss ich erklären, in welchem Semester ich bin. Der Dozent des Seminars war natürlich mein Endgegner-Dozent, genau der, vor dem ich zuletzt in Tränen ausgebrochen war.

Beim Betreten des Betonklotzes wurde mir sofort wieder übel. Ich nahm mir wieder vor, so unsichtbar wie möglich zu sein, und setzte mich in die letzte Reihe. Offensichtlich aber hatte ich mir einen Platz neben dem aufgedrehtesten Jungen im ganzen Semester ausgesucht, der mir sofort lächelnd die Hand hinstreckte und mir gar nicht die Möglichkeit gab, unsichtbar zu sein. Tobi riss mich aus meinem Schneckenhaus, verwickelte mich in ein lockeres Gespräch und fragte mich unverblümt von vorne bis hinten aus. Er richtete mit seinem ehrlichen Interesse einen dicken fetten Scheinwerfer auf mich – und machte mich sichtbar. Er nahm mir meine Angst mit einem einzigen Handschlag. Binnen weniger Minuten war alle Einsamkeit, alle Angst, jedes Alien-Gefühl verflogen, als wäre es niemals da gewesen. *Wie konnte das sein?* Tobis offene Art brachte mich dazu, mich in alle Richtungen zu öffnen – und so erwähnte ich sogar die verteufelte Dreizehn. »Dreizehn Semester?«, rief er lachend und hob die Hand. »High five on that!« Es war das erste Mal, dass ich über die dreizehn Semester lachen konnte. Und als ich dann noch meine schreckliche Angst vor dem heutigen Vortrag erwähnte, meinte er nur schulterzuckend: »Stell dir einfach alle hier im Raum nackt vor. Oder schau mich an, ich werde dir zeigen, wie prima ich deinen Vortrag finde!«

Als ich nach vorne ging, fühlte ich mich auf einmal wieder als Teil von etwas. Wenn all die Ängste, die ich während der letzten sechseinhalb Jahre mit mir rumgeschleppt hatte, mit nur einem einzigen Handschlag begraben werden können ... wenn alles, was man braucht, das Gefühl ist, Teil eines Großen und Ganzen zu sein, dann sollen gefälligst auch alle hier wissen, wer ich wirklich bin. Keine Maske mehr. Ich blickte kurz zu Tobi, der mir mit ausgestrecktem Daumen ein breites Grinsen zuwarf.

»Ich bin Angela«, begann ich, »und ihr kennt mich bestimmt alle nicht – ich bin nämlich im 13. Semester. Wenn ihr also irgendwann mal glaubt, es geht mit dem Studium nicht mehr weiter, denkt an mich. Oder schreibt mir, ich kenne mich ganz gut aus.« Mit diesem Satz blickte ich in dreißig lachende Gesichter – sogar der Endgegner-Dozent hatte ein verstecktes Schmunzeln auf den Lippen.

• • •

Der Geschmack von Freiheit

In dem Moment, als ich am letzten Tag des Seminars nach draußen in die Sonne trat, verstand ich so viel mehr. Ich verstand endlich, warum ich durch die Studiums-Hölle gehen musste: *um genau das hier zu verstehen.*

Ich war niemals ein Alien. Niemand hatte mich jemals gehasst und wollte mir etwas Böses. Einzig und allein ich sah mich so und bildete mir ein, dass alle anderen mich auch so sehen müssten. Der einzige Grund, warum ich mich einsam fühlte, war ich selbst. Ich machte mich selbst zu einem Alien. Ich schloss mich aus, weil ich niemals über meine Probleme mit dem Studium sprach. Ich war nur allein damit, weil ich mich vor Scham niemals öffnen konnte. Was wäre gewesen, hätte ich dieses Thema in den letzten sechs Jahren auch nur ein einziges Mal auf meinem Blog erwähnt? Wie viele hätten gerufen: »Ich kenne das Gefühl so gut! Ich habe genau das gleiche Problem!«

Ich hatte meine Verletzlichkeit so gut ich konnte und mit allen Mitteln vergraben. Dabei ist alles, was wir brauchen, die Gewissheit, Teil eines Großen und Ganzen zu sein. Egal in welcher Lebenslage. Verlieren wir das aus den Augen, fühlen wir uns einsam – und diese Einsamkeit ist ein Teufelskreis, der uns noch verschlossener macht und uns noch tiefer reinreißt. Aber was passiert mit Ängsten, wenn wir sie aussprechen? Zu seinen Ängsten und seiner Verletzlichkeit zu stehen macht uns nicht schwach, es macht uns menschlich. Ich bin ein Mensch so wie du, so wie wir alle. Um mich zu öffnen, bedurfte es nur einer einzigen guten Seele, die genau im richtigen Moment zur Stelle war.

Selbst der verhasste Betonklotz kam mir auf einmal gar nicht mehr so trist und grau vor. Auf einmal konnte ich auch wieder all die schönen Momente sehen, die ich hier erleben durfte. Vor allem aber konnte ich endlich sehen, wofür die letzten sechseinhalb Jahre gut gewesen waren: Selbst wenn niemand jemals mein Bachelorzeugnis sehen will und ich keine Fotografin werde – in Zukunft wollte ich nie wieder zulassen, dass mich etwas so viele Jahre so sehr belastet. In Zukunft wollte ich Dinge aussprechen, die mir Unbehagen bereiten. Keine Geheimnisse mehr, die nur ich kenne.

Ich musste durch all diese Gefühlskotze laufen, um endlich zu verstehen: Auch die Essstörung schleppte ich seit vielen Jahren insgeheim mit mir herum. Die Essstörung war ein noch viel größerer Klotz, als das Studium jemals hätte sein können. Das Gefühl von Freiheit, von Hinter-mir-Lassen und von Abschließen war so unglaublich befreiend, dass ich mehr davon kosten wollte. All die Jahre hatte ich versucht, die Essstörung mit mir selbst auszumachen. Und immer wieder lief ich gegen eine Wand. Es war endlich an der Zeit, darüber zu sprechen.

Wie würde es sich wohl anfühlen, auch davon frei zu sein? Wie viele Felsen würden von meinem Herzen abbröckeln, wie viel leichter würde ich durchs Leben gehen?

Diese Erleichterung, diese Freiheit schmeckte wie mein liebstes veganes Schokoladeneis mit Brownie-Stückchen. Und ich wollte unbedingt mehr davon.

DAS ATMEN

FÄLLT LEICHTER,

WENN MAN NICHT SO VIEL

AUF DEM HERZEN HAT.

Gut Ding will Weile haben

Von meiner Rückkehr aus Hawaii im März 2016 bis zu meiner ersten Therapiesitzung im April 2017 verging ein ganzes Jahr. Bis zu diesem Tag schleppte ich die Bulimie bereits seit acht Jahren mit mir herum – die ersten essgestörten Gedanken gehen noch weitere acht Jahre zurück. Seit meinem Tiefpunkt 2015 vergingen also zwei komplette Jahre, in denen ich mir meiner Essstörung bereits bewusst war und beschlossen hatte, etwas in meinem Leben zu ändern. Und trotzdem dauerte es zwei ganze Jahre, bis ich mir Hilfe suchte.

Ich erwischte mich ganz oft dabei, wie ich mir einredete, dass sowieso nichts vorangeht. Ich hatte auf Hawaii beschlossen, dass die Essstörung nicht mehr zu mir passte, dass ich ab jetzt keine Werbung mehr für nicht nachhaltige Unternehmen machen möchte. Dass ich ab jetzt authentisch leben möchte, von jetzt auf gleich alles ändern will. Ich wollte das Hawaii-Gefühl immer in mir tragen und bloß keine Rückschritte mehr machen – und doch riss es mich nach meiner Rückkehr neun von zehn Schritten zurück.

Aber ich machte stetig viele kleine Schritte vorwärts. Genauso wie du, genauso wie wir alle. Auch das Abschließen meines Studiums war sehr wichtig für meinen Prozess. Ganz oft aber sind die Schritte nach vorne so winzig, dass wir sie in den Momenten selbst gar nicht wahrnehmen. Erst in der Retrospektive, Jahre später, konnte ich erkennen, was alles zu meinem Prozess beigetragen hatte.

Genau deshalb ist mir dieses kurze Kapitel besonders wichtig: Was ich hier aufschreibe ist eine Zusammenfassung vieler Jahre. In ihnen tausend kleine Babysteps in Richtung Authentizität und so was wie Selbstakzeptanz. Eine jahrelange Essstörung legt man nicht mal eben ad acta. Auch meine Tipps zum Glücksammeln sind wichtig, richtig und gut – aber auch hier wird sich nicht von heute auf morgen eine Änderung zeigen, sondern erst mit viel Zeit und Geduld. Wie ich bereits sagte: Selbstfindung ist keine Checkliste, die man mal eben so abhakt – sondern eine Lebensaufgabe.

Zwischen etwas für sich erkennen und verstehen und der tatsächlichen Umsetzung dieser neuen Erkenntnisse können Jahre liegen – und das ist okay. Geduld ist eine Tugend, Geduld mit sich selbst eine noch größere. Für mich war es wichtig, trotz Rückschritten weiterzumachen. Nur neun Schritte zurücklaufen, nicht aber alle zehn. Dann wieder im Abstand von 0,1 Schritten nach vorne. Ab und an einen Rückschlag in Kauf nehmen, ohne sich dafür zu verurteilen, denn: Das Leben ist ein Prozess, kein eineinhalb Stunden langer Hollywood-Film. Auch dieses Buch beschreibt einen Prozess und ist keine »einfache Anleitung zum Glücklichsein«. So etwas existiert überhaupt nicht.

Ich wünsche mir, dass auch du deinen Weg als Prozess wahrnimmst, der noch längst nicht zu Ende ist. Dass du dir immer wieder bewusst machst, dass die Dinge Zeit brauchen, dass vergangene Verletzungen tief sitzen können und diese auszugraben mühselig sein kann. Und selbst wenn sie ans Licht kommen, bedarf es Geduld, sie zu betrachten und herauszufinden, wie man mit ihnen umgeht.

Der Schritt in Richtung Therapie hat bei mir also ein weiteres Jahr gedauert. Ein weiteres Jahr voller Zukunftsängste, leerem Konto und der Bulimie. Auch in diesem Jahr nahm ich noch Kooperationen an, die eigentlich nicht mehr zu mir passten –

aus Geldmangel. Aber genau dieses Jahr, gefüllt von vielen weiteren kleinen Schritten, ergab letztendlich einen großen mutigen Schritt: der Beginn meiner Therapie und mein erster Job als Angestellte.

Erst wenn wir hinterher näher heranzoomen, erkennen wir, was wir eigentlich alles geleistet haben, wie weit wir doch vorangeschritten sind. Babysteps sind auch Schritte, vergiss das nicht. Versuche dir auch die kleinen Schritte bewusst zu machen. Das Lesen dieses Buches könnte eine 0,1 auf deiner Skala sein, vielleicht sogar mehr. Vielleicht hast du dich an diesem Punkt schon ein paar Mal wiedererkannt, hast dir etwas für die Zukunft vorgenommen, willst etwas verändern. Sei ab jetzt nachsichtig und geduldig mit dir, wenn das reale Leben dir einen Strich durch die Rechnung machen will. Gestehe dir Rückschritte (und Rückfälle) ein, ohne gleich aufgeben zu wollen. Sie gehören genauso zum Heilungsprozess dazu wie all die anderen Vorwärtsschritte. Heilung ist niemals linear. Das Leben ist niemals linear.

Das Schöne aber ist: Das Leben wäre auch verdammt langweilig, wäre es ständig nur geradlinig.

DU MUSST DAS NICHT
VON JETZT AUF GLEICH LÖSEN.

GIB DIR ZEIT.

Nicht allein

April 2017

»Ich bin Angela, bin 27 Jahre alt und habe seit acht Jahren Bulimie«, sage ich und blicke in die Gesichter der anderen Frauen im Raum. Verständnisvolles Nicken, hier und da ein freundliches schüchternes Lächeln.

Ich habe meine Geschichte in den letzten Wochen sehr, sehr oft erzählt. Das erste Mal erzählte ich sie meinem Freund. Ich wollte endlich, dass irgendjemand davon weiß, wollte den ersten kleinen Stein auf meinem Herzen ins Rollen bringen. Ich wünschte mir so sehr, dass er mich endlich voll und ganz kennt, mit allem, was ich bin – und die Essstörung war ein Teil von mir, das hatte ich mir bereits eingestanden.

Einige Tage später schrieb ich eine E-Mail an eine Seelsorge-Seite*, weil ich zu viel Angst hatte, dort anzurufen. Man gab mir einige Therapiestellen zur Auswahl, ich kontaktierte gleich die erste. Das zweite Mal erzählte ich die Geschichte einer der Therapeutinnen in der Einrichtung, sie wiederum leitete mich weiter an eine Psychologin. Ich brauchte eine ärztliche Diagnose, um in der Therapiegruppe anfangen zu dürfen.

Ich erzählte ihr, wie ich mich aktuell fühlte: Als steckte ich fest in einem Loch, gefangen zwischen Sein und Nichtsein. Auf der rechten Seite geht das Leben weiter, auf der linken hört das Leben auf. Ich möchte mein Leben aber nicht beenden, das käme mir nicht in den Sinn, zu viele Menschen in meinem Leben, die ich liebe, zu viel Angst vor dem Sterben. Auf der rechten Seite wartet das Leben auf mich – aber dorthin führt nur diese steile Wand, die ich alleine nicht hochzusteigen vermag. Also stecke ich fest, irgendwo dazwischen, bewegungsunfähig und nur halb lebendig. Die Psychologin stellt mich auf eine Waage, weil sie mein Gewicht für die Diagnose und die Unterlagen braucht, und das erste Mal seit Monaten blicke ich auf die verhasste Zahl. »Normalgewicht«. Alles gut. Für mich aber: zu viel, alles schlecht. Der endgültige Beweis dafür, dass ich seit meinem Tiefpunkt wieder an Gewicht zugelegt hatte. Auf dem Diagnosezettel steht: »Depressive Phasen« und »Bulimie«. Es reicht für meine Krankenkasse, und das vierte Mal erzähle ich meine Geschichte meiner zukünftigen Therapeutin, die mich die nächsten drei Jahre in Einzel- sowie Gruppentherapiesitzungen begleiten wird.

Heute, das fünfte Mal, erzähle ich meine Geschichte sechs anderen Frauen, alle im Alter zwischen 25 und 35. Über die Jahre werde ich sie alle kennen, lieben und verstehen lernen. Heute aber habe ich Angst. Angst vor neuen Leuten, Angst vor der Ehrlichkeit und Offenheit, die hier im Raum herrscht. Werden sie mich mögen? Finden sie mich vielleicht komisch? Passe ich hier überhaupt rein mit meinen kleinen, nichtigen Problemen? Bringt mir diese Therapie überhaupt etwas? Reden wir hier nur über die Essensthematik? Meine Essstörung hat ja einen Ursprung – ich muss nicht lernen, wie man richtig isst. Ich weiß, wie man richtig isst, ich kann es nur einfach nicht.

»Ich hab auch Bulimie«, meldet sich eine der Frauen zu Wort.
    «Ich auch», sagt eine andere.
    «Bei mir ist es Anorexie«, meldet sich die Frau neben mir.
    «Binge-Eating!«, ruft wieder eine andere. »Oh, und eine bipolare Störung hab ich auch.«

Ich muss lächeln. Wir alle lachen kurz, und die Schwere in mir löst sich für einen Moment in Luft auf. Stattdessen fühle ich mich zum ersten Mal in meinem Leben wirklich verstanden. *Ubuntu*, denke ich. Der Mensch wird erst durch Menschen zum Menschen. Ich habe eine Essstörung – und hier bin ich damit Teil einer Gemeinschaft.

Hier bin ich zum ersten Mal in meinem Leben nicht allein damit.

• ● •

Die Essstörung als Ventil

Ich gebe zu: Ich setzte anfangs nicht besonders viel Hoffnung in die Therapie. Ich verstand nicht so recht, was mir das alles jetzt »bringen« sollte. Denn noch immer hatte ich ein total verzerrtes Bild einer essgestörten Person in meinem Kopf: Das sind doch (meist) nur Frauen, die nicht wissen, wie man *richtig* isst. Die nicht wissen, wie man *gesund* isst. Das sind Menschen, die ihr Essen täglich mehrere Male erbrechen oder eben gar nicht essen und deshalb (laut BMI) untergewichtig sind. Ich dachte, in einer Therapie würde man ständig nur über die Essensthematik an sich sprechen: Wie man drei Mahlzeiten am Tag zu sich nimmt und wie eine ausgewogene, gesunde Ernährung aussieht. Das alles wusste ich doch bereits. Bei mir war das ja alles »nicht so schlimm«. Ich ernährte mich auch nach Hawaii bewusst vegan und gesund. Mein Problem war eher, dass ich stets über mein Hungergefühl hinaus aß, dass mir das Essen an sich so viel Freude bereitete, dass ich es nicht schaffte, damit aufzuhören, wenn ich satt war.

Denn: Was mache ich, nachdem mein Teller leer ist? Das gute Gefühl beim Essen selbst war zu schön, mein Leben hinterher vollgepackt mit Sorgen und Ängsten. Während des Essens konnte ich entspannen, da konnte ich glücklich sein. Also aß ich weiter, um das positive Gefühl beizubehalten. *Nur ein bisschen noch.* Hinterher fühlte ich mich voll und schuldig, die Angst vor dem Zunehmen übermannte mich, und ich erbrach das meiste wieder.

In der Therapie lernte ich schnell: Eine Essstörung ist eigentlich nur ein Symptom von etwas, das viel tiefer sitzt. Bei mir: das Verdrängen all meiner Ängste und Sorgen während des Kochens und Essens. Der tief verankerte Glaubenssatz, dass nur wer dünn ist, glücklich sein kann. Eine Essstörung ist immer ein Ventil, um mit schwierigen Situationen und Gefühlen umzugehen. Wir sprachen in den Gruppensitzungen herzlich wenig über die Essstörung selbst – sondern immer nur über die Probleme dahinter. Die Verknüpfungen zur Essstörung ergaben sich automatisch. Alle Frauen im Raum waren so unterschiedlich, wie sie nur sein konnten: eine Erzieherin, eine Juristin, eine Fitnesstrainerin, eine Bürokauffrau, eine Journalistin – und ich. Die Geschichten mit der Essstörung gingen ebenfalls weit zurück, keine glich der anderen.

Sabine beispielsweise lebte viele Jahre mit starkem Übergewicht. Wie auch ich aß sie generell über ihren Hunger hinaus, aß und trank zusätzlich viele zuckerhaltige Speisen und Getränke. Im Prinzip litt sie also damals schon an einer Binge-Eating-Störung. Eines Tages beschloss sie, dem Übergewicht den Kampf anzusagen, und begann so etwas wie »Heilfasten«. Dass Heilfasten für eine gefährdete Person so gar nicht heilsam ist, musste sie Jahre später feststellen. Sie verlor schnell und viel an Gewicht, und zu ihrer Freude fiel dies auch ihrem Umfeld auf. »Wow, wie toll du abgenommen hast! Du siehst großartig aus!« Ebendiese Worte bestärkten sie darin, die Fastenzeiten zu verlängern. Noch mehr abnehmen, wenn das doch so gut funktioniert – und so gut ankommt. Die Kilos purzelten und Sabines BMI rutschte ins Normalgewicht. Sie war niemals untergewichtig, sondern sah augenscheinlich sogar gesünder aus als zuvor. Trotzdem aber kämpfte sie mit Schwindelanfällen aufgrund des Nährstoffmangels. Weil sie aber so gar nicht dem Bild einer essgestörten Person entsprach, fiel niemandem auf, dass sie eigentlich nur tiefer in die Essstörung gerutscht war – auch ihr selbst war das lange nicht bewusst. Erst als ihre Essstörung sie in ihrem Beruf als angehende Rechtsanwältin einschränkte, weil die Kopfschmerzen permanent wurden und sie nicht mehr so funktionierte, wie sie es wollte, suchte sie sich Hilfe. Denn aus Angst, wieder zuzunehmen, schaffte sie es nicht, das häufige Fasten sein zu lassen. Die schnelle Gewichtsabnahme in Kombination mit den dadurch einhergehenden Komplimenten und der Anerkennung von außen ließen sie an der Essstörung festhalten.

Von Sabine habe ich gelernt: »Never compliment a woman's weight loss.« Mache niemals ein Kompliment, wenn jemand ab- oder zunimmt. Mit den Worten »Wow, hast du abgenommen? Sieht toll aus!«, implementiert man, dass man die Person vorher als weniger schön empfand. Wie wird sich diese Person also fühlen, sollte sie doch wieder zunehmen? Außerdem können die Gründe für eine Gewichtszu- oder -abnahme immer ein Trauma, ein Herzschmerz, eine Sportsucht oder eine Essstörung sein. All dies sind Dinge, die keines Komplimentes bedürfen. Sondern ein offenes Ohr. Stattdessen könnte man die Person nach ihrem Wohlbefinden fragen. Als gute Freundin könnte man sich mit ihr hinsetzen und die wahrgenommene Veränderung des Körpers vorsichtig und neutral ansprechen – ohne ein Kompliment zu machen, dafür aber ehrliches Interesse zeigen.

Luisa kam aufgrund ihrer Sportsucht in die Therapie. Über die Jahre hatte sie ganz genau gelernt, wie lange sie laufen muss, um die gegessenen Kalorien wieder zu verbrennen. Es gab keine Mahlzeit, ohne sie hinterher wieder »wegzumachen«. Im Prinzip unterschied sich ihre Essstörung nur wenig von meiner Bulimie: Was sie zu sich nahm, musste wieder weg. In Form von Sport. Auch sie trieb sich damit oft in die vollkommene Erschöpfung, denn je mehr sie aß, desto mehr Sport musste sie treiben. Der Sport stand irgendwann über allem: Freunde treffen? Keine Zeit, zwei Stunden Fitnessstudio waren angesagt. Ihre Sportsucht isolierte sie über die Jahre immer mehr, bis auch sie beschloss, sich Hilfe zu suchen.

Von Luisa habe ich gelernt: Sportlich heißt nicht gleich gesund und fit. Die Essstörung passiert verschleiert im Kopf. Was von außen wie Disziplin und Durchhaltevermögen aussieht, kann innerlich zerrissen und zwanghaft sein. Das Schlimmste an dieser Form der Essstörung aber ist wohl, dass sie gesellschaftlich anerkannt ist. Während Bulimie und regelmäßige Fastenzeiten offenkundig »ungesund« sind, wird jemand, der viel Sport treibt, bewundert.

Luisas eigentliche Probleme aber gingen weit zurück in ihre Kindheit: Die fehlende Anerkennung und Liebe der Mutter, die aber dank der Gewichtsabnahme und des vielen Sports mit einem Mal vorhanden war, ließen sie an der Sportsucht festhalten. In der Gruppe erzählte sie oft, wie ihre Mutter ihren

Körper ständig kommentierte und sie mit ihrer Schwester, die
»immer so toll aussah«, verglich. Luisa musste lernen, sich
selbst genug zu sein, ihrer Mutter zu verzeihen und solche
Kommentare an sich abprallen zu lassen. Ein unfassbar schwieriger langer Weg. (*Kleiner Spoiler: Luisa hat heute keine Sportsucht mehr und ist auf einem guten Weg, sich so zu akzeptieren,
wie sie ist.*)

Madeleine kämpfte bereits seit zwanzig Jahren mit der Bulimie. Sie erbrach sich manchmal bis zu sechsmal am Tag,
kaufte nicht selten sogar extra für ihre Essanfälle ein. Das ging
nicht nur ins Geld – sondern auch zulasten der physischen
Gesundheit. In der Therapie fand sie heraus, dass ihr Perfek-
tionismus einen Großteil der Essstörung befeuerte: In der
Arbeit gab sie stets 120 %, wollte die besten Leistungen er-
bringen, das meiste Geld verdienen. Erfolgreich sein. Und der
Körper musste natürlich dazu passen. Die Bestätigung von
außen war ihr enorm wichtig. Aber trotz extremer Bulimie:
Auch sie war nie untergewichtig und somit nicht auffallend
essgestört. Erst als sie ihr Arbeitspensum bewusst zurück-
schraubte, sich der Gründe ihrer Essstörung bewusst wurde,
schaffte sie nach zwanzig Jahren den Absprung. Als ich zur
Gruppe kam, war Madeleine bereits seit Monaten symptomfrei – und so lebensfroh. Ich war ganz erstaunt, als sie mir ihre
Geschichte erzählte. Ich konnte es gar nicht glauben! Diese
Frau hatte sich über zwanzig Jahre lang mehrmals am Tag erbrochen? Sie erlebte nach all dieser Zeit zum ersten Mal, wie
ein gesundes Leben aussehen konnte: eine gesunde Haut, ein
starkes Herz, keine brüchigen Nägel, keine Ohnmacht mehr,
keine Kopfschmerzen. Wann immer die Essstörung ihr wieder
ins Ohr flüsterte, sie müsse abnehmen, machte sie sich be-

wusst, wie schön sich ihr neues Leben anfühlen konnte. Für jeden Essanfall, den sie nicht zuließ, legte sie 20 € beiseite – und finanzierte sich damit eine große Reise.

Von Madeleine habe ich einiges gelernt. Zunächst einmal, dass auch ich mit meiner »leichteren« Bulimie ein Recht auf einen Therapieplatz habe – *denn ich bin es wert*. Ich dachte nicht selten, dass ich nicht »krank genug« wäre für eine Therapie. Madeleine zeigte mir, dass ich hier genauso hingehörte wie sie.

Außerdem lernte ich von ihr, dass niemand, weder Partner:in noch Freund:in, nicht mal die eigenen Eltern, eine gut verschleierte Essstörung bemerken – auch nicht nach zwanzig Jahren. Nicht selten hatte sie Essanfälle direkt vor ihren Freund:innen. In den Augen ihrer Liebsten aber hatte sie schlichtweg einen »guten Stoffwechsel«. Wir Essgestörten haben über die Jahre gelernt, den perfekten Schein aufrechtzuerhalten. Die Essstörung wird beschützt, mit allen Mitteln. Niemand anderes wird den Schritt in Richtung Heilung für uns tun. Aber wenn wir es tun, ist Heilung möglich. Auch wenn wir eine Krankheit bereits seit Jahrzehnten mit uns herumschleppen. Heilung ist *immer* möglich.

Elif war die Einzige von uns, der man die Essstörung aufgrund ihres starken Untergewichts ansah. Doch auch sie schaffte es, die Menschen in ihrer Umgebung davon zu überzeugen, dass alles in Ordnung sei. Sie unterrichtete Pilates, hatte stets ein offenes Ohr und gute Ratschläge für andere. Sie war kommunikativ, liebenswürdig und lebensfroh – trotz Magersucht, trotz ausbleibender Periode. Mit der Zeit verstand ich, woher ihre Magersucht rührte: Auch in ihrem Leben gab es finanzielle Probleme, Zukunftsängste und zerbrochene Liebesbeziehungen. Dinge, die sie nicht unter Kontrolle hatte. Was sie aber kontrollieren konnte, war ihr eigenes Essverhalten und Gewicht. Das gab ihr Kraft und Zuversicht. Wenn alles um sie herum im Chaos versank, hatte sie immer noch die Kontrolle über das Essen. Sie konnte zwei Bissen zu sich nehmen und dann einfach aufhören. Sie konnte den ganzen Tag lang nichts essen, um abends beim Dinner mit den Freundinnen nicht aufzufallen. In ihren Augen war sie damit diszipliniert, es gab ihr Struktur. Sie sagte, es wäre schon in Ordnung für sie, ein paar Kilo zuzunehmen – aber sie hatte zu viel Angst davor, dann die Kontrolle zu verlieren und endlos zuzunehmen. Es gab kein »funktionierendes System« für sie. Kein »kontrolliertes Zunehmen«. Würde sie wissen, dass sie mit 1800 kcal am Tag eine ganz bestimmte Menge an Gewicht zulegen würde, es also perfekt kontrollieren könnte, würde sie es tun. Natürlich funktioniert das so aber nicht.

Auch einige Klinikaufenthalte hatte Elif bereits hinter sich. Dort stabilisierte sich ihr Gewicht, doch das reale Leben außerhalb der geschützten Klinikwände warf sie zurück und sie nahm langsam wieder ab. In der Zeit, als wir gemeinsam die Gruppe besuchten, machte sie zwar gedankliche Fortschritte, auf der Waage spiegelten sich diese jedoch kaum wieder. Trotzdem gab auch sie niemals auf. Ihr wurde bewusst, dass sie auf Dauer nicht an ihrem Kontrollzwang festhalten konnte. Sie wünschte sich Kinder und eine Familie – um überhaupt schwanger werden zu können, müsste sie zunehmen, um die starke Veränderung ihres Körpers während einer Schwangerschaft »aushalten« zu können, müsste sie die Essstörung loslassen. Sie wollte lernen, die Kontrolle abzugeben, die Dinge auf sich zukommen zu lassen, ohne das Gefühl zu bekommen, komplett im Chaos zu versinken. Die Gruppe und die Therapie tun ihr gut, sagte sie, und die Hoffnung gab sie niemals auf.

Von Elif habe ich gelernt, dass es Essstörungen gibt, die sich zu meiner absolut entgegengesetzt verhalten – trotz ähnlicher zugrunde liegender Probleme. Sie brachte mich ebenfalls dazu, niemals aufzugeben, auch wenn die Heilung länger braucht als erhofft.

Ich erzähle die Geschichten der Frauen in meiner Gruppe, um nicht nur meinen eigenen, sondern auch den Lebensweg anderer Menschen zu erwähnen. Jeder Mensch ist ein Individuum, unsere Erfahrungen und Persönlichkeiten sind so divers wie die daraus resultierenden Probleme und Krankheiten. Nur weil du deine Geschichte nicht zu einhundert Prozent mit jemandem vergleichen kannst, heißt es nicht, dass du alleine bist. Du bist genauso wichtig. Niemand kennt deine Gedanken, niemand kennt deine Geschichte, wenn du sie nicht erzählst. Ob du nun eine Essstörung hast oder ein ganz anderes Ventil – sobald du dir selbst und deiner (mentalen) Gesundheit damit schadest, hast du ein Recht darauf, dir Hilfe zu suchen. Ich schimpfe in diesem Buch ganz gerne auf »die Gesellschaft«, und doch bin ich mir der Privilegien in diesem Land bewusst. Hier in Deutschland gibt es Mittel und Wege, uns zu schützen, uns zu heilen, uns Hilfe zu suchen. Nimm sie in Anspruch! Der Weg in eine Therapie mag nicht immer so simpel sein, wie ich ihn beschrieben habe. Trotzdem aber ist es möglich. Sei dir selbst so viel wert, nicht aufzugeben, wenn du einen Therapieplatz suchst. Gib nicht gleich auf, sollte die erste Anlaufstelle nicht gleich zu dir passen oder solltest du auf eine Warteliste gesetzt werden. Warten lohnt sich, die Suche lohnt sich. Für mich war die Therapie eines der besten

Dinge, die ich in den letzten Jahren für mich selbst getan habe.

Letztendlich blieb ich fast drei Jahre lang in der Gruppe mit begleitenden Einzeltherapiesitzungen. Und wie bei allem im Leben hatte ich auch hier meine Ups und Downs – mal nahm ich total viel mit, mal hatte ich überhaupt keine Lust. Dazu aber erst später mehr.

• • •

Ich kann was!

Juni 2017

Heute ist ein guter Tag.

Ich stehe vor einem großen lichtdurchfluteten Schaufenster. Darin sieht man ein altes Schaukelpferd, einige schöne Vintage-Bilder und einen großen Strauß Blumen. Mein Herz hüpft ganz kurz, ich liebe es, wenn mich etwas visuell sofort anspricht. Das hier passt zu mir. Wie so oft in meinem Leben frage ich mich, ob ich hier wohl in Zukunft öfter sein werde. Ob mir dieser Anblick irgendwann einmal vertraut vorkommen wird. Ob ich hier öfter ein und aus gehen werde.

Nur zwei Tage zuvor saß ich – mal wieder – verzweifelt an meinem Küchentisch und beugte mich über die neue Rechnung meiner Krankenkasse. Ich war nun seit mehreren Monaten offiziell keine Studentin mehr und musste mich als Selbstständige selbst versichern. Die Schreiben meiner Krankenkasse hatte ich die letzten Monate gekonnt ignoriert, die Mahngebühren verdoppelten sich, sogar die Anrufe meiner Sachbearbeiterin ließ ich eine Zeit lang ins Leere laufen. Als ich letztendlich doch abhob, brach ich sofort in Tränen aus. Woher soll ich die zusätzlichen 200 € im Monat nehmen? Man gab mir noch ein paar weitere Monate, um die angesammelte Summe zu bezahlen. Weniger würde es aber dennoch nicht werden.

Ich musste endlich etwas tun. Ich musste aktiv werden. Ich musste mir eingestehen, dass das mit dem Blog nicht mehr funktionierte. Mittlerweile sagte ich tatsächlich konsequent alle Kooperationsanfragen, die nicht mehr zu meinen Werten passten, ab. Ich kann das einfach nicht mehr. Stattdessen hatte ich eine Zeit lang versucht, mit fairen Modemarken zusammenzuarbeiten – aber hier fehlte das Budget. Und mit Klamotten zahlt sich die Miete nun mal nicht. Trotzdem hatte ich große Probleme damit, mich mit dem Gedanken an die »normale« Arbeitswelt anzufreunden. In meinen Augen »konnte« ich nichts, was für ein Unternehmen einen Mehrwert bietet. Klar, ich hatte mein Fotografie-Studium abgeschlossen – aber als Fotografin wollte ich beim besten Willen nicht arbeiten, das hatte ich während des Studiums bereits erkannt. Außerdem war ich in meinen Augen keine besonders gute Fotografin, ich verglich mich immer noch ständig mit anderen.

Ich holte tief Luft, klappte meinen Laptop auf und durchforstete das Internet nach Stellenangeboten. Nichts sprach mich an. Als ich mich nach ein paar Stunden wieder endlos scrollend auf Facebook wiederfand, stolperte ich plötzlich über eine Stellenanzeige in einer Facebook-Gruppe, der ich erst vor Kurzem beigetreten war: »Bloggen über Nachhaltigkeit & Fair Fashion«. Eine faire Modekette in München suchte einen »Content Creator« – also jemanden, der den Unternehmens-Blog schrieb und den Instagram-Account fütterte. Ich war verwirrt. Ist das nicht genau das, was ich sowieso bereits seit Jahren mache – nur eben für mich selbst? Ist das nicht genau das, was ich machen will?

Heute ist ein guter Tag.

Nach nur einer Stunde bekomme ich die Zusage für den neuen Job. Dreißig Stunden die Woche, viel Eigenverantwortung, ein sicheres Gehalt und ausschließlich eine Arbeit, die ich moralisch vertreten kann. In diesem schönen Büro! Ich hatte brachial ehrlich von meinem bisherigen Weg der Selbstständigkeit erzählt, von meinem Blog, von meinen Werten – und zum ersten Mal hörte ich von jemand anderem die Worte, die ich mir selbst nie sagen konnte: »Wow, Angela, was du alles kannst!«

• • •

Man muss kein »Entrepreneur« werden, um glücklich zu sein

Ich gab mit meinem neuen Job die Selbstständigkeit fast komplett auf. Etwas »aufgeben« klingt immer gleich sehr negativ, als hätte man versagt. Mir aber war klar: Ich hatte nicht versagt. Mein Weltbild, meine Werte und auch meine Persönlichkeit hatten sich verändert. Der Arbeit, die ich früher als richtig empfand, wollte ich heute nicht mehr nachgehen. Ich hatte mich weiterentwickelt, nicht versagt.

Ich konnte zunächst gar nicht fassen, wie viel freier und sicherer ich mich als Angestellte fühlte. Das Internet versucht uns ganz oft, die Selbstständigkeit als Befreiungsschlag aus den Fängen des Angestelltendaseins zu verkaufen. Als sei das der einzige Weg, sich selbst zu verwirklichen, selbstbestimmt zu leben und somit glücklich zu sein.

Ich kann mir jede Stunde meines Tages selbst einteilen? *Toll!* Ich muss mich nicht an Vorgaben halten, muss keine »Drecksarbeit« erledigen, kann meine Arbeit beginnen und beenden, wann immer ich will? *Großartig!* Klingt wie ein Traum. Und für viele Menschen ist es auch genau das Richtige – aber bei Weitem nicht für alle. Fakt ist auch, dass Selbstständigkeit ein ständiges Leben mit der Unsicherheit ist. Wer zu 100 % selbst für sein Einkommen verantwortlich ist, bekommt kein Geld, wenn er mal krank ist. Bezahlten Urlaub gibt es erst recht keinen. Niemand zahlt die Hälfte deiner Kranken- und Rentenversicherung, und die Steuer will auch jedes Jahr erledigt werden (so viel zum Thema »Drecksarbeit«). Für mich war die Selbstständigkeit nie ein »Befreiungsschlag« – denn ich hatte immer nur kurzweilig in Angestelltenverhältnissen gearbeitet. Ich kannte es gar nicht anders. Für mich war der unterschriebene Arbeitsvertrag damals der Befreiungsschlag. Ich konnte mich endlich etwas zurücklehnen. Ich musste nicht mehr darum bangen, ob nächsten Monat das Geld reichen würde, denn ich hatte ein sicheres Einkommen. Ich konnte krank sein, ohne arbeiten zu müssen. Ich konnte nach getaner Arbeit den Laptop zuklappen, nach Hause gehen und die Arbeit hinter mir lassen.

Meine gute Freundin Tanja fasste es einmal sehr gut in Worte: »Weißt du, Angela, manche Leute fühlen sich mit vorgegebenen Strukturen eingeengt. Mich machen Vorgaben sogar frei. Ich wüsste gar nicht, wo ich anfangen sollte, wenn ich mir jede Sekunde am Tag selbst einteilen müsste.«

Die Selbstständigkeit *kann* zu dir passen – muss sie aber nicht. Welches Arbeitsverhältnis für dich das richtige ist, musst du für dich selbst entscheiden. Mal wieder kann dir niemand sagen, wie du dein Leben leben sollst. Das weißt nur du ganz allein, das musst du herausfinden. Lass dich also bitte nicht blenden von der schönen, freien Selbstständigkeit. Nach acht Stunden Arbeit nach Hause kommen und entspannen zu können, kann sich ebenso frei anfühlen. Du bist nicht weniger mutig, nur weil du deine finanzielle Sicherheit zu schätzen weißt. In einem

Angestelltenverhältnis zu arbeiten ist ebenso bewundernswert, wie selbstständig zu sein.

Trotz Angestelltendaseins genoss ich in meinem Job ein hohes Maß an Eigenverantwortung, konnte viel für mich allein und ab und zu von daheim arbeiten, durfte eigene Entscheidungen treffen und um die Kernzeiten herum kommen und gehen, wann ich wollte. Ein perfekter Mittelweg für jemanden, der sonst nur die Selbstständigkeit gewohnt war. Ich fühlte mich deshalb oft wie eine Selbstständige im Angestelltenverhältnis. Ich persönlich brauche die räumliche und zeitliche Freiheit beim Arbeiten sehr – wie sehr ich sie brauche, stellte ich aber erst einige Jahre später fest. Trotzdem war der neue Job zu dieser Zeit das einzig Richtige für mich. Eine Chance, mein Leben ein bisschen zu ordnen, neue Strukturen zu erlernen und mich besser zu organisieren.

Was ich alles kann!

Als ich mit neunzehn anfing, meinen Blog zu schreiben, wurde ich dafür belächelt. Ein junges Mädchen, das im Garten der Eltern mit Selbstauslöser Bilder von sich selbst knipst und diese ins Internet stellt? Was soll das denn bitte sein? Ich verheimlichte meinen Blog vor meinen Kommiliton:innen, vor meinen Eltern, sogar vor einigen Freund:innen. Als schließlich Marken auf mich aufmerksam wurden, ich sogar auf Fashion Weeks fahren durfte, war ich mächtig stolz. Trotzdem: Die Gesellschaft außerhalb der Bloggerwelt verstand nichts davon. Auch heute noch ist der Beruf der Influencer:in stark in Verruf.

Dafür müsse man ja nichts »können«, außer hübsch auszusehen und Bilder von sich selbst zu knipsen. Ich hatte dieses Denken komplett übernommen, und so war auch ich fest davon überzeugt, dass das kein »richtiger Beruf« sei. Mit der Zeit aber hatte natürlich jedes Unternehmen eine eigene Webseite, irgendwann sogar einen Instagram-Account und einen Blog. Verteilte man früher noch Flyer auf der Straße und schaltete Annoncen in der Zeitung, verlagerte sich nun alles ins Internet. Wer mithalten wollte, musste eine ansprechende Internetpräsenz aufbauen.

Bei meinem Bewerbungsgespräch stellte sich heraus, dass ich sogar noch sehr viel mehr Aufgaben übernehmen konnte, die für das Unternehmen relevant waren: Ich konnte nicht nur bloggen und texten, sondern auch fotografieren und Bilder bearbeiten. Ich designte T-Shirts und Stofftaschen und war sogar in der Lage, die komplette Website selbstständig zu designen und umzubauen – all das hatte ich mir über die Jahre selbst beigebracht. Für mich gab es kein »das verstehe ich nicht, also kann ich es nicht«. War etwas neu für mich, googelte ich so lange danach, bis ich es verstand. Als Selbstständige ohne finanzielle Mittel war die Eigeninitiative immer der einzige Weg. In meiner neuen Stelle wurden somit alle kreativen und technischen Aufgaben mir zuteil – und ich hatte zum ersten Mal in meinem Leben das Gefühl, dass ich doch etwas kann. Dass ich mir über das jahrelange Schreiben, Fotografieren, Programmieren und Bloggen einiges an Wissen und Können angeeignet hatte, ohne es als solches zu erkennen. Ich hatte irgendwie doch alles richtig gemacht!

Heute weiß ich: Nur weil etwas »neu« ist, weil es in der Gesellschaft noch nicht angekommen ist, heißt das nicht, dass es nichts wert ist oder niemals von Wert sein wird. Dass man nicht sehr wohl ganz viel daraus lernen kann. Alle Jahre schießen neue Apps und soziale Medien aus dem Boden, die von jungen Generationen übernommen werden. Auch TikTok wurde anfangs als neue Spaß-App der Jugend belächelt – dabei erfordert TikTok verdammt viel Kreativität und darstellerisches Talent, um dort guten relevanten Content hochzuladen. Und so langsam werden auch hier Marken und Unternehmen aufmerksam. All die Jahre hatte man mir eingeredet, dass das, was ich da mache, nichts »Gescheites« sei. Dass man damit in Zukunft nichts anfangen könne – und heute sind Instagram und Co. die wichtigsten Plattformen unserer Zeit. Auch wollte ich schon als 15-Jährige ein Buch schreiben. Ich hielt all die Jahre am Schreiben fest, sodass es mir heute locker von der Hand geht. Es gibt nichts Leichteres für mich. Und letztendlich war Instagram die Plattform, die mir dieses Buch ermöglichte: Denn ich hatte eine Followerin, die bei einem großen Verlag arbeitet und mich als Autorin vorschlug. Ich bin also nie den konventionellen Weg gegangen, um Autorin zu werden, sondern habe es auf meine ganz eigene Art geschafft.

Was ich damit sagen möchte: Halte an dem fest, was du gerne tust, egal, was es ist. Und wenn du einfach gerne fünf Stunden am Tag zockst: Vielleicht wirst du der krasseste Game-Designer! Und wenn du einen grünen Daumen hast, wenn du dich am liebsten den ganzen Tag in Büchern verlierst, wenn du ein Nachtmensch bist – ganz egal. Ich denke, all die Energie, die man in eine Sache steckt, kommt irgendwann zu uns zurück.

Die Fridays-for-Future-Bewegung beispielsweise. So bewundernswert! Das sind Schüler:innen, die nach außen hin »Schule schwänzen« – und deshalb belächelt werden. Dabei sind das junge Leute, die es geschafft haben, eine weltweite Bewegung zu erschaffen – und diese zu koordinieren! Sie halten riesige Plenen ab, treffen sich wöchentlich, um neue Aktionen zu besprechen, und setzen diese erfolgreich um. Flyer gestalten und drucken, Webseiten aufbauen, Demo-Fotos schießen, auf allen Kanälen posten, Reden schreiben und vortragen. Auf den Demos selbst sitzt das Social-Media-Team vorne im Wagen und arbeitet zeitgleich daran, das aktuelle Geschehen der Welt mitzuteilen. Der organisatorische Aufwand von Fridays for Future ist immens – und doch schaffen es so junge Menschen nur aufgrund ihrer Überzeugungen, etwas so Unglaubliches auf die Beine zu stellen. Meiner Meinung nach lernen die Kids hier unfassbar viel, was sie in der Schule niemals lernen könnten. Ich habe nichts als Bewunderung für sie – und ich bin mir absolut sicher, dass jede:r von ihnen das gelernte Wissen in Zukunft im Berufsleben anwenden kann. Wer eine Sache mit so viel Herzblut verfolgt, sollte niemals damit aufhören – ganz egal, was die Gesellschaft, sogar was die eigenen Eltern dazu sagen. Man lernt nicht ausschließlich in der Schule und in der Uni. Am meisten lernen wir bei den Dingen, die wir ohne Druck unermüdlich verfolgen – ganz einfach, weil wir es lieben. Ganz egal, wie viele Jahre es dauern mag: Wer herzwärts geht, kann gar nicht falsch laufen.

Nach meinem Bewerbungsgespräch fühlte ich zum ersten Mal so etwas wie Stolz auf mich selbst. Was früher ein tausendteiliges Puzzle bestehend aus augenscheinlich nicht zusammenpassenden Einzelteilen war, fügte sich auf einmal zu einem Bild. Das Schreiben hatte mich nicht zu einer Journalistin oder Autorin gemacht. Das Fotografieren hatte mich nicht zu einer Fotografin gemacht. Das Webseitenbauen hatte mich nicht zu einer Webdesignerin gemacht. Aber nun hatte ich eine Arbeit gefunden, in der ich all meine Fähigkeiten vereinen konnte – die Puzzleteile passten doch! Ich hatte gar nichts falsch gemacht, im Gegenteil, ich hatte offenbar sogar alles richtig gemacht – ich hatte es nur nicht gesehen, war ganz verblendet von den konventionellen Wegen, die man doch eigentlich hätte einschlagen sollen. Jetzt konnte ich endlich erkennen, wie ich mich die letzten Jahre entwickelt hatte – und dass ich selbst dafür verantwortlich war.

Ich kann was – und *ich* habe dafür gesorgt, dass ich es kann. Dieser Gedanke war Balsam für mein Selbstbewusstsein.

Verantwortung schafft Freiheit

Meine Freundin Simone hat sich über die letzten Jahre zu einer sehr bekannten erfolgreichen Tätowiererin in Berlin gemausert. Wir kennen uns bereits seit vielen Jahren, und Simone war immer ein sehr kreativer Mensch. Nach der Schule beschloss sie, nach Berlin zu gehen, um Modedesign zu studieren. Aber ebenso wie ich merkte sie schnell, dass das im Studium Gelernte nicht ihr Lebensweg werden sollte. Sie konnte schon immer wundervoll zeichnen und malen (die Zeichnung auf den Innenklappen des Buches ist von ihr) und hielt immer daran fest, ohne damit ein bestimmtes Ziel zu verfolgen. Ähnlich wie bei mir und dem Schreiben. Da sie sich aber auch für Körperkunst interessierte, beschloss sie vor einigen Jahren, Tätowiererin zu werden. Es dauerte nicht lange, bis sie ihren eigenen Stil gefunden hatte, ihr eigenes Studio eröffnete und sich vor Aufträgen gar nicht mehr retten konnte. Jedes Mal, wenn wir uns wiedersahen, hatte sie tolle Neuigkeiten zu verkünden. Ihre Karrierekurve ging steil nach oben. Aber immer betonte sie, dass sie »einfach wahnsinniges Glück« mit alldem hätte. Dass das alles ganz anders hätte laufen können, wäre sie nicht zufällig zur richtigen Zeit am richtigen Ort gewesen.

Ich sehe das anders. Natürlich, als gute Freundin hat man einen viel liebevolleren Blick, mit sich selbst geht man immer viel härter ins Gericht. Für mich aber war immer klar: Es ist kein Zufall, dass Simone heute da ist, wo sie ist. Jeden Schritt, jeden Erfolg, hat sie selbst zu verantworten. Simone ist ein liebenswürdiger, mitfühlender und warmherziger Mensch, der andere mit ihrer Art sofort in ihren Bann zieht. Lernt man sie kennen, will man mit ihr befreundet sein. Sie gibt allen Menschen um sich herum ein gutes Gefühl, bei ihr fühlt man sich wohl und aufgehoben. In meinen Augen ist es also kein Wunder, dass ihre Kunden sie wärmsten Herzens weiterempfehlen. Es war sicher kein Zufall, dass jemand ihr Potenzial erkannte. Simone kann Menschen für sich begeistern und ist eine wahre Künstlerin. Und auch, wenn sie ihrer Eigenverantwortung in dieser Sache keinen besonders hohen Stellenwert einräumt – ich tue es. Ich sage, sie ist selbst für ihr Glück verantwortlich.

Es fiel mir immer leicht, Simones eigene Verantwortung für ihren Erfolg zu erkennen. Mit mir selbst aber war ich viel kritischer. Durch Simone fiel mir dieser Umstand zum ersten Mal so richtig auf. Wieso konnte ich in ihr all das Potenzial sehen, aber nicht in mir? Bin ich nicht auch dafür verantwortlich, dass ich jetzt einen Job habe, dass ich den Weg in die Therapie geschafft habe? Im Kapitel über die Positive Psychologie schrieb ich, dass man die guten Momente im Leben wahrnehmen soll – und sich zudem fragen soll, wie man selbst dazu beigetragen hat. Es ist ein bisschen so, als würde man lernen, sich selbst auf die Schulter zu klopfen. Tun wir das nicht alle viel zu selten? Natürlich mag es auch in meinem Fall Zufall gewesen sein, dass ich beim Scrollen durch Facebook die Stellenanzeige entdeckte. Kein Zufall aber war, dass ich in die Gruppe für nachhaltiges Bloggen eingetreten war – denn das war meine Passion, in diese Richtung wollte ich gehen. Es war auch kein Zufall, dass ich den Job bekam. Ich hatte mir über die Jahre in der Selbstständigkeit viel selbst beigebracht, womit ich hier punkten konnte. Für mich und mein Selbstbewusstsein war es unfassbar wichtig, diese Dinge zu erkennen und selbst Verantwortung für mein Glück zu übernehmen. *Ich hab das gemacht, und darauf bin ich stolz.*

Man verliert doch viel zu oft aus den Augen, was man eigentlich schon alles geleistet hat. Warum die Dinge so passieren, wie sie passieren, zieht ganz oft einen endlosen Rattenschwanz mit sich, sodass man die Zusammenhänge nicht mehr genau erkennen kann. Gerade deshalb ist es wichtig, sich die Frage nach dem »wie habe ich dazu beigetragen« zu stellen. Es gibt so viel mehr, auf das wir stolz sein können. Wir müssen uns nur erlauben, es auch wirklich zu sein. Es hat nichts mit Größenwahn oder Eingebildetsein zu tun, wenn man lernt, sich selbst zu loben.

Der Unterschied zwischen Schuld und Verantwortung

Triggerwarnung: Sexueller Missbrauch

In diesem Kapitel nenne ich eine Sexualstraftat als Beispiel. Ich habe besagten Abschnitt durch eine Triggerwarnung im Text markiert, sodass du sie überspringen kannst.

Noch schwieriger aber, als Verantwortung für die guten Dinge im Leben zu übernehmen, ist, auch Verantwortung für die schlechten Dinge zu übernehmen: *Ich bin dafür verantwortlich, dass die Bulimie acht Jahre lang bei mir blieb.* Solche Gedanken tun weh – und es wäre doch so viel leichter, könnte ich die Verantwortung dafür ganz einfach jemand anderem zuschieben. Der Gesellschaft, den eigenen Eltern, einem Ex-Freund. Doch was passiert, würde ich all die Verantwortung für diese Sache abgeben? Ich wäre für immer bewegungsunfähig geblieben. Denn was ein anderer mir antut, dafür kann ich nichts. Ich kann es auch nicht ändern, es macht mich machtlos. Indem ich aber eingesehen habe, dass immer noch *ich* diejenige bin, die nach dem Essen auf die Toilette geht, hielt ich die Macht über mein Leben wieder in den eigenen Händen – und wurde handlungsfähig. Natürlich trägt die Gesellschaft, in die ich hineingeboren wurde, eine gewisse Mitverantwortung, und als Kind bin ich dem mehr »ausgeliefert« als Erwachsene. Heute aber kann ich sehr wohl Verantwortung für das übernehmen, was mit mir geschieht. *Ich habe die Essstörung mit aufgebaut, also habe ich es auch in der Hand, sie loszulassen.*

Ganz oft verwenden wir das Wort »Schuld« als Synonym für Verantwortung – als würden beide das Gleiche bedeuten. Schuld aber klingt in meinen Ohren immer nach Strafe, trägt eine gewisse Schwere in sich. Schuld richtet sich starr in die Vergangenheit. Sie will klären, wer der Täter war, wer den Fehler begangen hat. Sie will herausfinden, wer zu bestrafen ist. Die Verantwortung hingegen beschäftigt sich nicht mit der Ursache, sondern mit den Konsequenzen und dem Umgang damit, was geschehen ist. Verantwortung denkt in die Zukunft, die noch nicht geschehen ist – die man also immer noch in der Hand hat. Die Vergangenheit lässt sich nicht ändern, die Zukunft aber kann man steuern.

Wir tragen keine Schuld daran, in welche Welt wir geboren werden oder was uns passiert ist – aber wir können eine zukünftige Welt, unsere Welt, mitgestalten. Du bist nicht schuld daran, was dir in deiner Kindheit geschehen ist. Vielleicht ist die Gesellschaft tatsächlich mit schuld daran, dass ich eine Essstörung entwickelt habe. Vielleicht sind all die Mädchen im Ballettunterricht, die über meinen »großen Bauch« gelacht haben, schuld daran, dass ich zum ersten Mal etwas an meinem eigenen Körper als nicht okay empfand. *Und jetzt?* Nun wünsche ich mir, dass die Schuldigen bestraft werden. Sie sollen ihre Tat ungeschehen machen. Sie sollen dafür sorgen, dass es mir heute wieder gut geht. Aber wie soll das passieren? Keine Entschuldigung der Welt könnte etwas an meinem Selbstbild ändern. Wie soll ein anderer die Vergangenheit ungeschehen machen, sodass sie hier in der Gegenwart keine Rolle mehr spielt?

Triggerwarnung: Sexueller Missbrauch

In gewisser Weise ist Schuldzuweisung aber sehr wohl wichtig. Im Falle einer Straftat beispielsweise. Einem Sexualstraftäter die Schuld abzusprechen, weil das Opfer einen kurzen Rock trug, ist falsch. Es ist »Victim Blaming«. Der Täter trägt die Schuld für sein Handeln ganz allein und muss bestraft werden – aber dennoch: Das Opfer wird durch die Schuldzuweisung und die Bestrafung des Täters allein leider nicht geheilt. Wer also in dem Glauben bleibt, dass jemand anderes das eigene Leben jetzt und für immer zerstört hat, verlagert die Schuld auch in die Zukunft – wo sie nicht hingehört. Sie legt sich wie ein dunkler Schatten über alles, was mal sein wird. Und blockiert.

Wer Opfer einer Sexualstraftat wurde oder ein anderes schwerwiegendes Trauma erleiden musste, hat natürlich mit sehr viel mehr zu kämpfen als ich. Einen heftigen Schicksalsschlag erlebt zu haben, wirbelt das Leben durcheinander, droht es gar auseinanderzureißen. Harte Worte wie »Übernimm doch einfach Verantwortung für dein zukünftiges Leben« sind hier fehl am Platz. So klingt es schnell wieder nach Schuldzuweisung und könnte die Selbstverurteilung sogar noch fördern: »Wieso schaffe ich es einfach nicht, Verantwortung für meine Zukunft zu übernehmen?« Viel zielführender finde ich hier, die Wut über das, was geschehen ist, für sich selbst zu nutzen: »Du bist schuld, du hast mir das angetan! Aber ich werde nicht zulassen, dass du mein ganzes Leben zerstörst. Diese Genugtuung bekommst du nicht von mir. Ich werde trotz alledem wieder heilen, ich bin stärker als das, was mir passiert ist. Ich bin stärker als du und das, was du mir angetan hast.«

Nach einem Schicksalsschlag die Kraft zu finden, darüber überhaupt zu sprechen, ist ein erster Schritt in Richtung Eigenverantwortung. Es ist vollkommen okay und legitim, wenn so ein Schritt unfassbar viel Kraft kostet und erst nach Jahren machbar erscheint. Mir persönlich aber gab der Gedanke, dass meine Zukunft überhaupt nicht in Stein gemeißelt, sondern offen und ungeschrieben ist, unglaublich viel Kraft. Verantwortung für unser zukünftiges Leben zu übernehmen macht uns frei.

Triggerwarnung Ende.

Bezogen auf mich und meine Essstörung fragte ich mich also, wie ich hier in Verantwortung gehen kann. *Die Gesellschaft ist schuld an meiner Essstörung* – aber ich lebe auch heute noch in ebendieser Gesellschaft. Gebe ich die komplette Verantwortung ab, wird sich niemals etwas ändern. Ich werde weiterhin mit Schönheitsidealen konfrontiert sein, mir wird weiterhin in den Medien suggeriert werden, dass nur wer schön und reich ist, auch glücklich sein kann. Menschen, Situationen und Umstände können mir Schaden zufügen und mich verletzen – aber ich ganz allein habe es in der Hand, wie ich in Zukunft damit umgehe. In meinem Fall habe ich herausgefunden, was Glück für mich bedeutet – und dass ich es ganz abseits von Äußerlichkeiten und materiellem Reichtum finden kann. Ich habe außerdem herausgefunden, dass ich selbst bestimmen kann, was oder wen ich schön finde. Das Drumherum in dieser Welt wird sich nicht so schnell ändern. Aber ich kann lernen, wie weit ich es an mich ranlasse. Ich kann lernen, achtsamer zu sein. Ich kann losgehen und mir eine Therapiestelle suchen. Ich kann etwas *tun*.

Alles ist möglich. Heilung ist möglich. Ich kann es möglich machen, indem ich jetzt für meine Zukunft Verantwortung übernehme. Schuld ist starr, bleibt immer in der gleichen Form, ist nach hinten gerichtet und unveränderbar. Verantwortung ist flexibel, blickt nach vorne und macht uns handlungsfähig.

Du bist es wert, dass es dir gut geht. Du bist es wert zu heilen. Mach dir die Welt, wie sie dir gefällt! Nichts ist unabänderlich, alles liegt noch vor uns und wartet nur darauf, in die Hand genommen zu werden.

2017, du warst so wunderbar

2017 war ein wundervolles Jahr. Jeden Tag war ich aufs Neue dankbar für meine finanzielle Freiheit, für die Therapiestelle und all die Leute, die ich durch den neuen Job kennenlernen durfte. Aus Kolleg:innen wurden Freund:innen. Den gesamten Sommer über radelte ich jeden Morgen auf dem Weg zur Arbeit den Giesinger Berg herunter und hielt auf der Wittelsbacherbrücke kurz an, um der Isar einen guten Morgen zu wünschen. *Ein bisschen Glück sammeln.* Ich hatte neue Lebensfreude gefunden. Ich hatte verstanden, dass ich sehr wohl »was kann«, dass alles in meinem Leben genau so hatte passieren müssen. Ich hatte verstanden, dass mein persönliches Glück nichts mit einer Zahl auf der Waage zu tun hat, und ich wollte unbedingt lernen, mich so zu akzeptieren, wie ich bin.

Ohne es mir vorzunehmen, markierte der 1. Juni 2017 nicht nur meinen ersten Arbeitstag im neuen Job, sondern auch meinen ersten Tag für ein Leben ohne die Bulimie. Die ersten Wochen fiel mir selbst kaum auf, dass ich mich weder in der Arbeit noch zu Hause nach dem Essen übergab. Ich hatte bereits früher schon Phasen erlebt, in denen ich mich nicht erbrechen musste (wie beispielsweise auf Hawaii) – diese aktuelle Phase aber hielt erstaunlich lange an. Trotzdem: Geheilt war ich noch lange nicht. Die ersten Monate ohne Bulimie fühlte ich mich wie Superwoman, ich dachte, ich sei bereits nach einem halben Jahr Therapie geheilt. Eine schwierige Situation an meinem Geburtstag und ein damit einhergehender Rückfall bewies mir das Gegenteil. Trotzdem: Es blieb ein einzelner Rückfall und kein erneutes Schlittern ins fast tägliche Erbrechen. Obwohl ich nun also fast symptomfrei lebte, war die Essstörung immer noch ein großer Teil von mir. Nur weil ich mein Essen nicht mehr regelmäßig erbrach, hieß das nicht, dass ich meinen Körper jetzt okay fand. Ganz im Gegenteil. Ab jetzt musste ich lernen, auch mit einer Gewichtszunahme umzugehen, ohne in tiefen Selbsthass zu verfallen. Es lag also noch einiges vor mir.

Beruflich erlebte ich 2017 ein unglaubliches Hoch. Und auch in der Therapie schien ich stetig Fortschritte zu machen. Ich ließ viele neue Menschen in mein Leben und fühlte eine vorher noch nie da gewesene Lebensfreude. Aber … wie war das noch mit dem Hollywood-Film? Ach ja, das Leben ist kein Blockbuster. Das Leben bleibt nicht linear, sondern hat immer neue Herausforderungen für uns in petto.

MANCHMAL IST DAS LEBEN

WIE DOSENTOMATEN.

PASSIERT EINFACH

Schlussstriche zieht man nicht mit Bleistift

Ende 2017

»Wenn wir jetzt auflegen ...«, sage ich mit so gebrochen-zittriger Stimme, dass einzig und allein du, der mich in diesem Zustand so gut kennt, verstehen würdest.

»Wenn wir jetzt auflegen, dann bin ich weg.«

Ich liege nicht in meinem eigenen Bett. Ich liege drüben auf dem Bett meiner Mitbewohnerin, die heute nicht zu Hause ist. Ich hätte es nicht ertragen, dieses Gespräch in meinem Zimmer zu führen. Ich fühle mich miserabel deswegen. Als würde ich ihr Zimmer damit vergiften. Als würde ich meine Dämonen einfach hier liegen lassen. Irgendetwas in mir wusste wohl bereits, was heute noch passieren würde.

Drei Tage hatte es gedauert. Drei Tage lebte ich in einer grauen Zwischenwelt, nur halb da, vom Schmerz ganz zermürbt. Jeden bewussten Moment mit der Frage im Kopf, wieso du mir das antust, wenn du doch genau weißt, wie unfassbar mich deine Ignoranz verletzt. Zwei Jahre lang habe ich dir immer und immer wieder versucht zu erklären, dass diese Ungewissheit das Allerschlimmste ist für mich. Sie reißt alte Wunden auf, du weißt doch, wie das mit meinem narzisstischen Ex-Freund war. Du weißt doch, dass du dich nicht einfach so tagelang zurückziehen kannst, um »nachzudenken«, ohne mir einen Zeitrahmen zu nennen. Jede Minute, jede Sekunde dieser drei Tage wartete ich auf eine Nachricht, ein Lebenszeichen, eine Entscheidung. Aber nichts. Nur ich, allein, im Unklaren, im Dunkeln gelassen.

Diese drei Tage haben den Willen und die Kraft, die mir unsere Liebe bis dato verliehen hatten, gebrochen. Ich habe keine Kraft mehr. Ich habe keine Lust mehr, kein Verständnis, kein Stück Energie mehr übrig, um zu verzeihen. Ich bin durch. Durch und durch, einfach durch. Wie kannst du mir das antun?

»Wenn wir jetzt auflegen, dann bin ich weg. Dann bin ich wirklich weg, verstehst du das, bist du dir im Klaren darüber, was das bedeutet?« Meine Stimme ist immer noch zittrig – aber klarer.

Endloses weißes Rauschen.

»Es bedeutet, dass ich dich ausschließen muss. Ich muss dich wegsperren und alles, was mich an dich erinnert, vernichten. Ich werde dich blockieren, auf sämtlichen Kanälen, damit du keine Möglichkeit mehr hast, mich zu erreichen. Nicht, weil ich dich hasse, das weißt du – sondern weil ich die verdammte Warterei keinen Tag, keine Sekunde länger mehr aushalte. Ich halte es nicht mehr aus, darauf zu hoffen, dass du dich irgendwann mal meldest. Die Hoffnung macht mich kaputt, verstehst du das? Ich muss dir die Möglichkeit nehmen, mich erreichen zu können. Sonst warte ich wieder nur, sonst frage ich mich wieder nur jede verdammte Sekunde, warum du mir nicht schreibst, mich nicht anrufst, dich nicht meldest. Wenn wir jetzt auflegen, dann bin ich weg. Ich werde nicht zurückkommen, dafür fehlt mir die Kraft. Wenn wir jetzt auflegen, ist es vorbei.«

Die Stille zwischen uns hat hundertachtzig Dezibel. *Davon wird man taub, verdammt!* Noch immer kein Wort von dir, natürlich nicht, und ich habe es so satt, dir deine eigenen, stecken gebliebenen Wörter aus dem Hals zu ziehen. Sag es doch von dir aus, wieso muss ich dir eine Ja-Nein-Frage stellen, damit du etwas sagst? Wieso muss ICH dir die Worte abnehmen, die du nicht sagen kannst?

»Hast du das verstanden?«, frage ich.

Und irgendwo, zwischen dem endlosen Rauschen des Telefons, höre ich deine Stimme zum allerletzten Mal:

»Ja.«

Ich löse mein Handy vom Ohr und drücke ohne zu zögern auf den roten Button. Dein Name verschwindet. Und ich fange an zu schreien. Ich schreie so laut ich kann. Währenddessen schafft es irgendein noch klarer Teil meines Gehirns, das Telefon zu betätigen. Ich blockiere, lösche, entferne. Dein Name poppt überall noch ein letztes Mal auf. Auf WhatsApp, Instagram, Facebook, in meinem Telefonbuch. Kein Archivieren – ich lösche. Ich bin wie in Rage, wie im Rausch. Alles bebt, zittert, und ich, ich schreie immer noch, während du an mir vorbeiziehst. Während du immer weiter verschwindest. Während ich dich auslösche, aus meinem Leben und aus meinem Telefon, das jede Erinnerung an dich in sich trug.

Und während ich da so im Dunkeln auf dem Bett meiner Mitbewohnerin sitze, meine Stimme langsam versagt und die Spuren der letzten zwei Jahre verwischen, fühle ich fast so etwas wie Stolz.

Stolz auf den Schlussstrich, den ich hier gerade ziehe. Stolz darauf, dass ich das letzte bisschen Kraft für mich selbst aufgebracht habe. Dass ich mir selbst mehr wert bin als das. Dass ich mich selbst in den Vordergrund stelle. Bis hierhin und nicht weiter, ich habe genug. Ich schneide so tief und so brachial in mein Herz, weil ich keinen Bock habe, noch länger und noch mehr zu leiden. Ich habe keinen Bock darauf, mich die nächsten Tage, Wochen oder Monate zu fragen, ob du denn nicht doch zurückkommst. Ich hab keinen Bock zu warten. Hab keinen Bock mir einzureden, dass es »irgendwann später ja mal wieder klappen könnte« mit uns, nur weil dieser Gedanke für den Moment weniger wehtut. Ich will jetzt alles spüren. Allen Schmerz will ich hier und jetzt in mich aufsaugen und herauslassen. Denn: Es wird nie wieder so werden, wie ich es mir wünsche. Diesen Punkt haben wir längst überschritten. Wie lange war ich nur noch in die Erinnerung, in die Vorstellung von uns beiden verliebt? Diese verdammte Hoffnung darauf, dass irgendwas wieder »so gut werden wird wie früher«, hat mich über ein halbes Jahr lang hingehalten. Ich habe keinen Bock auf falsche Hoffnungen. Hab keinen Bock darauf, mein Herz noch länger bei dir zu lassen. Hast du kein eigenes Herz, oder wieso behältst du meines?

Ich will mein Herz für mich. Und wenn das bedeutet, jegliche Hoffnung an ein Uns aufzugeben, mir damit jetzt in diesem Moment eine tiefe Wunde zu reißen, dann soll es so sein. Wunden heilen. Ich heile. Bin immer wieder heil geworden. Und ich werde es auch nach dir.

Genau so soll es sein. Ich bin weg für dich. Du bist weg für mich. Endlich kein Warten mehr.

Ich warte nie wieder auf dich.

• ● •

Soulmates

Elizabeth Gilbert schreibt in ihrem Buch *Eat, pray, love* einen wunderschönen Absatz über Seelenpartner, den ich auch heute noch immer gerne lese – der mir meine Trennung damals ein bisschen leichter machte. Sie erzählt, dass Seelenverwandtschaft das ist, was wir alle suchen. Doch eine solche Person ist auch immer ein Spiegel, jemand, der uns alles zeigt, was wir versuchen zurückzuhalten. Und demnach enorm wichtig ist für unsere Entwicklung. Aber für immer mit einer:einem Seelenpartner:in zusammen sein? Das ist auf Dauer zu schmerzhaft. Sie sind dazu da »dich aufzurütteln, [...] dein Ego ein bisschen aufzumischen, dir deine Widerstände und Abhängigkeiten aufzuzeigen, dein Herz ein bisschen aufzureißen, damit neues Licht reinfällt.«[13]

Wann immer wir jemanden lieben, wirklich lieben, machen wir uns damit unendlich verletzbar. Ich hatte mich zeit meines Lebens gefragt, wieso meine Liebesbeziehungen immer zerbrechen, wieso ich so dramatisch werde in Auseinandersetzungen. Ich schreie, weine oder schweige stundenlang, werde wütend wie ein kleines Kind, sage Dinge, die ich sonst niemals sagen würde, entdecke Orte in mir, die sonst niemand zu Gesicht bekommt. Orte und Abgründe meiner Persönlichkeit, von denen ich selbst nicht mal wusste, dass sie existieren. In mir erwachen plötzlich Dämonen, ich werde komplett irrational, habe einzig und allein meinen Schmerz vor Augen und mein Gegenüber als Feind. *Er allein ist der Grund für meine Misere, er allein hat mir das angetan.* Und der Schmerz in mir will zurückgeworfen werden. Tut man mir weh, will ich ebenso wehtun. Ich schaffte es damals nie, aus diesem Teufelskreis auszubrechen. Einen Riegel vor das Pingpongspiel mit der Verletzung zu schieben. Und so wirft man weiterhin mit Schmerz um sich, *wie du mir, so ich dir,* und daraus entsteht ein dunkler zäher Brei aus Verletzungen, der irgendwann gemeinsam nicht mehr heilen kann. *Es ist einfach zu viel passiert.*

Ich tat mich schwer, die Schuld für meinen Schmerz nicht gänzlich bei meinem Partner zu suchen. *Du bist schuld, du musst dich ändern.* Elizabeth Gilberts Text über Seelenverwandte brachte mir einen neuen Blick auf die Dinge. Nicht mein Partner war das alleinige Problem, sondern der Spiegel, den er mir vorhielt – und der Spiegel, den ich ihm vorhielt. Ich machte mich verletzlich, und erst dadurch war es all den Dämonen, die in mir schlummerten, möglich, an die Oberfläche zu geraten. Für meinen Partner galt das Gleiche. Auch seine versteckten Ängste und Verletzungen gerieten an die Oberfläche. Aber anstatt selbst in die Verantwortung für meine Dämonen zu gehen, suchte ich die Schuld gänzlich in meinem Gegenüber – und blieb somit handlungsunfähig.

Wäre alles anders gelaufen, wenn ich von Anfang an meine Mitverantwortung erkannt und an meinen Dämonen gearbeitet hätte? Vielleicht. Vielleicht aber auch nicht. Mit meinem damaligen Partner führte ich eine wundervolle intensive Liebesbeziehung – aber irgendwann war es genug. Einfach zu viel. Zu viele Dämonen auf beiden Seiten, die zeitgleich ihren Weg nach draußen suchten. Keine Chance, sich auf *ein* Problem zu fokussieren, wenn währenddessen zehn andere in der Warteschleife hängen. Das ist es, was Elizabeth Gilbert meint: Ein:e Seelenverwandte:r bricht dich auf, zeigt dir deine Dämonen, wahrscheinlich alle auf einmal – und das ist auf Dauer zu schmerzhaft. Es ist okay, an einer Beziehung und an sich selbst arbeiten zu wollen – aber es ist auch okay, seine Grenzen zu erkennen. Es ist auch okay, Abstand von seinen Dämonen zu suchen, um überhaupt die Zeit zu finden, darüber zu reflektieren.

Ich schrieb »Schlussstriche zieht man nicht mit Bleistift« aus einer tiefen frischen Verletzung heraus, um drei Uhr morgens nach einer durchzechten Nacht. Mit ganz viel Wut und Trauer. Trotzdem wollte ich dir diesen Text nicht vorenthalten, denn auch solche Gefühle müssen immer okay sein. Ich darf alles fühlen. Und der Stolz, den ich fühlte, als ich das Telefonat beendete und mich für das Alleinsein entschied, war echt – und wichtig.

Heute bin ich dankbar für alles, was ich aus dieser Beziehung lernen durfte. Für all die Dämonen, die mit einem Mal ein Gesicht bekamen, die ich heute sofort wiedererkenne, wenn sie mir den Weg versperren. Ob ich sie alle auflösen konnte? Nein, auf keinen Fall. Da schlummert noch immer ganz viel in mir, und wahrscheinlich bedarf es wieder einer Person, die mich verletzlich macht, um mich ihnen entgegenzustellen.

Ein:e Partner:in ist immer ein Spiegel und somit eine Möglichkeit, sich weiterzuentwickeln. Gemeinsam oder allein – diese Entscheidung kann man nur für sich selbst treffen. Es gibt kein Richtig oder Falsch.

Ein allerletztes Mal

September 2017

Ich erinnere mich, als ich das erste Mal deinen Namen laut aussprach. Ich saß allein in meinem Zimmer und flüsterte ihn vor mich hin, weil ich wissen wollte, wie er klingt, aus meinem Mund, mit meiner Stimme. »Linus.« Und in diesem Moment fragte ich mich, ob es irgendwann wohl ganz normal sein würde, deinen Namen auszusprechen. Ob mir der Klang dieser beiden Silben irgendwann einmal vertraut vorkommen würde, ob sie sich immer so warm anfühlen würden wie in diesem Moment.

Dein Name war für mich das Größte, weil du es warst. Er fühlte sich so wohlig an, so aufregend, so großartig. So ehrlich, so echt, so schön. Irgendwann aber, als sich »alles, was man bisher erlebt hat« zwischen die Buchstaben deines Namens klemmte, sprach ich ihn auch manchmal mit Tränen in den Augen aus. Mit Schmerz, manchmal mit Wut, ganz oft mit Verzweiflung. Und dann doch wieder mit so viel Liebe. Dein Name tat so gut und doch so weh. In deinem Namen vereinten sich alle Gefühle, die ich in diesem Leben bisher erfahren durfte. Die Angst aber, ein schrecklich hartnäckiges Gefühl, biss sich fest und ging nicht mehr weg. Sie schlich sich ein, ganz langsam, und wir versuchten alles, um sie loszuwerden. Wir wollten sie wegdrücken, bekämpfen, nur um dann festzustellen, dass wir sie umarmen müssen. Die Liebe war immer da, und wenn wir sie fühlten, dann war sie so intensiv und wunderschön wie am ersten Tag. Immer, bis zuletzt. Aber der Berg aus Angst und Verletzungen, er war zu groß geworden für uns. Zu groß, als dass wir uns gemeinsam wieder rausgraben konnten. Ich erstickte daran, bis ich keine Luft mehr übrig hatte, deine Namen auszusprechen. Bis niemand mehr die Kraft hatte, sich gegen die vielen Dämonen gleichzeitig zu stellen.

Heute, zwei Jahre später, sitze ich wieder in meinem Zimmer und flüstere deinen Namen.

Ich habe gesagt, dass ich dich aus meinem Leben streichen muss. Ich wollte nie wieder auf eine Antwort von dir warten müssen, deshalb nahm ich dir die Möglichkeit, mich erreichen zu können. Ich habe dich gelöscht und blockiert, wo es nur möglich war. Wenn du doch noch bereit wärst, für uns zu kämpfen, dann müsstest du hierherkommen. An meinem Fenster stehen. Unterbewusst wartete ich doch noch auf dich. Also liege ich in meinem Bett, das Fenster geschlossen, doch in der stillen Hoffnung, ein Klopfen zu hören. Und als ich endlich die Augen schließe, mein Gesicht in das Fell meiner Katze vergrabe, da vernehme ich tatsächlich ein Geräusch.

Ich setze mich auf, öffne das Fenster und starre raus in die dunkle warme Spätsommernacht. Sogar meine Katze war aufgeschreckt. «Hallo?», sage ich leise. Aber nichts. Nur die Dunkelheit und das schummrige Licht vom Hauseingang gegenüber. Ich warte. Noch einen letzten Moment – und dann entschließe ich mich dazu, dich leise zu rufen. Meine Lippen formen die zwei Silben deines Namens und flüstern sie raus in die Nacht.

»Linus?«

Und mit ihnen geht dein Zauber, verlässt dein Geist mein Zimmer, und ich weiß, es wird das letzte Mal sein, dass ich nach dir rufe. Es wird das letzte Mal sein, dass ich deinen Namen laut ausspreche.

Diesmal wird es wirklich das letzte Mal sein, dass ich auf dich warte. Denn du bist nicht da.

Das erste Mal, als ich dich sah, liefst du die sieben Stufen zu meiner Wohnung hinauf. Das letzte Mal, als ich dich sah, liefst du sie runter. Ich öffnete dir die Tür, vor zwei Jahren, und ich schloss sie wieder hinter dir, nach zwei Jahren.

Ich entließ dich in dieser Nacht, als ich das letzte Mal deinen Namen aussprach. Ich entließ deinen Namen und all die Dämonen um ihn herum. Ich entließ dich mit einem See aus Tränen, so groß wie unser Eibsee. Ich weinte und schrie, bis mir die Stimme versagte, und ließ jede Verletzung, all die Wut, all die Ängste gehen.

Was ich aber behalte, sind die Erinnerungen an dich. Ganz tief in meinem Herzen, da sollen sie bleiben, da fühlen sie sich wohl. Da gehören sie hin. Was ich behalte, ist die unendliche Dankbarkeit für jeden Moment mit dir. Für alles, was ich durch dich gelernt habe. Du hast mir einen Spiegel vorgehalten und mir gezeigt, wer ich bin, wo meine Ängste vergraben liegen. Du hast mich zwei Jahre lang begleitet und mich in vielerlei Hinsicht zu dem Menschen gemacht, der ich heute bin:

ein Mensch, der fest daran glaubt, dass auch der größte Schmerz irgendwann seinen Sinn zeigt.

Auch dieser.

DOCH WAS DAS HERZ BRICHT, ÖFFNET MANCHMAL DIE AUGEN.

• • •

Und wenn's bergab geht, dann so richtig

Kurz nach der Trennung beschloss ich, mich in die Arbeit zu stürzen. Und wieder ins Nachtleben. Ich erlaubte mir zu verdrängen – und auch heute noch bin ich der Meinung, dass ein bisschen Verdrängung gar nicht so falsch ist. Man muss nicht permanent mit sich allein sein. Man muss sich nicht ständig mit seinen Problemen auseinandersetzen, um sie zu lösen. Wir dürfen auch mal ausbrechen, uns ablenken, Dummheiten begehen, schöne Momente erschaffen. Ich wollte mir all das erlauben – und freute mich dadurch sogar ein bisschen auf die Zeit direkt nach der Trennung. Darauf, meine Freund:innen um mich zu scharen und ganz viel zu arbeiten. Schmerz ist ein heftiges Gefühl, und ich wollte diese starke Energie auf irgendetwas anderes ausrichten als auf mich selbst.

Leider war mir das nur sieben Tage lang möglich. Am 7. September 2017, exakt eine Woche nach der Trennung, fiel ich auf der Arbeit von einer Leiter und zerriss mir so gut wie alle Bänder im linken Fuß. Mit dem Gesicht auf den Holzdielen und den Händen an meinem schmerzenden Bein formte sich in meinem Kopf nur ein einziger Gedanke: »Nicht jetzt. Bitte nicht jetzt.«

Die nächsten Wochen musste ich mich wieder schmerzlich an die Zeit 2015 erinnern, an meinen persönlichen Tiefpunkt. Diese Gefühle kamen mir sehr, sehr bekannt vor. Der einzige Unterschied aber war, dass ich diesmal tatsächlich bewegungsunfähig blieb. Ob ich wollte oder nicht: Ich konnte meinem normalen Leben erst mal nicht mehr nachgehen. Ich konnte weder arbeiten noch in die Therapiegruppe gehen oder abends ausgehen. Ich war gezwungen, all meinem Schmerz mit ungeteilter Aufmerksamkeit in die Augen zu sehen. Und das für eine sehr lange Zeit.

Erst einen Monat nach meinem Unfall beschloss man, dass ich doch operiert werden musste. Vier Wochen suhlte ich mich bereits in meiner Einsamkeit, nun sollten sechs weitere Wochen auf Krücken hinzukommen.

Siebter Oktober

7. Oktober 2017

Vor zwei Jahren war der 7. Oktober ein ganz wundervoller Tag. Eigentlich war der Oktober immer schon ein aufregender Monat mit ganz vielen verrückten neuen Gefühlen. Vor zwei Jahren war es der Tag, an dem ich mit dir um den Eibsee schlenderte, der Tag, an dem wir beschlossen, ab jetzt gemeinsam durchs Leben zu gehen. Der Tag, an dem du ständig »das gibt's doch nicht« gesagt hast – und ich mich nicht nur in dich, sondern auch in die Natur neu verliebte. Dieses Mal aber graute es mir vor diesem 7. Oktober, eben weil er so viele schmerzlich-schöne Erinnerungen in sich trug – und ich diesen siebten Oktober mit Sicherheit nicht so glanzvoll verbringen würde.

Die Schmetterlinge im Bauch wichen dieses Jahr Messerstichen ins Bein. Rechts und links um meine Knöchel schnitt man mir zwei Halbmonde, um die kaputten Bänder wieder zu flicken. Um das, was in mir gerissen war, wieder zu flicken. Ich verbrachte diesen siebten Oktober in einem Tränenmeer, mit den schlimmsten Schmerzen, die ich je fühlen musste, mit einem Gefühl von halbtot, vollgedröhnt und purer Panik. Erst um drei Uhr morgens des achten Oktober merkte ich, dass ich den siebten verpasst hatte. Einfach nicht wahrgenommen, verflogen, ertrunken im Morphium-Cocktail.

Es ist schon wieder beschissen, wie das Leben so spielt. Dass ich von einer Leiter fallen muss, dass jetzt nicht nur mein Herz, sondern auch mein Körper heilen muss. Ich fühle mich wie eine lebendige Metapher: Mein Herz ist zerrissen, meine Bänder sind zerrissen, und nun muss ich wieder neu lernen aufzustehen. Ich muss das Laufen wieder lernen. In mir ist etwas kaputtgegangen, und jetzt muss es wieder repariert werden. Aber bevor ich wieder aufstehen kann, müssen die Wunden heilen. Ich muss mir Ruhe gönnen, den Schmerz und den Stillstand eine Zeit lang aushalten. In dieser Zeit werden meine Muskeln schwinden, im linken Bein genauso wie in meinem Herzen. Stehe ich zu früh wieder auf, überfordere ich mich zu schnell, könnte alles falsch zusammenwachsen. Und ich will richtig heilen. Ich will aus dieser Sache stärker hervorgehen.

Ist dieser Tag hier jetzt der Tiefpunkt? Vielleicht, vielleicht auch nicht. Ich habe es satt, darauf zu hoffen, dass bald alles wieder so sein wird wie vorher, ich hab's satt zu warten, und ich will mich nicht ständig über meine Lage beschweren. Bereuen ändert nichts daran, dass es ist, wie es ist. Und Sorgen ändern nichts daran, dass es kommt, wie es kommt. Was bringt mir das Hoffen auf ein besseres Morgen? Die Krücken werden noch eine ganze Weile lang meine täglichen Begleiter sein. Ich kann es hassen, dass es so ist, und mich täglich mies fühlen – oder ich kann es akzeptieren, wie es ist, und mich damit arrangieren. Ich will mich für den zweiten Weg entscheiden.

Und so wurde heute, der achte Oktober, ein wunderschöner Tag. Weil ich endlich die Chance, die diesem Chaos innewohnt, erkennen kann. Weil ich diesen Tag spüre wie selten einen Tag zuvor. Weil ich ganz da bin, weil ich mich nicht ablenken kann. Weil ich heute ohne Hilfe auf die Toilette humpeln konnte. Weil ich endlich wieder Appetit habe. Weil der Wind so schön durch die Blätter pfeift und weil die Pflegerin alle übrigen Weintrauben, die sie finden konnte, für mich zusammengesammelt hat. Weil mir Helena eine warme Kürbiscremesuppe und mein Bruder seinen Lieblings-Teddy vorbeibrachte. Weil Alix mir ein buntes Bild gemalt hat, das jetzt als einziger Farbklecks in diesem Raum neben mir am Schrank hängt. Weil meine ganze Familie um mein Bett saß und es so schön ist, wenn wir alle gemeinsam lachen. Weil sich eigentlich ständig liebe Menschen um mein Bett tummeln, weil ich so viele vegane Süßigkeiten besitze wie noch nie in meinem Leben. Weil ich plötzlich sogar in der kahlen Krankenhauswelt eine versteckte Schönheit erkennen kann. Weil ich die Kraft gefunden habe, meiner Zimmernachbarin mit dem Kreuzbandriss gut zuzureden – geteiltes Leid ist halbes Leid. Ich war schon lange nicht mehr so empfindsam, so ruhig und so selig wie heute.

Die Umstände sind echt beschissen. Und ich kann trotzdem so glücklich sein, ich kann trotzdem so dankbar sein. Und auf einmal frage ich mich, was mir denn noch passieren soll, wenn ich sogar hier, in diesem Moment, so etwas wie Glück empfinden kann.

• • •

Ein atmendes Wunder

Die kommenden Wochen nach der Operation lernte ich abermals etwas für mich und meinen Lebensweg sehr Entscheidendes: Dankbarkeit für eben die Dinge, die ich sonst für selbstverständlich nahm.

Dankbarkeit für die Menschen in meinem Leben – und einen gesunden Körper. Der Gedanke daran, welche und wie viele Menschen sich in dieser Zeit unermüdlich um mich kümmerten, erfüllt mich auch heute noch mit tiefer Dankbarkeit. Wer alles an meinem Bett saß, wer sich täglich nach meinem Wohlbefinden erkundigte, wer mich so lange in den Arm nahm, bis es wieder ging – manchmal konnte ich gar nicht fassen, was für ein Glück ich eigentlich habe. Mit meiner Mama, die mich mehrmals wöchentlich zur Physiotherapie und zum Arzt fuhr, mit einer Selbstverständlichkeit, wie es nur eine Mutter tun kann. Für meine Eltern und meine Tante war es von Anfang an sonnenklar, dass ich in dieser Phase auf viel Hilfe angewiesen sein würde, und niemals war diese Hilfe an Bedingungen geknüpft. »Ich komme«, »Ich fahre dich«, »Kein Problem, ich bringe es dir vorbei«.

Als ich meiner Mama am Krankenbett versuchte zu erklären, wie mich diese Phase der Ruhe und Verletzlichkeit gerade in ebendiese tiefe Dankbarkeit brachte, erzählte sie mir von meiner Geburt. Sie sagte, kurz nach dem Moment, als ich auf die Welt kam und all die Schmerzen mit einem Mal verflogen waren, verspürte sie nichts als Dankbarkeit. Sie sagte, sie konnte ihr Glück kaum fassen, dass sie tatsächlich einen Jungen und ein Mädchen bekam, alles, was sie sich jemals gewünscht hatte. Meine Mama war dankbar für mich – und ich war es in diesem Moment so sehr für sie. Und wollte es in Zukunft für immer sein.

Meine Eltern sind für mich das größte Vorbild, wenn es darum geht zu geben, ohne etwas dafür zu wollen. Sie zeigten mir einmal mehr, was bedingungslose Liebe bedeutet – und bestärkten mich in dem Vorhaben, meine Liebe ebenso verteilen zu wollen. Wie kann ich in einer Welt wie dieser, in der bei Weitem nicht jede:r das Glück hat, eine so wundervolle und intakte Familie zu haben, nicht unendlich dankbar dafür sein?

Auch hatte ich niemals zuvor daran gedacht, dankbar für zwei gesunde Beine zu sein. Ich kam mit einem vollkommen gesunden Körper auf diese Welt. Ich habe Arme, die mich umarmen lassen, ich habe Beine, die mich durchs Leben tragen, ich kann laufen, tanzen, springen. Ich kann sehen, ich kann hören, ich kann schmecken. Mein Körper kann sogar Leben gebären! Nicht jedem Menschen wird solch ein Glück zuteil. Und doch war ich bis zu diesem Punkt in meinem Leben niemals dankbar dafür. Ganz im Gegenteil: Ich hatte versucht, meinen gesunden Körper kaputt zu machen. Ich verweigerte bewusst Nahrung, und wenn ich das nicht schaffte, übergab ich mich absichtlich. Meine Gesundheit war mir egal – ich wollte lieber dünn sein als gesund.

Durch meinen Unfall wurde mir die Absurdität dieser Gedanken bewusster. Ich wollte wieder laufen können, ich wollte heilen, ich wollte wieder gesund sein! Und in Zukunft würde ich meine Gesundheit nicht mehr für selbstverständlich nehmen. Mein Körper ist ein atmendes Wunder. Diese Zeit bestärkte mich einmal mehr darin, die Essstörung endgültig hinter mir lassen zu wollen. Meine Gesundheit ist ein Privileg.

Unfälle passieren – aber mir meine Gesundheit mit voller Absicht selbst zu nehmen, das wollte ich in Zukunft zu verhindern wissen.

Ich lernte, Dankbarkeit in einem ganz neuen Licht zu sehen. Bis ins Mark fuhr mir diese Dankbarkeit aber erst, als mir meine Gesundheit eine Zeit lang genommen wurde.

Wenn ich heute meine beiden Halbmond-Narben am Fuß sehe, erinnern sie mich wieder an genau das. Daran, dass der Unfall vielleicht sogar einen Sinn hatte, dass ich ehrliche Dankbarkeit erst spüren konnte, als mir etwas Selbstverständliches im Leben genommen wurde.

Mein Privileg

Ich schreibe, dass ich durch meinen Unfall gelernt habe, dankbar zu sein für meine Familienverhältnisse und den gesunden Körper, der mir geschenkt wurde. Genau zu der Zeit, als ich dieses Kapitel schrieb, wurde die Rassismus-Debatte auf der ganzen Welt neu aufgerollt: Am 25. Mai 2020 kam der schwarze US-Bürger George Floyd in Minneapolis im Bundesstaat Minnesota nach einem Polizeieinsatz ums Leben. Ein Video zeigte, wie ein weißer Polizist minutenlang auf Floyds Hals kniete, obwohl dieser immer und immer wieder klagte, dass er nicht mehr atmen konnte. »Please, I can't breathe.« Obwohl ich mich selbst immer als toleranten, nicht rassistischen Menschen sah, wurde mir in dieser Zeit eine bestimmte Sache schmerzlich bewusst, die ich vorher nie wirklich wahrgenommen hatte: Ich bin auf so viel mehr Ebenen privilegiert, als ich es bislang angenommen hatte. Ich bin eine weiße, in Deutschland aufgewachsene, heterosexuelle Cis-Frau. Allein meiner Hautfarbe habe ich es zu verdanken, niemals Rassismus erfahren zu haben. Ich wurde nie aufgrund meiner Hautfarbe benachteiligt, schief angesehen oder ausgegrenzt. Mir wurde nie etwas aufgrund meiner Hautfarbe unterstellt oder verwehrt. Meiner sexuellen Gesinnung und der Tatsache, dass ich mich mit dem Geschlecht, welches mir angeboren ist, identifiziere, habe ich es zu verdanken, dass ich mich und meine Liebe öffentlich zur Schau stellen kann, ohne dafür Hass und Missgunst entgegengebracht zu bekommen. Peggy McIntosh beschrieb »White Privilege« in einem Text aus 1988 sehr passend als »unsichtbares Paket unverdienten Vermögens«. Als trüge man einen schwerelosen Rucksack mit sich, der prall gefüllt ist mit Ausweisen, Visa, Werkzeugen und Blankoschecks.[14]

Schrieb ich in meinem Kapitel über Simone noch, dass man sich bewusst werden soll, wie viel des eigenen Glücks man selbst zu verantworten hat – so kann man »White Privilege« nicht selbst verantworten. Die guten Voraussetzungen und Möglichkeiten, die ich habe, mein Rucksack voll mit Privilegien, trage ich von Geburt an mit mir herum. Anderen Menschen aber wird kein so vollgepackter Rucksack zuteil. Andere Menschen haben sehr viel mehr zu kämpfen als ich.

Ich fragte mich also, wie meine Zeilen auf jemanden wirken, dem nicht die gleichen Privilegien zuteilwurden. Ich möchte mit meinen Zeilen keinesfalls den Eindruck erwecken, dass man nur glücklich werden kann, wenn man die gleichen Privilegien genießt wie ich.
Zu Beginn dieses Buches erzählte ich, dass man sich selbst niemals mit anderen Menschen vergleichen soll, dass man stets seinen ganz eigenen Weg finden muss. Und obwohl ich in diesem Buch sehr viel von mir selbst preisgebe und natürlich hoffe, dass du dich in den ein oder anderen Worten wiederfindest, so ist es auch wichtig, dass du dich *nicht* immer wiederfindest. Du solltest dich deshalb keineswegs schlecht fühlen. Bitte denk niemals: »Aber ich habe nicht solche Voraussetzungen wie Angela, wie soll ich ihren Weg gehen, wie soll ich da glücklich werden?«

Es ist okay, dass du meinen Weg nicht gehen kannst. Niemand, der dieses Buch liest, kann das – denn wir sind alle unterschiedlich. Deine Erfahrungen, dein Rucksack ist anders gepackt als meiner – deshalb bist du anders als ich. Du bist nicht wie ich, du bist wie du. Und das ist das Tolle an dir!

Auf meinem ersten Women's HUB, einer ganz großartigen Frauennetzwerk-Veranstaltung in München, erzählte ich Anfang 2019 zum ersten Mal vor einem größeren Publikum meine Geschichte mit der Essstörung. Auf dieser Veranstaltung hatten jeweils fünf Frauen die Möglichkeit, von ihrem Lebensweg zu erzählen und sich Zuspruch und Meinungen von fünfzig anderen Frauen im Raum einzuholen. Ich erzählte von meinem Weg als Bloggerin, wie sich meine Werte änderten, wie ich meiner Essstörung den Kampf ansagte und diesen bereits fast gewonnen hatte.

Nach meinem Talk gesellte sich Katharina zu mir. Katharina war bereits seit vielen Jahren auf einen Rollstuhl angewiesen. Sie sagte an diesem Tag zu mir: »Angela, ich habe mich in deiner Geschichte total wiedergefunden.« Ich war verwirrt. Wie können meine kleinen, nichtigen Probleme für jemanden von Bedeutung sein, der so viel mehr Leid erfahren hatte? Niemals wäre ich auf die Idee gekommen, meine Essstörung mit ihr und ihrer Situation gleichzusetzen. Was sie dann aber sagte, rührte mich zu Tränen: »Ich fühlte mich genau wie du jahrelang gefangen in meinem Körper. Mein Körper hielt mich zurück, wie dich deiner, nur auf eine andere Art. Bis ich verstanden habe, dass mein Körper nicht das ist, was ich *bin,* sondern nur eine Hülle, die mich umgibt.«

Obwohl Katharina ein viel größeres Päckchen zu tragen hat als ich, entschloss auch sie sich dazu, dass dieses Päckchen sie als Person nicht definieren sollte. Jahrelang bemitleidete sie sich selbst für ihr Schicksal – bis sie genug hatte. »Ich habe das Glück, nichts selbst machen zu müssen. Ich muss nicht einkaufen gehen, nicht kochen, nicht putzen, nicht Auto fahren. Alle Aufgaben des alltäglichen Lebens werden für mich erledigt – dadurch habe ich viel mehr Zeit als andere Menschen.«

Ihre Worte berührten mich so sehr. Weil auch sie irgendwann den Blick auf ihr Schicksal änderte. Weil sie sich für eine andere Art entschieden hatte, mit ihrer Situation umzugehen: »Ich muss all diese Dinge nicht mehr tun – und habe dadurch die Möglichkeit, ganz viel Schönes zu erschaffen.«

Katharina hat mir gezeigt, dass das Glück auch für Menschen zu finden ist, die ein viel schlimmeres Schicksal erleiden mussten als ich. Sogar sie schaffte es, den Blick auf das Positive zu richten – und in ihrer Situation eine Chance zu erkennen. Auf der Welt gibt es viele solcher Geschichten: Menschen, die etwas Schreckliches erleiden mussten und dennoch wieder aufgestanden sind, die noch größer geworden sind, als sie es sich jemals erträumt hätten. Ich glaube fest daran, dass jeder Mensch so eine Kraft in sich trägt.

Ich habe also nicht nur in Bezug auf meinen gesunden Körper eine tiefe Dankbarkeit entwickelt, sondern auch für den Rucksack voller Privilegien. Habe ich es also leichter im Leben als andere? Ja, das habe ich. Dieser Umstand bestärkt mich nicht nur darin, mir meiner Privilegien immer und immer wieder bewusst zu werden, sondern auch, meine Voraussetzungen zu nutzen, um anderen das Leben zu erleichtern. Ich möchte mich nicht darauf ausruhen, sondern die Ungleichheit in dieser Welt sichtbar machen.

Ich möchte niemandem sein Leid absprechen, indem ich behaupte, dass jeder Schicksalsschlag auch etwas Positives in sich tragen kann. Es ist okay, traurig zu sein über die eigene Situation, über die eigenen Voraussetzungen, über das Leben, in das man geboren wurde. Ich schreibe dieses Buch aus der Sicht einer gesunden weißen heterosexuellen Cis-Frau und kann das Leid derer, die nicht so sind wie ich, niemals nachempfinden. Ich kann weder vor einer schwarzen Frau noch vor einem homosexuellen Mann behaupten: »Ich weiß, wie du dich fühlst«, denn das kann ich nicht. Mein persönliches Leid bezieht sich hauptsächlich auf meine Essstörung und meinen Lebensweg. Aus meinem Leid habe ich versucht, etwas Positives zu entwickeln und andere mit ähnlichen Leidenswegen zu unterstützen. Aus meinem Leid ist eine Kraft gewachsen. Was auch immer dein Leid ist, ich hoffe, nein, ich weiß, dass diesem Leid eine unglaubliche Kraft innewohnt. Eine Kraft, die sogar in der Lage ist, anderen Menschen zu helfen. Sich für andere einzusetzen gibt dem eigenen Leid auf einmal einen tieferen Sinn und lässt es leichter ertragen. Es ist so wichtig, jemanden zu finden, der einen wirklich versteht. Vielleicht kannst also auch du jemand sein, der einem anderen Menschen die Einsamkeit nimmt aufgrund deiner eigenen Erfahrungen.

Es ist okay, wenn es lange dauert, bis aus dem Chaos eine erste kleine Knospe wächst. Doch ich bin ganz sicher: Was immer es ist, das du mit dir herumträgst, auch du hast irgendwo in dir vergraben einen Samen, der nur darauf wartet, entdeckt und gegossen zu werden – der letztendlich sogar anderen Knospen helfen kann, ebenfalls zu wachsen.

ICH HOFFE DU FINDEST ES, WAS AUCH IMMER ES IST. ♡

Ich schulde dem Leben das Leuchten in meinen Augen[15]

November 2017

»Findest du das hier nicht auch so schön?«, frage ich, das Gesicht in Felix' Haaren vergraben. »Irgendwie ist man in einem Raum gemeinsam, und wenn ich mich umsehe, dann sehe ich nur Menschen, die ich gerne habe und schon so lange kenne. Wir alle haben unsere Päckchen zu tragen und irgendwie kennen wir alle unsere Päckchen.« Felix stimmt lachend zu. »Ich weiß genau, was du meinst.«

Das erste Mal seit meiner OP habe ich mich aus dem Haus getraut, hab mich auf Krücken in den fünften Stock gequält, um genau hier sein zu können. Weil ich Abende wie diesen so vermisst habe. Die meisten Partygäste sind längst wieder heim, geblieben ist der harte Kern. Wir liegen zu fünft auf dem Bett und liegen uns in den Armen, als sei es das Normalste der Welt. Für uns ist es das. Wen man gerne hat, den nimmt man in den Arm. Ich bin so froh darum. Zwischen diesen Menschen hier herrscht eine so tiefe innige Vertrautheit – und ich suhle mich darin, ich bin Teil davon. Eine Zeit lang liegen und sitzen alle schweigend da, ganz still, weil der Song gerade viel zu gut ist und sich alle in ihrer eigenen Welt darin verlieren. Weil der Text so schön beschreibt, wie wir alle hier fühlen.

Ich habe mich lange nicht mehr so wohl in meiner Haut gefühlt. Und das, obwohl ich noch immer nicht richtig laufen kann. Es fühlt sich so an, als würde mein Herz simultan zu meinem Fuß heilen. Jeden Tag wird es ein Stück besser, jeden Tag gehe ich weiter, jeden Tag wird es leichter. Alles. Mein Herz, der Alltag auf Krücken, die Ruhe in meinem Kopf. Ich bin frei und ungebunden und merke mehr als jemals zuvor, wie schön diese Unabhängigkeit sein kann. In diesem Raum fliegt so viel Liebe herum, und ich sauge sie auf wie ein Schwamm.

Ich habe diese wunderbaren Menschen um mich, die mich aufgefangen haben, als ich mich im freien Fall befand. Der Mensch neben mir, dessen Nähe ich so gut kenne wie mich selbst, hat mich gehalten, als ich nicht mehr konnte, so fest und mit einer solchen Sicherheit, dass es mir immer wieder das Herz zerreißt, wenn ich daran denke.

Die Musik hängt in der Luft wie ein guter Freund, als sei sie Teil dieser kleinen Familie. Manche Leute fragen mich, ob ich nie das Bedürfnis hatte, mal woanders zu wohnen als in der Stadt, in der ich aufwuchs. Natürlich hatte ich das mal, weil ich dachte, man müsse das ja wollen. An Abenden wie diesen aber weiß ich wieder, wieso ich hier bin. Wegen dir und dir und dir. Weil diese Menschen hier etwas ganz Besonderes sind. Für das viele Lachen, die vielen Umarmungen, das gemeinsam Einsamsein.

Bald kann ich wieder laufen. Und dann werde ich rennen. Mit der Kraft, die mir meine Freunde und meine Familie in dieser Phase verliehen haben. Denn ich schulde dem Leben das Leuchten in meinen Augen. Und das Feuer in meinem Herzen.

»Wann strahlst du?«

• • •

Und ich fall nicht mehr so tief

Das Leben ist Polarität. Kein Licht hat jemals ohne Schatten existiert, kein Sommer hält ewig, und scheint die Sonne doch mal zu lang, kann man mit einem baldigen Unwetter rechnen. Kurz nach meinem Unfall wurde mir diese Tatsache wieder schmerzlich bewusst. Und ich ärgerte mich fürchterlich darüber, denn irgendwie hatte ich es »ja bereits geahnt«. Die Zeit 2017, als es mir durch den neuen Job und die Therapiestelle so gut ging, hatte ich ständig Angst davor, dieses Gefühl wieder zu verlieren. Anstatt das Hoch zu genießen, lebte ich in der ständigen Angst vor dem Bergab. Und als es dann tatsächlich wieder bergab ging, ärgerte ich mich, weil ich es wieder nicht geschafft hatte, an meinem Hoch festzuhalten. *Wieso kann nicht einfach immer alles gut sein?*

Trotzdem lernte ich nach dem Unfall schnell, meine missliche Lage zu akzeptieren. Es hinzunehmen, dass es nun mal gerade schwierig ist. Ich schaffte es, nicht mehr ständig auf ein besseres Morgen zu hoffen – sondern die Gegenwart zu akzeptieren, wie sie ist. *Wenn ich das sogar in schwierigen Situationen schaffe, wieso schaffe ich es nicht auch in guten Zeiten?* Wieso habe ich Angst vor einem schlimmeren Morgen, wenn doch gerade alles schön ist? Mal wieder lebte ich gedanklich ständig in der Zukunft. Anstatt einfach mal hier zu sein und zu genießen, wie es ist.

Ich lernte, die Polarität des Lebens nicht nur zu akzeptieren, sondern sogar zu feiern. Und zu lieben. Dass diese Welt aus Gegensätzen besteht, ist nun mal eine Tatsache, und mich dagegen zu wehren, bringt mich keinen Schritt weiter. Wenn ich falle, dann falle ich, und wenn ich währenddessen wild um mich schlage, falle ich trotzdem; und hole mir bei dem Gefuchtel nur noch mehr blaue Flecken als eigentlich notwendig.

Ich war wahnsinnig stolz über diese Erkenntnis und die Tatsache, wie schnell ich aus diesem Tief wieder herauskam. Wären der Unfall und die Trennung einige Jahre zuvor passiert, wäre ich sicherlich noch länger in der Bewegungslosigkeit festgehangen. Heute aber ist das anders. *Woran liegt das? Wieso falle ich nicht mehr so tief wie früher, und wenn, wieso schaffe ich es so schnell wieder da raus?*

Heute weiß ich: Die Erfahrung macht's. Und der richtige liebevolle Blick darauf. Meine bisherigen Erfahrungen haben mir mit der Zeit ein unerschütterliches Urvertrauen ins Leben geschenkt. Sie hätten mich allerdings auch kaputt machen können. Mit jeder weiteren emotionalen Narbe, die ich mir zuzog, hätte ich mich auch weniger ganz fühlen können. *Schon wieder was Schlimmes passiert. Schon wieder ein Herzschmerz. Schon wieder ein Rückschlag.*

Aber die Fähigkeit, mich hinterher hauptsächlich auf den positiven Output eines Erlebnisses zu fokussieren, lässt mich Sinnhaftigkeit erkennen. In der Dunkelheit konzentriere ich mich lieber aufs Licht, um die Orientierung nicht zu verlieren. Das machte mir das Leben damals und auch heute noch so viel leichter. Ich schaffe es, mir die Frage »Wieso musste mir das jetzt passieren?« immer wieder aufs Neue zu beantworten. Selten im Moment des Geschehens selbst – aber rückblickend betrachtet doch immer. Manchmal vergingen sogar Jahre, aber dennoch: Den Sinn oder zumindest einen aus dem Erlebnis resultierenden positiven Aspekt fand ich immer. Einige Beispiele:

Wieso habe ich mich dreizehn Semester durch das Studium gebissen?

Um zu lernen, offener mit meinen Problemen umzugehen. Um herauszufinden, welche berufliche Richtung *nichts* für mich ist. Um wieder einmal zu verstehen, dass ganz viel, was in meinem Kopf passiert (»Keiner mag mich, ich bin ein Loser, ich bin allein damit«), nichts mit der Realität zu tun hat.

Wieso hielt ich viel zu lange an einer zerbrochenen Liebe fest, wenn sie doch so schmerzhaft war?

Um mein Innerstes nach außen zu klappen, um meinen Dämonen in die Augen zu sehen, um zu erkennen, wo in mir noch immer große Baustellen sind. Um mich in meiner größten Verletzlichkeit kennenzulernen.

Wieso musste ich direkt nach der Trennung von einer Leiter fallen?

Um eine tiefe Dankbarkeit für meine Gesundheit und die liebsten Menschen in meinem Leben zu entwickeln. Um zu lernen, schwierige Phasen zu akzeptieren und auszuhalten. Um zu lernen, dass man auch mal bedürftig sein darf – und um zu lernen, dass ich Hilfe in Anspruch nehmen darf.

Wieso habe ich eine Essstörung?

Das Auftauchen von essgestörten Gedanken ist auch heute noch ein Indiz dafür, dass ich etwas verdränge. Durch die Essstörung bin ich in Therapie gegangen und habe mir somit jede

Woche mehrere Stunden einen Raum geschaffen, über mich und meine Probleme zu sprechen. Ich konnte hier sehr viel mehr in mir aufräumen als eigentlich erwartet. Und: Ich habe eine Essstörung, um sie loszulassen und nun andere Menschen bei ihrem Kampf gegen die Essstörung mit meinen Erfahrungen zu unterstützen. Ich kann das Gelernte weitergeben – die allerschönste Sinnhaftigkeit.

Im Prinzip habe ich also aufgehört zu bereuen. Denn was soll ich noch bereuen, wenn ich aus all den negativen Erfahrungen so viel mitnehmen konnte? Wenn ich doch letztendlich nur daran gewachsen bin? Wenn nichts in meinem Leben jemals ohne Grund passiert ist – wieso sollte in Zukunft etwas passieren, dessen Sinn sich niemals zeigt? Wieso sollte irgendein zukünftiges Ereignis ausschließlich Negativität in sich tragen, wenn es doch bisher niemals so gewesen ist?

Ich denke, diese Fähigkeit und dieses Vertrauen sind unendlich wichtig – für uns alle. Bestimmt gibt es in deinem Leben auch Ereignisse, auf die du nur ungern zurückblickst. Situationen, die du bereust, Menschen, die dir nicht gutgetan haben, einen »falschen« Weg, den du eingeschlagen hast. Ich möchte dich dazu auffordern, deine Tiefs noch einmal genauer unter die Lupe zu nehmen, vor allem die Zeit danach. Vielleicht ist bereits genug Zeit vergangen, sodass du einige positive Resultate sehen kannst: Bist du einer Freundin in schwierigen Zeiten nähergekommen? Hast du herausgefunden, wo deine Grenzen sind? (Wie hättest du vorher wissen sollen, *wo* diese Grenzen liegen, ohne es zu fühlen?) Hat deine Geschichte vielleicht sogar dazu beigetragen, einem anderen Menschen zu helfen?

Hast du etwas über dich selbst gelernt? Loszulassen, trotzdem weiterzumachen, dir Hilfe zu suchen?

Das ewige Auf und Ab kann so schön sein, wenn man auf dem Weg nach unten extra in die Knie geht, um noch mehr Schwung zu holen. Wenn's mir schlecht geht, versuche ich, zu beobachten und zu lernen, denn hier unten passiert so viel Magie. Ich ziehe mich zurück und gönne mir die Ruhe, die mein Körper und meine Seele gerade brauchen. Und wenn ich heute ein Hoch habe, suhle ich mich lachend darin, ohne an morgen zu denken.

Mit welchen Augen wir auf die Dinge blicken, ist das A und O. Es kann alles scheiße werden – es kann aber auch alles gut werden.

AM LEBEN
ZERBRICHST DU NICHT –
ES BRICHT DICH
NUR AUF.

Als ich Mama von Mia erzählte

Ende 2018

Ich habe in meinem Leben schon sehr viel geweint. Weil meine Tränen wahnsinnig schnell fließen. Aus Freude zum Beispiel, das sind mir die liebsten. Ich kenne auch Tränen aus Wut, Angst, Aufregung oder Tränen aus Mitgefühl. Weinen ist meine Art, Gefühle auszudrücken. Heute aber lag ich zum ersten Mal in meinem Bett und weinte, ohne zu wissen, wieso, weil ich das Gefühl dazu nicht kannte, weil es Tränen waren, die vorher noch nie geflossen sind. Kurz verzog sich mein Gesicht zu einem schmerzlichen Ausdruck, dann lachte ich wieder, und die ganze Zeit weinte ich. Ich brauchte eine Weile, um zu begreifen: Ich weinte aus Erleichterung.

Mir war ein riesengroßer Stein vom Herzen gefallen. Ein Stein, der so festsaß, dass man ihn abmeißeln musste. Jahrelang – bis er klein genug geworden war, um auch den letzten Rest abzufeilen. Mir war gar nicht bewusst, wie riesig er gewesen war, so groß wie eine Lawine vielleicht, keine Dachlawine, sondern eine, die Städte unter sich begräbt. Ja, in etwa so groß. Und verdammt, war das ein wunderschönes Gefühl.

Eine Stunde zuvor saß ich mit meiner Mutter an meinem Küchentisch und wir aßen eine (vegane) Butterbrezel. Es war bereits nachmittags, und doch war es meine erste Mahlzeit an diesem Tag, mir grummelte schon lange der Bauch. Eine Stunde zuvor saßen meine Mama und ich mit meiner Katze Sherry in der Tierklinik und meine Mutter hielt meine Hand, weil ich Sherrys Leiden nicht mit ansehen konnte. Sie wehrte sich mit allen vier Pfoten, mit ihrem ganzen flauschigen geschwächten Körper versuchte sie, gegen vier Ärzte anzukämpfen. Sie sah so furchtbar kläglich aus mit ihrer Halskrause, dem verstrubbelten Fell und den riesigen Pupillen. Sie tat mir so unendlich leid, und es brach mir das Herz, ihr all das antun zu müssen. Meine Mama hatte mich bereits eine Nacht zuvor mit Sherry in die Klinik gefahren und heute Morgen begleitete sie mich wieder. Mit einer Selbstverständlichkeit, wie es nur eine Mutter für ihre Tochter tun würde.

Zu Hause, nach Sherrys erster Mahlzeit in drei Tagen und meiner ersten Brezel an diesem Tag, ging es uns langsam besser. Sherry und mir.

Als wir aßen, erzählte mir meine Mutter von einer Freundin, die zwanzig Kilo abgenommen hatte. Bei solchen Themen werde ich schnell hellhörig. In letzter Zeit hatte ich Gespräche solcher Art oft bewusst gesucht, weil ich eben viel darüber gelernt habe in der Therapie, weil ich mich dauernd mit diesem Thema beschäftige. Ich erzählte ihr, wie ich versuche, intuitiver zu essen und mich selbst dabei genau zu beobachten. Wie ich versuche herauszufinden, warum ich manchmal essen möchte, obwohl ich gar nicht hungrig bin. Und wieso ich manchmal nicht aufhören kann zu essen, obwohl ich bereits satt bin.

Ich schmierte mir gerade die restliche Butter auf mein letztes Viertel Brezel, als ich beides wieder beiseitelegte und meine Mutter beobachtete. Seit zwei Jahren wartete ich auf einen Moment, ihr alles zu erzählen. Und seit zwei Jahren war es nie »der richtige Augenblick«. Jedes Mal schreckte ich davor zurück, weil ich zu große Angst hatte, sie könnte sich für all das verantwortlich fühlen oder sich zu viel sorgen. Aber als wir gerade dort saßen, nach diesem furchtbar emotionalen Tag, an dem mir meine Mutter (mal wieder) gezeigt hatte, was bedingungslose Liebe bedeutet – in diesem Moment, als ich das

Messer beiseitelegte, beschloss ich, dass der Zeitpunkt gekommen war. War es der richtige? Wohl kaum. Aber wann ist schon der richtige Zeitpunkt? Er wird niemals perfekt sein. Niemals besser als jetzt gerade. Also sprach ich den ersten Satz, nach dem es kein Zurück mehr geben sollte: »Mama, ich würde dir so gerne etwas erzählen, was ich schon so lange loswerden möchte.«

Und dann erzählte ich. Ich erzählte einfach alles. Dass ich eine Essstörung habe, jahrelang mein Essen erbrach und deshalb seit einem Dreivierteljahr in Therapie bin. Ich erzählte von meiner Gruppe, von meinen Fortschritten und wie dankbar ich dafür bin. Sie hörte mir aufmerksam zu. Und irgendwann sagte sie: »Genau davor hatten dein Vater und ich immer Angst. Und ein bisschen habe ich es vielleicht auch gewusst.« Dann begann sie zu weinen, und ich weinte auch, setzte mich neben sie, nahm ihre Hand, legte meinen Kopf auf ihre Schulter, und so weinten wir ein bisschen zusammen.

Vielleicht war das einer der schönsten Momente, den ich je mit meiner Mutter hatte, weil ich mich ihr so nah fühlte wie niemals zuvor. Weil ich endlich das Gefühl hatte, sie würde mich wiederkennen. Mich, mit all meinen Dämonen, mit allem, was ich so lange mit mir herumgeschleppt hatte. Als hätten wir dem unsichtbaren Band, das eine Mutter mit ihrer Tochter verbindet, noch hundert weitere feste Knoten hinzugefügt.

Und auf einmal wusste ich, dass ich bereit war. Nachdem ich es meiner Mutter erzählt hatte, war ich bereit, es auch der Welt zu erzählen. Alles, was mich zurückgehalten hatte, war genau das. Mir hatte die Schulter meiner Mutter gefehlt. Die einzige Schulter, die ich immer brauchen werde, egal, wie alt ich bin. Das ist die Magie zwischen Mutter und Tochter, eine Verbindung, die über alles hinausgeht. Egal, wie verschieden man doch ist – meine Mutter schenkte mir das wundervolle Thing called Life; und genau deshalb brauchte ich sie, um diesen Schritt zu tun.

Ich weinte aus Erleichterung. Und mit jeder Träne, die ich vergoss, wurde ich noch leichter. Als heulte ich den Stein vom Herzen einfach weg.

Jetzt kann ich endlich darüber sprechen – ganz ohne Stein.

• • •

Danke, Mia

Ich hatte bis dato nie einen Hehl daraus gemacht, meine Gefühle und Probleme im Internet zu teilen. Über die Essstörung aber konnte ich nie sprechen, nicht, bevor auch meine Familie davon wusste. Als ich mich danach das erste Mal öffentlich auf Instagram dazu äußerte, war die Liebe, die ich bekam, unglaublich. Ein weiteres Mal verstand ich, wieso das alles passieren musste. Ich bekam (und bekomme auch heute noch) so viele Nachrichten von jungen Frauen, die durch meine Geschichte ihre Essstörung entweder erkannt oder sich sogar dazu entschlossen haben, in Therapie zu gehen. Meine Geschichte kann helfen, so wichtige und mutige Schritte zu gehen. All das musste mir geschehen, damit ich damit nach draußen gehe – und anderen entweder helfen oder sogar vor einer Essstörung bewahren kann. Kaum etwas erfüllt mich mit mehr Freude und Stolz als das.

Ich beschrieb die Bulimie anfangs als »toxische Freundin«, die für mich da war, wenn ich verdrängen wollte. Sie »half« mir, mich nicht mit meinen negativen Gefühlen auseinandersetzen zu müssen. Als ich sie als falsche Freundin entlarvte, begann ich, sie zu hassen. Ich wollte sie loswerden, nie wieder an sie denken müssen, für immer ein normales Essverhalten beibehalten. Ich wollte keinen Gedanken mehr an sie verschwenden. Loswerden war mein einziges Ziel.

Mit der Zeit und dank meiner Therapie verstand ich, dass ich die Essstörung vielleicht niemals komplett aus meinem Leben verbannen kann. Solange das Leben ein Auf und Ab ist, wird auch die Essstörung immer wieder auftauchen. Und wie ich gelernt habe, ist das Leben niemals geradlinig. Die Bulimie ist und bleibt mein Ventil. Mein Indiz, mein Hinweis, wenn ich etwas übersehen habe. Ist es dann vielleicht nicht sogar *gut*, dass sie mich ab und an besuchen kommt? Man kann in seinem Alltag gar nicht immer alles im Blick haben. Manchmal geschehen Dinge, die man runterspielt, weil man keine Lust hat, sich damit zu beschäftigen. Die Essstörung taucht immer genau dann auf, wenn ich etwas übersehen habe. Sie zwingt mich dazu hinzusehen, wenn ich nicht hinsehen will. Esse ich also mal wieder eine Zeit lang über meinen Hunger hinaus und bekomme Angst vor dem Zunehmen, formt sich der Gedanke, einfach hinterher schnell auf die Toilette zu gehen. Dann läuten bei mir die Alarmglocken.

Der Unterschied zu früher ist heute klar für mich erkennbar: Die essgestörten Gedanken kommen zwar auf, aber ich gehe ihnen nicht mehr nach. Ich ziehe die Reißleine, bevor es zu spät ist. Mia klingelt an meiner Tür, aber anstatt sie in mein Haus zu lassen, frage ich sie gleich, was sie mir denn sagen möchte.

»Mia, was willst du von mir?«
 – »Ich will, dass du dünn bist. Du weißt doch, dass dich das glücklich macht. Dünn und schön sein.«
 »Ich glaube kaum. Das ist wieder nur deine alte Leier. Ich hab nur etwas übersehen. Die Trennung war vielleicht doch nicht so leicht für mich. Ich fühle mich einsam, ich bin verletzt, und deshalb esse ich wieder über meinen Hunger hinaus. Weil ich nicht will, dass das schöne Gefühl vorbeigeht. Weil ich nicht weiß, was ich nach dem Essen mit mir anfangen soll.«

Natürlich bin ich durch die Erkenntnis allein nicht vollkommen frei von solchen Gedanken. Aber ich schaffe es zumindest, mir meiner Gesundheit wieder bewusst zu werden und mich nicht zu erbrechen. Ich halte die Gedanken aus und nehme mir ein weiteres Mal vor, mich mehr mit meinem Schmerz auseinanderzusetzen. Ich spreche wieder mehr darüber, anstatt ihn in mich reinzufressen (im wahrsten Sinne des Wortes).

Mia ist und bleibt eine toxische Freundin. Sie will mir nichts Gutes. Aber dennoch bin ich dankbar für ihre Besuche. Ohne sie würde ich vielleicht übersehen, wenn da etwas in mir brodelt. Ich bezeichne mich heute trotzdem als geheilt – auch mit ab und an auftauchenden essgestörten Gedanken.

Außerdem bleibt die Essstörung eine enorm wichtige Erfahrung, die ich für mein Leben mitnehmen durfte – denn heute kann ich sagen: Ich bin da durchgegangen, ich weiß, wie's läuft. Ich weiß, wie man reinrutscht, aber ich weiß auch, wie man wieder rauskommt. Und dieses Wissen, diese Erfahrung, kann ich weiterreichen, um andere auf ihrem Weg zu bestärken.

In diesem Sinne:

»*Danke für alles, was du mich gelehrt hast, Mia. Danke, dass du mich dazu zwingst, nicht wegzusehen. Reinkommen darfst du aber nicht mehr, tut mir leid. Kannst es gern wieder versuchen – aber ich bleibe stark.*«

Wie war das jetzt eigentlich genau in der Therapie?

Insgesamt war ich knapp drei Jahre wegen meiner Essstörung in Therapie. Jeden Mittwoch Gruppensitzungen, alle zwei Wochen eine Einzeltherapiesitzung mit meiner Therapeutin, die auch die Gruppe begleitete. Obwohl ich bereits nach wenigen Monaten symptomfrei war (mein Essen also nicht mehr erbrach), blieb ich bis zum Ende dort.

Über die Jahre lernte ich, wie so eine Therapie funktioniert. Als ich sie begann, ging ich noch fest davon aus, dass ich hier einfach meine Probleme schildere und mir meine Therapeutin hinterher einen guten Rat mit auf den Weg gibt. Ich dachte, mein Gegenüber würde meine Probleme für mich lösen. Mit der Zeit aber lernte ich, dass nicht meine Therapeutin meine Probleme löste, sondern dass sie eigentlich nur die richtigen Fragen stellte – sodass ich letztendlich selbst auf die Lösung kam. Ganz oft erzählte ich von negativen Erlebnissen, und sie fragte mich, wie sich das gerade für mich anfühlt. Und *wo* ich es fühle. In der Brust? Im Bauch? Im Kopf? Sie bohrte an Stellen, an denen ich selbst nicht gebohrt hätte, und so gruben wir gemeinsam alte Verletzungen aus. Sie half mir, mich selbst zu erkennen. In den Gruppensitzungen bekam ich dann noch acht andere Blickwinkel auf mein Problem und konnte mir all das herausziehen, was für mich wichtig war.

Zu Beginn einer Gruppenstunde gibt es immer eine »Blitzlichtrunde«. Wer spricht, hält einen Stein in den Händen und erzählt kurz, was die Woche so passiert ist. Dann wird der Stein weitergereicht. Rückmeldungen gibt es erst, wenn der Stein einmal reihum gegangen ist. In der Blitzlichtrunde wird schnell klar, wer gerade die schwerste Last zu tragen hat. Unsere Therapeutin leitet die Gesprächsrunde an, aber wer und was heute wichtig ist, entscheidet trotzdem die Gruppe. Wir stellen die Fragen. Während der Gespräche tauchen die unterschiedlichsten Themen auf, und doch können stets alle etwas aus der Sitzung mitnehmen. Die Probleme eines anderen werfen auch immer ein Licht auf die eigenen.

Ganz oft hatte meine Therapeutin zu Beginn der Stunde bereits etwas geplant: Manchmal legte sie Fotos auf den Boden in der Mitte unseres Stuhlkreises, und wir sollten uns eines aussuchen, um unsere aktuelle Stimmung zu beschreiben. Ab und an zeichneten wir selbst etwas zu unterschiedlichen Themen, schrieben Stichpunkte auf, machten ein Rollenspiel, meditierten gemeinsam. Einmal im halben Jahr gab es einen »Intensivtag« mit insgesamt zwei Gruppensitzungen und einem gemeinsamen Mittagessen.

Ab und an gab es auch mal eine Auseinandersetzung, manchmal waren die Themen so schwer, dass wir den Raum in gedrückter Stimmung verließen. Die meiste Zeit aber verließ man den Raum mit einer neuen Erkenntnis. Zum Abschluss der

Runde gibt es immer noch ein kleines Blitzlicht mit der Frage: »Wie gehst du heute weg?«

Wenn man mich heute fragt, was genau die Therapie mich gelehrt hat, was sie mir »gebracht« hat, dann fällt es mir schwer, eine kurze, knappe Antwort zu geben. Ich kann keine Anleitung geben à la: »Es beginnt so, dann lernst du das, dann lernst du das, und am Ende bist du geheilt.« Was ich aber sagen kann, ist Folgendes:

- In der Therapie ist man eine Einheit. Meine Therapeutin und ich, aber auch die Frauen in meiner Gruppe und ich. Ich weiß, dass sie alle hinter mir stehen und mir nur Gutes wollen. Egal, wie unangenehm das Thema auch sein mag: Hier verurteilt mich niemand. Der Gruppenraum ist immer ein sicherer Ort.
- Ich lernte, mich noch mehr zu öffnen. Selbst in der Gruppe hält man manchmal Dinge zurück, weil man gerade lieber nicht darüber sprechen will oder sich nicht in den Vordergrund drängen möchte, aber eine schlechte Stimmung zu verstecken funktioniert hier nicht. In der Therapiegruppe bröckelt die Maske. Und am Ende spricht man doch immer die gleichen Worte: »Ich bin froh, dass wir darüber gesprochen haben.«
Mich brachte es dazu, auch mit meinen Freund:innen öfter ehrlich über meine Stimmung zu sprechen. Denn ich wusste, am Ende bin ich froh darüber, es ausgesprochen zu haben. Der schönste Nebeneffekt: Wenn du dich öffnest, öffnet sich auch dein Gegenüber. Meine Freundschaften bekamen dadurch eine ganz neue Tiefe.
- Durch die Therapie hatte ich immer eine sichere Unterstüt-

zung in der Hinterhand. Ich wusste: Was mich heute belastet, kann ich am Mittwoch in der Gruppe oder am Donnerstag unter vier Augen mit meiner Therapeutin besprechen. Ich bleibe niemals allein mit meinen Gefühlen, denn ich habe die Therapie. Das gab mir über die drei Jahre einen unglaublichen Halt und Sicherheit.
- Die Therapiesitzungen brachten mich dazu, mich ein bis zwei Stunden in der Woche bewusst mit meinen Problemen auseinanderzusetzen. Bis zu zwei fixe Termine die Woche, bei denen es einzig und allein um *mich* geht. Ohne die Therapie hätte ich mir diese Zeit wohl niemals genommen. Wenn man mich heute also fragt, wieso man eine Therapie anfangen sollte, dann empfinde ich diesen Punkt wohl als den wichtigsten: Weil da ein Raum ist nur für dich. Ein Zeitfenster. Heilung braucht Zeit – aber diese Zeit muss man sich erst mal nehmen. Durch eine Therapie tut man das. Nur hier spricht man offen und ehrlich über alles, was in einem vorgeht. Und das immer und immer und immer wieder, für lange, lange Zeit.

Ich weiß heute wahnsinnig viel über Essstörungen. Über meine eigene, über die von anderen, über den Verlauf, die Symptome, den Weg da raus. Ich habe aber auch sehr viel über mich selbst gelernt – vielleicht bin ich also auch ein Experte im Ich-selbst-Sein geworden. Durch die Beschäftigung mit mir selbst habe ich mich neu und immer besser kennengelernt.

Das ist es, was eine Therapie »bringt«: Man lernt sich selbst kennen, findet raus, warum man ist, wie man ist, was einem guttut und was nicht, und bestenfalls richtet man sein Leben langsam, aber sicher danach aus. Man räumt um sich herum ein bisschen auf, um auch innerlich aufzuräumen.

Der Weg in die Therapie war einer der wichtigsten Schritte, den ich je getan habe. Und vielleicht gibt dir meine Geschichte den nötigen letzten Schubser:

Tu es. Hol dir Hilfe, wenn du sie brauchst. Du hast es verdient, und du bist es wert.

Und alle reden von Selbstliebe

Ich werde nicht selten gefragt, ob ich mit der Überwindung meiner Essstörung nun auch endlich gelernt hätte, mich und meinen Körper zu lieben. Ich finde allerdings, »Selbstliebe« ist ein verdammt großes Wort. Es würde bedeuten, dass ich mich nicht nur okay, sondern ganz großartig finde, immer und überall. Manch einer meint sogar, dass man »erst sich selbst lieben lernen muss, um andere lieben zu können« – und am Ende glaubt man wirklich, dass man nicht fähig sei zu lieben, bevor man nicht »sich selbst gefunden und lieben gelernt hat«. Also verurteilen wir uns dafür, dass das mit der Selbstliebe irgendwie nicht so klappen will – und verurteilen uns sogar fürs Verurteilen, weil sich ein sich selbst liebender Mensch ja wohl nicht selbst verurteilen würde. Eine seltsame paradoxe Abwärtsspirale.

Wenn ich eine grundlegende Sache in meinem bisherigen Leben gelernt habe, dann, dass ich in erster Linie mal gar nichts »muss«. Ich muss mich nicht jeden Morgen im Spiegel angucken und supergeil finden. Mir muss nicht immer alles an mir gefallen, mein Körpergefühl schwankt je nach Stimmung. Vor allem dann, wenn ich meine Periode habe oder kurz davorstehe. Was ich aber sehr wohl kann, was ich *darf*, ist, mir selbst zu verzeihen. Immer wieder. Fürs *nicht* selbst lieben. Fürs mal *nicht* auf mich selbst klarkommen.

Und darin bin ich heute ein echter Profi. Ich bin vielleicht kein Selflove-Guru, aber ich bin verdammt gut im Vergeben. Ich habe mir vergeben, dass ich acht Jahre lang mein Essen erbrochen habe. Ich habe mir vergeben, dass ich immer *noch* dünner sein wollte, immer schöner sein wollte, mich ständig verglichen habe. Ich habe mir sogar vergeben zu glauben, dass ich es »nur zu etwas bringen werde, wenn ich schön und dünn bin«.

Die Fähigkeit, mir selbst zu vergeben, resultierte wiederum aus der Tatsache, dass ich – zu einem großen Teil dank der Therapie – gelernt habe, mich selbst zu *verstehen*. Ich habe so lange in meiner Vergangenheit gekramt, bis ich die Gründe herausfand, wieso ich eine Essstörung entwickelt habe. Im Kapitel »Die Kunst des Vergebens« schrieb ich darüber, wie ich es geschafft hatte, einem für mich damals toxischen Menschen zu vergeben – weil ich versucht habe, *ihn* zu verstehen.

Mike Dooley schrieb in seinem Buch *Grüße vom Universum* den folgenden Satz: »Wenn du einen Menschen verstehst, zutiefst verstehst, egal wer, dann musst du ihn einfach lieben, selbst, wenn du nicht alles, was er tut, billigst.«[15]

Dass ich ein ähnliches Mitgefühl und Verständnis auch mir selbst entgegenbringen kann, also »Selbstmitgefühl« entwickeln darf, lernte ich erst einige Zeit später.

Meiner Meinung nach geht jedem Verzeihen also immer ein tiefes Verständnis voran. Ich habe meine Essstörung nicht hinter mir gelassen mit einem schulterzuckenden »passt schon«. Ich habe sie hinter mir gelassen, weil ich mich auf die Suche nach den Gründen dafür begeben habe. Ich habe verstanden, dass die Gesellschaft einen großen Teil dazu beitrug. Cellulite und Speckrollen »unschön« zu finden ist der Standard. Die Welt erzählt uns: dünn + schön = Erfolg. Diese Formel umgab mich wie ein Gerüst. Ich glaubte also fest daran, ich müsse den Hass auf meinen Körper nur genug schüren, um abzunehmen und mich schließlich lieben zu können.

Wenn ich also heute auf die Angela von damals zurückblicke, sehe ich ein Mädchen, das eigentlich nur versucht, seinen Platz im Leben zu finden. Ein Mädchen, das »genug« sein möchte. Reingeboren in eine oberflächliche Gesellschaft, umgeben von Frauen (ganz egal ob Freundinnen, Familienmitglieder oder Frauen in den Medien), die den Hass auf ihren Körper bereits über Generationen in sich tragen.

Heute möchte ich mich selbst in den Arm nehmen. Es ist schon okay, dass sich da was verknotet hat. Es ist okay, dass ich manchmal mit mir zu kämpfen habe, und es ist okay, dass es Jahre, vielleicht ein Leben lang dauert, all diese Knoten zu lösen. Ich musste mich erst mal verstehen, um mir vergeben zu können. Und in diesem Vergeben steckt doch bereits eine ordentliche Portion Liebe. Wenn ich es doch okay finde, wie ich bin – vielleicht ist dann dieses Gefühl genau diese Selbstliebe, von der alle immer sprechen.

Wir müssen uns gar nicht vornehmen, uns selbst zu lieben. All das kommt von ganz allein, wenn man den Willen hat herauszufinden, wieso man ist, wie man ist. Und vielleicht sind »Selbstakzeptanz« und »Selbstmitgefühl« die viel passenderen Worte. Sich immer gleich zu »lieben« ist schon echt ganz schön viel verlangt.

Selbstakzeptanz kommt, wenn man ein Glas Wein mit sich selbst trinken geht. Wenn man den Mut hat, sich selbst offen und ehrlich zu fragen:

HEY, WAS HAT DICH EIGENTLICH SO VERLETZT?

Vier Uhr morgens

7. September 2018

Triggerwarnung: Schwangerschaftsabbruch

In diesem Kapitel beschreibe ich, wie ich ungewollt schwanger wurde. Da auch dies ein Thema ist, das dich triggern könnte, setze ich hier eine Triggerwarnung. Du kannst dieses und das nächste Kapitel überspringen, wenn du dich dabei unwohl fühlst.

Ich sitze auf dem kalten Badezimmerboden, mit dem Rücken zur Badewanne, die Beine fest an mich gezogen. Heute vor genau einem Jahr bin ich von der Leiter gefallen, denke ich, und die ganzen letzten Wochen habe ich sehnlichst darauf gehofft, dass dieses Jahr im Herbst mal nichts passieren möge. Kein verrückter siebter September, kein verrückter siebter Oktober, einfach ein bisschen Ruhe. Sosehr ich mich mit meinen Talfahrten mittlerweile arrangieren kann, besonders darauf freuen kann ich mich trotzdem nicht immer. Ich dachte eigentlich, ich wäre jetzt auf alles vorbereitet. Was soll mir denn noch passieren, habe ich gedacht.

Vor wenigen Tagen erst habe ich meinen Job gekündigt. Die Zeit war schön, aber irgendwie sehnte ich mich nach Veränderung. Außerdem dachte ich, ein wenig mehr Geld verdienen wäre auch nicht schlecht. Also raus aus der Komfortzone. In einem Monat soll es losgehen: Der neue Job in der Redaktion, bei einem großen Nachrichtensender, hundert neue Gesichter, tausend neue Aufgaben. Einen Monat habe ich nun Resturlaub und Zeit für mich. Ich hatte mich so sehr auf diese Zeit gefreut.

Und jetzt sitze ich hier und frage mich, inwiefern die nächsten zwei Minuten mein Leben verändern werden. Vielleicht ist ja alles nur falscher Alarm, und es ändert sich rein gar nichts – vielleicht aber ändert sich auch alles. Was mache ich dann? Was zur Hölle mache ich dann?

Der erste Strich auf dem Plastikstäbchen zeichnet sich schnell ab. Und der Moment zwischen Es-ändert-sich-nichts und Es-ändert-sich-alles hält nur einen Atemzug lang an, dann steht meine Welt kurz still.

Es ändert sich alles, spricht der zweite Strich auf dem Schwangerschaftstest.

Ich falle in mich zusammen und weine. Und fluche und weine und fluche und weine, bis sogar meine Katze sorgenvoll um die Ecke getigert kommt.

Ich schließe die Augen. Ich muss nicht einmal mehr nach meinem ersten Gefühl graben, es spricht so deutlich zu mir wie selten zuvor: Ich möchte kein Kind. Ich war mir noch nie sicher, ob ich überhaupt Kinder haben möchte. Ganz ungeachtet meiner Umstände oder wer der Vater ist – ich fühle es nicht. Ich möchte das nicht. Mein ganzer Körper wehrt sich dagegen. Binnen weniger Sekunden habe ich meine Entscheidung getroffen.

Und obwohl ich mich dagegen entscheide, ein Kind zu bekommen, weiß ich doch, dass dieser Moment, dieses Erlebnis, wieder etwas in mir anstoßen wird. Obwohl ich mich dazu entscheide, dass sich eigentlich nichts ändern soll, ändert es doch wieder alles.

• • •

Über meinen Schwangerschaftsabbruch

Eine ungewollte Schwangerschaft ist ein verdammt großer Brocken. Ich habe lange überlegt, ob ich diese Geschichte hier überhaupt erzählen möchte – denn bis jetzt habe ich sie noch nie öffentlich geteilt. Aber ich hing beim Schreiben ewig lang an dieser Stelle fest. Alle Entscheidungen, die ich hinterher traf, ob beruflich oder privat, stützten sich auf ebendieses Ereignis. Da wäre ein Fehler im System, würde ich dieses Kapitel auslassen. Es wäre nicht mehr ganz schlüssig.

Also schreibe ich doch darüber. Ich bin mir bewusst, in welche Gefilde ich mich hier begebe – denn nicht allen fällt eine solche Entscheidung so leicht wie mir. Ob man ein Leben gebären will oder nicht, ist vielleicht sogar die härteste Entscheidung, die man jemals treffen muss. Denn egal, wie man sich entscheidet, ob dafür oder dagegen: Meist begleitet sie einen doch ein Leben lang.

Der Abbruch selbst fühlte sich an wie ein Marathonlauf. Es gibt einige gesetzliche Vorschriften, die befolgt werden müssen, verschiedene Instanzen, die man abklappern muss, um überhaupt einen legalen Abbruch durchführen zu lassen.

Ich entschied mich damals bewusst gegen einen medikamentösen Abbruch und für einen operativen Eingriff. Ich wollte die psychische Belastung so gering wie möglich halten und dank einer Vollnarkose schlichtweg nichts mitbekommen. Es sollte so schnell wie möglich vorbei sein. Das Gefühl, als ich aus der Narkose wieder aufwachte, bestätigte mich ein weiteres Mal darin, dass ich die für mich richtige Entscheidung getroffen hatte: Ich war unendlich erleichtert.

Die ganze Prozedur war trotzdem ziemlich ermüdend. Man fühlt sich durch die vielen Vorschriften immer noch so, als würde man hier gerade eine Straftat begehen, als sei ein Abbruch schlichtweg »falsch«. Als hätte man sich alkoholisiert hinters Steuer gesetzt und müsse nun in einer MPU beweisen, dass man doch fahrtüchtig sei.

Ich hatte das »Glück«, mich erst an diesem Punkt in meinem Leben mit einer ungewollten Schwangerschaft auseinandersetzen zu müssen. Ich war bereits 29 Jahre alt, viel bestimmter in meinen Handlungen, viel selbstbewusster und viel mehr bei mir als in jüngeren Jahren. Ich steckte die psychische Belastung leichter weg. Ich fragte mich trotzdem oft, wie belastend diese Entscheidung und der Schwangerschaftsabbruch-Marathon wohl für andere Frauen seien – für junge Mädchen, für Opfer von Sexualverbrechen (hier gelten übrigens andere, lockerere Regelungen für einen Abbruch) oder für Frauen aus anderen Kulturkreisen. Deshalb ist es mir zum Ende dieses Kapitels besonders wichtig, folgende Worte loszuwerden:

Es ist unendlich wichtig, sich in so einer Situation jemandem anzuvertrauen. Geh da nicht allein durch. Ich hatte viele gute Freundinnen an meiner Seite, die mich von Anfang bis Ende begleiteten. Vergiss aber nicht, dass selbst Menschen in deiner Umgebung vielleicht versuchen werden, deine Entscheidung zu beeinflussen. Es könnte auch Menschen geben, die deine Entscheidung offenkundig missbilligen. Sei achtsam, wer dir *wirklich* zuhört. Wer hat einzig und allein *dein* Wohlbefinden im Sinn? *Du* solltest *immer* an erster Stelle stehen. Es ist dein Körper. Triff immer die Entscheidung, die sich für dich richtig anfühlt. Wendest du dich an jemanden, der dir seine Meinung aufdrängen will, darfst du dich auch wieder abwenden. Als eine meiner Freundinnen ungewollt schwanger wurde, betonte ich immer wieder, dass ich hinter *jeder* Entscheidung stehe, die sie treffen würde. Dass ich für sie da bin, ganz egal, welchen Weg sie einschlagen will. Das sind meiner Meinung nach die einzig richtigen Worte in solch einer Situation.

Vergiss auch niemals, dass es vollkommen in Ordnung ist, hin- und hergerissen zu sein. Es ist okay, so eine schwerwiegende Entscheidung nicht leichtfertig treffen zu können. Jedes noch so verzweifelte Gefühl ist okay, du machst gerade etwas unglaublich Belastendes durch. Gestehe dir ein, dass die Situation schwierig ist, und nimm dir so viel Raum, wie du kannst und brauchst. Vielleicht wirst du dir niemals ganz sicher sein, ob du die »richtige« Entscheidung getroffen hast. Aber du bist nicht allein damit. Rund 100.000 Frauen in Deutschland entscheiden sich jährlich für einen Schwangerschaftsabbruch.[16] Vielleicht findest du sogar eine oder mehrere betroffene Frauen, die sich mit dir austauschen wollen.

Wie auch immer du dich entscheidest, spiel die Situation und deine Gefühle nicht runter. Es ist schwierig. Es ist anstrengend. Und das ist auch okay so. Du musst jetzt nicht funktionieren, du darfst verzweifelt sein.

Alles wird gut.

Es ist Mut

7. November 2018

Ich habe gestern Abend (mal wieder) eine Entscheidung getroffen. Und oh Gott, tut das alles weh. Ich weiß gar nicht, wohin mit diesem Gefühl, mit der Angst, mit meinem Kopf. Gott sei Dank habe ich dich, liebes Tagebuch, um meine Gedanken irgendwo ablegen zu können.

Ich wollte diese neue Job-Herausforderung so sehr. Ich wollte mehr Geld verdienen, mal in einem großen Konzern arbeiten mit einem großen Team. Karriere mit Aufstiegsmöglichkeiten und Pipapo. *Ob diese neue Umgebung für mich, einen sonst so introvertierten, sensiblen Menschen, wirklich etwas ist? Ob ich so fremdbestimmt arbeiten kann?* Andere schaffen es doch auch, und ich wollte doch so unbedingt raus aus meiner Komfortzone. Also habe ich meinen Job gekündigt und mich hier beworben, hab meinen sicheren Hafen nach nur eineinhalb Jahren wieder verlassen.

Dann kam die Schwangerschaft dazwischen. Ich entschied mich schnell dagegen, Mutter zu sein. Und obwohl ich immer noch hinter meiner Entscheidung stehe, so spüre ich doch ein neues Gefühl in mir. Eine Art Drang, der ruft: Du willst diese Entscheidung auch in ein paar Jahren nicht bereuen. Alles, was jetzt passiert, muss den Abbruch wert gewesen sein. Ich möchte auch in ein paar Jahren noch sagen können: Du hast die richtige Entscheidung getroffen, Angela, denn es sind hinterher so viele positive Dinge passiert.

Ich spürte das Bedürfnis, mich jetzt noch mehr auf mich und auf das, was ich wirklich will, zu fokussieren. Ich wollte keine Zeit mehr verschwenden mit Dingen, die mir eigentlich nicht gefielen.

Als ich gestern, nach meinem dritten Arbeitstag im neuen Job, durch die Drehtür der Redaktion nach draußen lief, begann ich so heftig zu weinen, dass ich mich auf dem Weg zur U-Bahn fast verlief. Beim Gedanken daran, dass ich dieses Gebäude für nur wenige Stunden verlassen darf, wurde mir kotzübel. Schon am Montagmorgen fühlte sich die Woche endlos an. Noch fünf lange Tage, dann erst wieder Freiheit. Und dann? Nur zwei Tage frei, dann wieder alles von vorne. Und dann? Immer das Gleiche, jeden Montag aufs Neue die Woche hassen für zwei freie Tage – für keine Ahnung wie viele Jahre? Ich fühlte mich (mal wieder) wie der größte Loser auf Erden. Wie schafft es der Großteil dieser Gesellschaft, genau so zu leben? Was bin ich für ein Weichei, dass ich nach drei Tagen schon so eingehe? Wie kann ich nach nur drei Tagen so fertig sein, wenn es andere doch ihr Leben lang schaffen?
Mein Kopf spielt unaufhörlich Pingpong.

Ping: »Angela, das wird schon! Irgendwann hast auch du Freude an alledem hier. Dann fühlt es sich gar nicht mehr so nach Gefängnis an. Dann freust du dich vielleicht sogar auf die Arbeit!«

Pong: »Du bist dafür nicht gemacht! Das ist einfach nichts für dich. Du rennst da wieder gegen etwas an, was du nicht bist! Was, wenn es niemals besser wird? Was, wenn du auch einer dieser grimmigen Aliens aus der U-Bahn wirst? Willst du das? Willst du dich durchbeißen, wenn du der Preis dafür bist? Erinnerst du dich noch, wie es mit neunzehn im Praktikum war? Wie du dich auch da durchgebissen hast – und mit der Bulimie da rausgegangen bist? Du warst so unglücklich!«

Ping: »Du kannst doch nicht nach nur drei Tagen aufgeben! Gib dem Ganzen doch mal eine reelle Chance! Gib dir Zeit, die Leute kennenzulernen. Home is not a place, it's people! Du findest bestimmt schnell Freunde, und sobald du auch ein soziales Umfeld in der Arbeit hast, wird alles besser! Und überhaupt: Was willst du denn machen? Ohne diesen Job bist du arbeitslos!«

Pong: »Aber ich bin schon nach nur drei Tagen fix und fertig! Ich bin einfach viel zu sensibel für die ganzen Geräusche, die vielen Menschen um mich herum ... und das fehlende Grün!«

Ping: »Das fehlende Grün, dein Ernst? Du willst aufgeben, weil du zu wenig Sonne und Luft abkriegst? Wie verwöhnt bist du eigentlich? Alle anderen schaffen das doch auch!«

Pong: »Aber ich schaffe das nicht. Ich kann mich in diese Arbeitswelt einfach nicht einfinden. Und ich weiß überhaupt nicht, ob ich es will. Ich weiß überhaupt nicht, ob ich mich durchbeißen will. Wieso sollte ich nach acht Stunden immer noch in eine Flimmerkiste starren, wenn mein Kopf gar nichts Sinnvolles mehr zustande bringt? Wieso kann ich nicht selbst entscheiden, wann es genug ist? Wieso muss ich ›Zeit absitzen‹ und so tun, als würde ich noch arbeiten?«

Habe ich diesen Job aus den falschen Gründen angenommen?
   Habe ich mich doch wieder von äußeren Umständen leiten lassen? Prestige, ein sicherer Arbeitsplatz, ein besseres Einkommen – brauche ich das, um glücklich zu sein?
   War ich nicht in meinem alten Job, in meiner kleinen Fair-Fashion-Welt eigentlich total zufrieden? Habe ich mich vom Schneller-höher-weiter hinreißen lassen?

Und so liege ich da, alleine in meinem Bett, die komplette Wimperntusche auf dem frischen Kopfkissenbezug verteilt. Ich winde mich und schüttle mich, bis mir die Kraft ausgeht. Bis ich endlich wieder leer bin. Und in dieser wundervoll trüben Leere fasse ich den Entschluss, morgen nicht mehr zur Arbeit zu gehen. Ich beschließe, dass ich nach nur drei Tagen meinen neuen Job wieder kündigen werde.

Ich habe aus den Augen verloren, was ich doch eigentlich bereits gelernt habe: Nur weil ein Job auf dem Papier gut aussieht, heißt es nicht, dass er mich glücklich macht. Die ungewollte Schwangerschaft hat mir – Gott sei Dank – einen Strich durch die Rechnung gemacht. Sie hat mich dazu gezwungen, in mich zu gehen und mich ein weiteres Mal zu fragen: Was macht dich wirklich glücklich?

Ich will mich nicht durch etwas durchbeißen, was mir schlichtweg nicht schmeckt. Es mangelt mir deshalb nicht an Durchhaltevermögen, ich kenne mich einfach viel zu gut und weiß, dass das hier nichts für mich ist. Ich gebe nicht »schnell auf« – ich finde in Rekordgeschwindigkeit den Mut für etwas, ich stehe für mich selbst ein. Ich stürze mich in eine ungewisse Zukunft, ohne Plan, was jetzt als Nächstes passieren soll. Und deshalb bin ich mutig. Für die einen mag es so aussehen, als würde ich weglaufen – in meinen Augen laufe ich nur wieder zurück zu mir selbst.

• • •

»*Du kannst dir halt nichts anschaffen lassen*«

Freiheit bedeutet für mich, mir meinen Tag selbst einteilen zu dürfen. Mit meiner Arbeit zu beginnen, wann ich möchte, sie zu beenden, wenn ich nicht mehr kann, aber auch dann zu arbeiten, wenn es sonst niemand tut. Schreibt man mir vor, wann ich kommen und gehen darf, fühle ich mich eingesperrt. In meinem Kapitel über die Selbstständigkeit schrieb ich, wie mir das Angestelltendasein zu einem früheren Zeitpunkt sogar ein Stück Freiheit zurückgab – weil ich mich dank des sicheren Einkommens zurücklehnen konnte. Trotzdem aber genoss ich damals von Anfang an ein hohes Maß an Eigenverantwortung und Vertrauen. Ich konnte die meiste Zeit absolut selbstbestimmt arbeiten. Der neue Job nahm mir mit einem Schlag alles, was mir wichtig war. *Wie* wichtig erkannte ich aber erst, als ich es erlebte.

Meine Tante sagte einmal zu mir: »Du bist da wie ich – du kannst dir halt nichts anschaffen lassen.« Mal wieder wurde mir bewusst, wie unterschiedlich Menschen doch sein können. Während ich also mein Unverständnis gegenüber einer fremdbestimmten Arbeitsweise ausdrücke, fragen sich andere hingegen: »Wie kannst du so planlos leben, mit so viel Unsicherheit?« Was für mich Freiheit ist, bedeutet für andere Unsicherheit. Worin ich mich frei fühle, fühlen sich andere eingeengt. Meine Planlosigkeit macht mich frei – anderen macht sie Angst. Wobei keines von beiden »gut« oder »schlecht« ist – es sind lediglich Unterschiede. Nicht zu wissen, was als Nächstes passiert – ich liebe das. Ich *brauche* das. Viele andere Menschen aber brauchen Struktur und einen durchdachten Plan, und erst wenn sie diesen genau vor Augen haben, können sie sich zurücklehnen. Dann fühlen sie sich frei. Beides ist okay.

Die Planlosen unter uns aber tragen das Laster, entgegengesetzt der gesellschaftlichen Norm zu handeln. Das gutbürgerliche Leben bedeutet planen. Genau wissen, was und wohin man will. Vorausschauen. Sicherheiten schaffen. Zielstrebigkeit funktioniert in der Gesellschaft viel besser als Planlosigkeit. Zielstrebigkeit findet leichter einen guten Job, ist teamfähiger und hat ein sicheres Einkommen. Natürlich sind die Planer genau deshalb auch unfassbar wichtig für Gesellschaft und Unternehmen – wo wären wir ohne sie? Wie sähe die Welt aus, gäbe es nur noch kreative Chaoten?

Natürlich kann man eine Gesellschaft nicht strikt trennen in Planer und Nicht-Planer. Dazwischen gibt es viele Nuancen, manch einer ist ein bisschen was von beidem. Mein persönliches Pendel aber schlägt ziemlich weit in die planlose Chaoten-Richtung aus. Beim Schreiben dieses Buches hatte ich zu keiner Zeit einen genauen Fahrplan – einzig und allein an der Chronologie meiner Erlebnisse hangelte ich mich entlang. Ich schreibe runter, was mir auf der Seele brennt, und erst während des Schreibens ergab sich die nächste Richtung. Ich wäre demnach unfassbar schlecht darin, einen Roman zu schreiben. Vorher schon genau wissen, wie eine Geschichte beginnt und wie sie endet? Keine Chance. Am besten funktioniere ich, wenn ich mir nicht vornehme zu funktionieren. Wenn ich sage: »Diese Woche gehe ich viermal joggen«, kann ich drauf wetten, dass das nicht passieren wird. Die Vorgabe »viermal die Woche« setzt mich schon wieder unter Druck. Entscheide ich mich jeden Morgen allerdings frei und spontan dazu, gehe ich vielleicht sogar fünfmal laufen. Wie oft habe ich mir einen Kalender gekauft, nur damit er ein paar Wochen später wieder unbeachtet auf dem Schreibtisch liegen blieb? Wie anstrengend war es für mich, regelmäßig in die Uni zu gehen? Schon nach meinem allerersten Schultag, als ich gerade mal sechs Jahre alt war, fragte ich meine Mutter: »Mama, muss ich da jetzt jeden Tag hin?« Die Gliederung eines Aufsatzes schrieb ich zu Schulzeiten immer erst hinterher. Ich laufe generell lieber einfach los zum Bus, als mir einen rauszusuchen, und schreibe mir To-do-Listen nur dann, wenn ich Angst habe, etwas wirklich Wichtiges zu vergessen. Ich weiß eigentlich nie genau, was der Tag so bringt, und möchte mich am liebsten jeden Morgen aufs Neue dazu entscheiden können, welche Aufgaben heute dran sind. So zu leben macht mich glücklich.

Ich will mir meine Optionen offenhalten, spontan handeln können, und wenn ich doch mal ein Ziel vor Augen habe, möchte ich keine Scheuklappen tragen. Pläne funktionieren für mich nur, wenn sie flexibel sind. Schreibt man mir also vor, wann ich einen Ort betreten und wieder verlassen darf, macht sich ein Engegefühl in mir breit, das auf Dauer nicht auszuhalten ist. Fynn Kliemann bringt dieses Gefühl in seinem Song »Alles was ich hab« auf den Punkt: »Ich würd' mich lieber anfahren lassen, als zu warten, bis ich gehen darf.«[17]

Ich empfinde meine Planlosigkeit heute als Charaktereigenschaft. *So bin ich nun mal.* Trotzdem habe ich sehr lange gebraucht, um all das zu akzeptieren. *Ich sollte doch eigentlich wissen, wohin ich will. Ich sollte doch ganz normal angestellt sein können wie alle anderen auch. Ich muss strukturierter sein. Ich muss mein Leben besser planen.* Turns out: Ich muss gar nichts. Ich denke, je früher man erkennt, welche Arbeitsweise für einen funktioniert, desto eher kann man sein Leben danach ausrichten. Wenn dich Pläne also genauso einengen wie mich, dann bitte zwing dich nicht dazu, dir welche zu machen. Versuche eher, diese Eigenschaft als etwas Positives zu sehen: Du bist ein Träumer, ein Freigeist und offen fürs Leben.

Wenn du Pläne brauchst, um zur Ruhe zu kommen, dann zelebriere auch das! Du bist aufgeräumt, strukturiert und zielstrebig. Eigenschaften, die deine Kolleg:innen bestimmt zu schätzen wissen werden.

Und was passiert, wenn Chaoten auf Planer treffen? Aber auch hier bin ich fest davon überzeugt, dass zwei so unterschiedliche Menschen viel voneinander lernen können: Planlosigkeit kann im Chaos versinken, da ist es doch schön, wenn ein anderer ein wenig Struktur einfordert. Zu strikte Vorgaben hingegen können auch all die Möglichkeiten, die sich sonst noch so bieten, übersehen – ein kreativer Chaot kann helfen, die Scheuklappen abzunehmen.

Sei genau so, wie du bist – und versuch, andere genau so zu nehmen, wie sie sind.

Und jetzt?

Tagebucheintrag, 04. Dezember 2018

Es ist 5:50 Uhr, ich liege im Wohnzimmer und weine. Schon wieder. Das ewige Auf und Ab macht mich fertig. Ich darf den Mut nicht verlieren, ich darf nicht aufgeben. Aber ich habe solche Angst. Das Minus auf meinem Konto macht mich fertig. Ich bin ständig hin- und hergerissen. Rede mir ein, dass ich mutig sein muss, und im nächsten Moment wünschte ich wieder, ich hätte doch nicht gekündigt, dann könnte ich mich wenigstens wieder in finanzieller Sicherheit wiegen. Aber momentan wiege ich mich in gar nichts – außer in ständiger Angst vor dem Morgen und der Ungewissheit dessen, was mal sein wird.

Jeder Gang zum Briefkasten wird zum Spießrutenlauf. *Was wollen die jetzt schon wieder von mir?* Das Arbeitsamt will tausend Unterlagen, das Jobcenter will meine kompletten Kontoauszüge des letzten halben Jahres – und das BAföG-Amt hat die Ratenzahlung angekündigt. Dreitausend Euro sind es insgesamt. Gestern habe ich all meine Jackentaschen durchsucht, um Kleingeld für Hafermilch zu finden. Wie soll ich jetzt 3000 € aufbringen? Von was? Weder diesen noch nächsten Monat bekomme ich Arbeitslosengeld, weil ich selbst gekündigt habe, bin ich erst mal gesperrt. Also musste ich Arbeitslosengeld II beantragen, weil ich sonst meine Miete nicht zahlen kann. Wenn ich Glück habe, bekomme ich also Hartz IV. Ich bin 29 Jahre alt und beziehe Hartz IV, weil ich einfach nicht in diese Gesellschaft passe. So fühlt es sich an. *Versagt.*

Beim Arbeitsamt habe ich gesagt, dass ich mich selbstständig machen möchte. Deshalb beginnt heute das Existenzgründungsseminar – eine Auflage, die ich erfüllen muss, will ich Arbeitslosengeld beziehen. Ich soll am Ende des Seminars einen Gründungszuschuss beantragen, damit bekäme ich ein halbes Jahr lang Arbeitslosengeld plus 400 € obendrauf. Das würde mich wahnsinnig entlasten – aber was zur Hölle soll da drinstehen? Welche fürs Arbeitsamt verständliche Gründungsidee soll ich vorlegen? »Ich würde gerne das Influencer-Ding weitermachen, vielleicht mal ein Buch schreiben und kann auch anderen Unternehmen bei ihrem Instagram-Auftritt helfen«? Als ich damals mein Gewerbe angemeldet habe, wussten die nicht mal mehr, was Blogger:innen überhaupt machen. Die verstehen doch sowieso nichts von dem, was ich im Internet treibe.

Die Selbstständigkeit fühlt sich so utopisch groß an für mich. Wie soll man denn genug verdienen, um seine Miete (in München) zahlen zu können? Zusätzlich muss die Kranken- und Rentenversicherung bezahlt werden, und eigentlich will man doch auch noch was beiseitelegen. Und was ist mit der Einkommenssteuer? Der BAföG-Rückzahlung?

Alles, was ich will, ist schreiben. Mich ausdrücken. Ich helfe im Netz so vielen Menschen mit meinen Geschichten – das ist es, was ich machen möchte. Dafür kann ich endlos viel Energie aufbringen. Aber was bringt es mir, wenn ich dann doch wieder hier liege, weine und mich frage, woher ich jetzt die 1,79 € für die Hafermilch bekomme? Muss ich mir eingestehen, dass es nicht möglich ist, so zu leben, wie ich es mir wünsche? Dass es nicht möglich ist, für meine Sache zu arbeiten, weil ich damit schlichtweg nicht über die Runden komme?

Was ist schlimmer? Jeden Cent umdrehen zu müssen, in der ständigen finanziellen Unsicherheit zu leben, dafür aber zu machen, was man liebt – oder einen Job zu haben, der mich unglücklich macht, der mich ebenfalls weinend auf dieser Couch liegend zurücklässt – aber dafür habe ich eine finanzielle Sicherheit?

Deshalb schreibe ich immer wieder, dass ich nicht weiß, wie das Leben funktionieren soll. Für mich. Ich weiß weder, wie ich mit der Selbstständigkeit glücklich werden soll, noch, wie ich als Angestellte glücklich werden soll. Wo soll ich hin? Wo ist mein Platz?

Ich habe so große Angst vor diesem Seminar. Dreißig fremde Menschen in einem Raum, mit Sicherheit haben alle dort einen Plan – nur ich nicht. Ich würde so gerne hier liegen bleiben, mich weiter im Selbstmitleid suhlen. Aber wenn ich nicht hingehe, kann ich meinen Anspruch auf Arbeitslosengeld vergessen.

Ich muss da jetzt hin.

• • •

Hartz IV

Die Monate nach meiner Kündigung waren unfassbar anstrengend. Ich schrieb zu dieser Zeit fast täglich Tagebuch, was mir half, die vielen Gedanken und Gefühle irgendwo ablegen zu können. Die Einträge kurz nach der Kündigung waren voller Hoffnung und fester Entschlossenheit, mit der Zeit aber mogelte sich die Angst immer öfter zwischen die Zeilen. Die Zweifel wurden wieder größer. Ich pendelte ständig zwischen hochmotiviert und zu Tode betrübt, zwischen neuem Mut und kompletter Selbstaufgabe.

Der Weg zum Arbeitsamt war jedes Mal mit großen Selbstzweifeln verbunden. Mein Unterbewusstsein redete mir ein, dass Menschen, die »arbeitslos« sind, zu den »Versagern dieser Gesellschaft« gehören. Obwohl ich immer großes Verständnis dafür hatte, wenn *andere* zum Arbeitsamt müssen, sollte *mir* so was nicht passieren. Meines Wissens nach verlief die Arbeitslosigkeit nämlich so: Man meldet sich arbeitslos, kriegt dann irgendwelche total unpassenden, schlecht bezahlten Jobs angeboten, auf die man sich aber bewerben *muss*, sonst bekommt man kein Arbeitslosengeld. Ich war fest davon überzeugt: Hier will man mich einfach nur weiterschieben, so schnell wie möglich in einen Job zwängen, um bloß wieder ein funktionierendes Rädchen im System zu sein.

Als mir dann auch noch klar wurde, dass ich aufgrund meiner Kündigung für mindestens zwei Monate kein Geld vom Arbeitsamt sehen würde, sah ich mich gezwungen, sogar noch einen Schritt weiterzugehen: ab zum Jobcenter, Hartz IV beantragen. »Grundsicherung für Arbeitssuchende«. Für mich bedeutete das: Geld für die Miete und 450 € fürs Überleben. Voraussetzung: beweisen, dass man *wirklich* arm ist. Alle Konten offenlegen (sogar das PayPal-Konto) und alle Zahlungseingänge plausibel erklären können. Ich verbrachte Tage, fast Wochen mit Bürokratiekram. Anträge über Anträge ausfüllen, sämtliche Kontoauszüge ausdrucken, dann doch wieder fehlende Unterlagen nachliefern, seitenweise die aktuelle Situation erklären, ewig in Warteschleifen hängen. Letztendlich aber bekam ich die Grundsicherung und schaffte es, meine BAföG-Rückzahlung ein komplettes Jahr nach hinten zu verschieben. Eine kurze Erleichterung.

Aber sosehr ich den Papierkram verfluchte, ich lernte in dieser Zeit auch wahnsinnig viel. Ich lernte nicht nur, wie das System funktioniert, sondern tatsächlich auch viel für mich und meine Selbstständigkeit – und ich konnte mit meinen Vorurteilen gegenüber dem Arbeitsamt aufräumen.

Bereits nach meinem Erstgespräch im Arbeitsamt musste ich feststellen, dass meine Geschichte, meine Schulbildung und mein Werdegang sehr wohl von Bedeutung waren. Man wollte mich keineswegs »schnell unterbringen«, sondern versuchte, etwas Passendes für mich zu finden. Als ich sagte, ich würde mich am liebsten wieder selbstständig machen, fielen reguläre Jobbewerbungen sofort weg. »Dann machen Sie jetzt das Existenzgründungsseminar. Hier werden Sie auf die Selbstständigkeit vorbereitet und können hinterher einen Gründungszuschuss beantragen.«

Ich verstand schnell: Das Arbeitsamt ist kein »Ort für Versager«. »Versager« gibt es eigentlich gar nicht – nur Menschen in schwierigen oder neuen Lebenssituationen. Das Arbeitsamt ist ein Ort für Menschen, die Arbeit suchen. Punkt. Das Arbeitsamt ist eine riesige vielseitige Jobbörse und zeigt Möglichkeiten auf, die man so nicht wahrgenommen hätte: Umschulungen, Bildungsgutscheine, bezahlte Weiterbildungen, Seminare – und in meinem Fall die Möglichkeit auf einen Gründungszuschuss. Natürlich geht es letztendlich darum, Arbeitssuchende wieder auf dem Arbeitsmarkt zu integrieren – aber es würde auf Dauer wenig nutzen, steckt man die Leute in für sie unpassende Jobs. Ziel muss sein, ein langfristiges Arbeitsverhältnis zu schaffen – und das geht nur, wenn die Bedürfnisse und Fähigkeiten des Arbeitssuchenden berücksichtigt werden. Das geht nur, wenn die Leute mit dem Job nachhaltig zufrieden sind.

Die Wochen im Existenzgründungsseminar lernte ich mehr über die Selbstständigkeit, als ich mir jemals selbst hätte beibringen können. Ich verstand zum ersten Mal, was ich über die Jahre alles übersehen hatte. Ich lernte, wie man als Selbstständige:r richtig kalkuliert, wie man seinen Stundenlohn festsetzt, wie man eine Liquiditätsrechnung über mehrere Jahre aufstellt. Ich hatte endlich das Gefühl zu wissen, wie man die Selbstständigkeit im Blick behält. Wie man nicht wieder untergeht, wie man es *richtig* macht. Und nicht nur das: Ich lernte im Seminar viele andere angehende Gründer:innen kennen, die in genau der gleichen Situation steckten wie ich. War ich vor meinem ersten Seminartag noch total niedergeschlagen und voller Angst, ging ich noch am gleichen Nachmittag mit neuem Mut dort raus. Mal wieder musste ich feststellen: Sobald man jemanden kennenlernt, dem es ähnlich geht wie einem selbst, ist alles besser. Ich fand Menschen, mit denen ich mich austauschen konnte – und das war – wie jedes Mal – unendlich wertvoll. *Ubuntu.*

Meine Mutter sah sich ein halbes Jahr vor ihrer Rente ebenfalls das erste Mal dazu gezwungen, das Arbeitsamt aufzusuchen. Auch sie hatte anfangs große Angst davor. Sie wollte so kurz vor ihrer Rente keinen Job mehr machen müssen, der ihr nicht gefiel, nur weil das Arbeitsamt ihr irgendetwas total Unpassendes vorschlug. Stattdessen aber bekam sie eine Art Bewerbungs-Coaching. Voller Freude erzählte sie mir von der netten Dame, die ihr so viele wertvolle Tipps gegeben hatte. »Hätte ich mal früher gewusst, dass so etwas möglich ist«, sagte sie.

Natürlich kann die ganze Bürokratie auch ziemlich ermüdend sein, natürlich trifft man im Arbeitsamt und im Jobcenter nicht ausschließlich auf freundliche, wohlgesinnte Menschen. Meine Beraterin war keineswegs eine besonders einfühlsame Person, und auch im Existenzgründungsseminar stieß ich auf einen Mann, der mir sehr unfreundlich gegenübertrat – aber wir sind eben alle nur Menschen. Mitarbeiter:innen in Arbeitsämtern haben tagtäglich mit Leuten in verzweifelten Lebenssituationen zu tun, und gerade deshalb gebührt ihnen mein größter Respekt. In der Zeit, als ich Arbeitslosengeld bezog, traf ich auf viele neue unterschiedliche Menschen. Manch einer machte mir Mut, andere nahmen ihn mir wieder. Über manche musste ich mich insgeheim ärgern, anderen wiederum war ich unendlich dankbar.

Auch diese Zeilen schreibe ich als privilegierte weiße Frau in Deutschland. Der Weg zum Arbeitsamt war für mich bei Weitem leichter, als er für Menschen mit anderen kulturellen Hintergründen sein mag. Man begegnete mir stets vorurteilsfrei, und allein deshalb wurde mir vielleicht besser geholfen als jemandem, der das Arbeitsamt betritt und beispielsweise sofort aufgrund seiner Hautfarbe einen Stempel aufgedrückt bekommt. Falls du das Gefühl hast, jemand hat dir gegenüber Vorurteile und setzt sich deshalb weniger für dich ein, als du es verdient hast: Sei dir bewusst, dass du es genauso verdient hast wie ich. Wahrscheinlich musst du deshalb mehr kämpfen als ich, und ich möchte dich hiermit ermutigen, nicht aufzugeben. Hast du das Gefühl, jemand hat dir gegenüber Vorurteile, sprich es an. Gib nicht auf, bleib dran, kämpfe für das, was dir zusteht.

Ich empfinde den Gang zum Arbeitsamt heute nicht mehr als die »letzte Möglichkeit«, die man mit gesenktem Kopf und voller Schuldgefühle aufsuchen muss – sondern schlichtweg als gute Idee. Es ist smart, sich beraten zu lassen und seine Möglichkeiten auszuloten. Es ist smart, die Ansprüche, die man hat, einzufordern. Wer in die Arbeitslosenversicherung einzahlt, darf das, was einem zusteht, in Anspruch nehmen. Ganz ohne Scham.

Wir leben in einem Land mit vielen Möglichkeiten auf Unterstützung. Man bricht sich keinen Zacken aus der Krone, wenn man um Hilfe bittet – weder bei Freund:innen noch beim Staat. Zwar fühlen sich Behördengänge immer an wie ein endloses Labyrinth, aber letztendlich kann es sich lohnen. Nicht nur finanziell, sondern auch persönlich. Ich jedenfalls möchte meine Zeit als Arbeitslose nicht missen müssen.

Ich habe gelernt: Es geht doch immer weiter. Es gibt Möglichkeiten. Mir wird geholfen. Und: Wie immer ist das Gefühl, Teil von etwas zu sein, das heilsamste. Mich bestärkte diese Erkenntnis ein weiteres Mal darin, mich in Zukunft noch mehr auszutauschen. Nicht allein zu bleiben mit meinen Problemen.

Aneinander wächst man doch am meisten. Mit diesem Bewusstsein machte ich mich sogar auf die Suche nach einem Frauennetzwerk in München und fand meinen Weg in den Women's HUB. Im Februar 2019, noch bevor ich den Gründungszuschuss bekam, inmitten dieser unsicheren Phase, traute ich mich sogar, dort auf der Bühne zu stehen. Im Austausch mit anderen Menschen fasste ich immer wieder neuen Mut. Mit mir allein hätte ich bestimmt irgendwann aufgegeben, die Verbindung zu anderen aber wurde eine meiner wichtigsten Kraftquellen zu dieser Zeit.

Du bist also kein Versager, weil du Arbeitslosengeld I oder sogar II oder welche Form der Sozialhilfe auch immer beziehst. Du bist kein Versager, nur weil dir eine schwere Zeit bevorsteht. Nimm in Anspruch, was dir zusteht, wenn es nicht anders geht. Und suche den Kontakt zu Menschen, denen es ähnlich geht. Lass die Scham hinter dir und öffne dich. Mir hätte das Bewusstsein darüber, dass es überhaupt nicht verwerflich oder unnormal ist, das Arbeitsamt aufzusuchen, damals sehr geholfen. Deshalb möchte ich es unbedingt an dich weitergeben.

Wir alle durchleben schwierige Situationen, wir alle versuchen, unseren Platz im Leben und in dieser Gesellschaft zu finden, und wir alle haben damit zu kämpfen – und das ist mehr als okay.

Seid so lange auf dem Weg, wie ihr braucht.

∴

Zu kaputt

Januar 2019

»Guten Tag«, begrüßt mich der Herr vom Arbeitsamt höflich. Unser Vieraugengespräch findet in einem winzigen, spartanisch eingerichteten Raum des Bildungszentrums statt, das ich nunmehr seit zwei Wochen regelmäßig besuche. Die beiden persönlichen Gespräche mit Herrn Lehmann sind die letzten Termine, die ich im Zuge des Existenzgründungsseminars wahrnehmen muss. Sie sollen mir helfen, meinen Businessplan zu schreiben, in der Hoffnung auf einen Gründungszuschuss. Bereits seit einer Woche bin ich tierisch aufgeregt. Autoritätspersonen schüchtern mich unendlich ein. Ich kann mich doch so schlecht verkaufen, und eigentlich kann ich mich schriftlich viel besser ausdrücken als mündlich. Aber heute muss ich hier sitzen und ihn von meiner »Geschäftsidee« überzeugen. Er beurteilt dann, ob ich eine Chance habe auf einen Gründungszuschuss – oder eben nicht. Ich habe mir Herrn Lehmann bewusst ausgesucht, da er mich bei seinem Vortrag ein wenig an einen fürsorglichen Großvater erinnerte. Bei dem könnte ich mich wohlfühlen.

Ich beginne sofort zu stammeln. Erzähle etwas davon, dass ich auf Instagram eine »gute Reichweite« habe, dass ich bereits seit Jahren als Influencerin arbeite und hier einen Teil meiner Einnahmen weiterhin erzielen *könnte*. Außerdem kenne ich mich »ja ganz gut mit Nachhaltigkeit aus«, und vielleicht bestünde da seitens anderer Unternehmen Interesse, beraten zu werden. Vielleicht könnte ich auch eine Art Online-Coaching zum Thema Selbstliebe anbieten … Ich lege ihm ein paar vage Berechnungen vor, wie sich das Ganze über das Jahr rechnen könnte, wie ich meine Versicherungen zahlen und wie ich das alles ohne Eigenkapital schaffen will. Herr Lehmann hört mir aufmerksam schweigend zu. Am Ende meines »Vortrages« (wenn man das überhaupt so nennen kann) wendet er sich wortlos seinem Computer zu und tippt die Adresse meines Instagram-Accounts in den Browser. Er hat recherchiert, denke ich. Damit hatte ich irgendwie nicht gerechnet.

»Frau D., das klingt nach einer schönen Idee, die Sie da haben. Aber ich muss Ihnen gleich sagen, Ihr Online-Auftritt sieht nicht danach aus, als könnten Sie anderen Menschen bei ihren Problemen helfen oder eine Instagram-Beratung anbieten. Ich habe ein paar Ihrer Beiträge gelesen, und für mich macht es den Anschein, als würde hier jemand, der selbst noch ›kaputt‹ ist, versuchen wollen, anderen zu helfen.«

Ich erstarre zu Eis. Will rufen, dass ich gar nicht kaputt bin, dass ich schon so weit gekommen bin, aber bevor ich irgendetwas sagen kann, füllen sich meine Augen bereits mit Tränen. Nicht weinen, du darfst jetzt nicht weinen, das wäre für ihn genau der Beweis für das, was er eben gesagt hat.

Sinnlos. Wenn mein Herz weinen will, dann kann ich mich nie lange dagegen wehren. Das ist meine Art, Gefühle auszudrücken, und eigentlich bin ich mittlerweile okay damit. Aber hier, genau jetzt, wünschte ich mir, ich könnte meine Verletzlichkeit kurz runterschlucken. Sinnlos.

Ich schlage die Hände vors Gesicht und gestatte mir darunter die weinende Grimasse. Fuck. Herr Lehmann setzt sofort einen besänftigenden, mitleidigen Tonfall auf. »Na, da müssen Sie aber jetzt nicht gleich weinen ...«, sagt er, und ich hebe die Hand, um ihn zu unterbrechen. »Keine Sorge, bei mir laufen die Tränen sehr schnell. Ich brauche nur kurz«, antworte ich. Mitleid ist genau das, was ich nicht will. Wie oft wurde mir schon vorgeworfen, dass ich irgendetwas mit meinen Tränen erreichen will – dabei fließen sie einfach nur, und ich lasse sie, weil rausmuss, was eben rauswill.

Stille.

Ich atme tief durch. Ich bin nicht traurig, ich bin wütend. Wütend darüber, dass vor mir ein Mann sitzt, der mir sagen will, dass alles, was ich in den letzten Jahren im Internet geteilt habe, falsch ist. Dass ich mich immer nur ganz und bei mir und glücklich hätte zeigen sollen, anstatt von meinen Schwächen und Ängsten zu erzählen. Er stellt mit ein paar Worten alles infrage, was ich für so wichtig erachte. Ich versuche ihm zu erklären, dass ebendiese Beiträge Nähe schaffen, dass ich nur dadurch ein tiefes Vertrauen meiner Leser genieße. Und dass ich genau deshalb glaube, dass man mir zuhört. In seiner Antwort fällt das Wort »unprofessionell«, und ich beschließe, dass das hier keinen Sinn mehr hat. Vielleicht ist Herr Lehmann einfach eine Generation zu weit weg von mir, um mich verstehen zu können.

Auf dem gesamten Weg nach Hause weine ich bittere Krokodilstränen. Auf dem Weg zur U-Bahn, in der U-Bahn, im Bus und schließlich eingerollt in meinem Bett mit meiner Katze im Arm. Herr Lehmann hatte mir geraten, mir doch lieber einen Job zu suchen. Er glaubte nicht daran, dass das Arbeitsamt mir einen Gründungszuschuss genehmigen würde. Zu viele verschiedene Ideen, der Fokus müsse auf *einem* Konzept liegen. Aber für meine Idee, eine Instagram-Beratung für nachhaltige Unternehmen anzubieten, wirke ich online zu »unprofessionell«. Meine Wut ist endlos. »Was ich mache, ist richtig und wichtig«, sage ich immer wieder zu mir selbst. Es kommt mir nicht in den Sinn, alles, was ich je veröffentlicht habe, zu bereuen. Ich bereue schon lange nicht mehr, und genau das gibt mir so viel Kraft. All die Liebe und Dankbarkeit, die ich für meine Worte bekomme, können nicht »falsch« sein. Das spüre ich, das ist mein deutliches erstes Gefühl.

Aber eine Sache wurde mir dennoch klar: Wenn Herr Lehmann nicht verstehen kann, was ich machen möchte, dann wird das auch kein Sachbearbeiter vom Arbeitsamt. *Was bleibt mir also übrig?* Ich beschließe, es dennoch versuchen zu wollen. Die Coaching-Idee und den Influencer-Kram sein zu lassen und mich nur auf die Beratung zu konzentrieren. Kein Gefühlskram mehr, keine Planlosigkeit mehr – auch wenn es mir zuwider ist. Werde ich damit glücklich? Wenn ich – mal wieder – versuche, in die Gesellschaft zu passen? Ich weiß es noch nicht. *Aber ich brauche diesen Gründungszuschuss.*

• • •

Eine kurze Hommage an meine Tränen

Als ich 16 Jahre alt war und gerade mein Sozial-Praktikum in einem Altenheim absolvierte, sagte eine der Pflegerinnen folgenden Satz zu mir: »Wie willst du es denn jemals im Leben zu irgendetwas bringen, wenn du ständig anfängst zu heulen?« Mir gingen die Schicksale der Menschen im Heim sehr nahe, ich versteckte mich nicht selten auf der Toilette, weil ich die Tränen kaum zurückhalten konnte. Dieser Satz traf mich tief und begleitete mich viele Jahre lang. Jedes Mal, wenn ich die Tränen aus Wut, Angst oder Mitgefühl nicht zurückhalten konnte, versank ich vor Scham im Boden und verurteilte mich für meine Sensibilität. Ich wollte immer »stark« sein, »hart« sein und ernst genommen werden. Stattdessen aber kehrte ich jeder schwierigen Situation den Rücken, sobald die Tränen sich ankündigten.

Dass ich meine Tränen vor Herrn Lehmann zulassen konnte, ohne mich zu schämen, verdanke ich der Akzeptanz, die ich über die Jahre gegenüber meiner Sensibilität entwickelt habe. Natürlich verspürte ich zunächst den Impuls, nicht weinen zu wollen. Herr Lehmann hatte mir bereits klargemacht, dass er mit Gefühlsduselei nichts anfangen könne. Trotzdem aber war ich hinterher stolz auf mich, dass ich sitzen blieb und ihm kommunizieren konnte, dass meine Tränen nun mal schnell fließen. Für mich war es okay, in dieser Situation zu weinen. Denn heute sehe ich meine Sensibilität schon lange nicht mehr als Schwäche – sondern als Kraft und Stärke, die Verbundenheit schafft.

Zu dieser Erkenntnis und Akzeptanz gelangte ich einerseits durch eigene Erfahrungen – einen großen Anstoß aber gab mir auch der TedTalk von Brené Brown mit dem Titel: »The power of vulnerability«[18] – Die Kraft der Verletzlichkeit. Brené Brown fasste in nur zwanzig Minuten in Worte, was ich tief in mir bereits wusste – aber niemals so gut hätte verbalisieren können. Sie erzählt, dass menschliches Glück maßgeblich von dem Gefühl der Verbundenheit zu anderen abhängt. *Ubuntu*, ich habe es bereits einige Male in diesem Buch erwähnt. Freundschaft, Liebe und Zuneigung sind das, was uns nicht nur am Leben hält, sondern ehrlich glücklich macht. Kein kurzweiliges Glücksgefühl durch materielle Dinge oder äußere Umstände, sondern tiefes, ehrliches, wahres Glück. Um jedoch eine so tiefe Verbindung zu anderen Menschen aufbauen zu können, bedarf es Authentizität. Echt sein. Wir selbst sein, in allem, was wir sind – und das beinhaltet auch, unsere Schwächen, unsere Fehler, Gefühle wie Angst und Scham zuzulassen und zu zeigen. Verbundenheit liegt also immer auch die Fähigkeit, sich verletzlich zeigen zu können, zugrunde. Verletzlichkeit trägt in ihrem Kern zwar Scham, Angst, Trauer und Wut, aber auch immense Freude, das Gefühl von Verbundenheit, Zugehörigkeit, Kreativität und Liebe.

Es fällt uns oft so schwer, uns traurig, verzweifelt oder voller Scham zu zeigen. Denn nicht immer kann ein Gegenüber damit so umgehen, wie wir es uns wünschen – wie auch die Pflegerin im Altenheim oder Herr Lehmann, die mir mit Abneigung und Missverständnis entgegentraten. Ich zeigte mich verletzlich und wurde verletzt. Die Gefahr, verletzt zu werden, wenn wir uns so offen zeigen, besteht immer – vor allem in Sachen Liebe. Wir scheuen uns davor, jemandem ehrlich zu sagen, was wir empfinden, aus Angst, verletzt zu werden. Doch genauso schrecklich wie es ist, tatsächlich verletzt zu werden, so schön ist es auch, wenn die Gefühle erwidert werden. Wer sich aus Angst, verletzt zu werden, niemals öffnet, wird zwar keine Narben davontragen – aber auch niemals tiefe Verbundenheit und echte Menschlichkeit erfahren.

Wann immer ich mich im Netz verletzlich zeige, ernte ich nichts als Liebe. Auf genau dieser Grundlage basiert auch dieses Buch – und alle meine Freundschaften. Die unerschütterlichsten Freundschaften sind die, die gemeinsam durch dick und dünn, durch Hochs und Tiefs gegangen sind. Jedes Mal, wenn ich mich einer Freundin öffnete, war ich hinterher erleichtert und glücklich – und meist öffnete nicht nur ich mich, sondern auch meine Freundin. Wer sein Herz öffnet, öffnet Herzen.

Heute stehe ich felsenfest hinter meiner Verletzlichkeit. Und allem, was dazugehört – auch hinter meinen Tränen. Es gibt Tage, da warte ich förmlich darauf, bis es endlich wieder aus mir herausbricht. Angestaute Trauer oder Verzweiflung *muss* raus. Und wenn ich weine, dann so richtig. Bis sich mein ganzer Körper schüttelt, bis mir der Kopf wehtut, bis ich vor lauter Erschöpfung einschlafe – aber wenn ich aufwache, ist endlich alles nur noch halb so wild. Für Tage wie diese, an denen mir nur zum Heulen ist, nehme ich mir die Zeit, die ich brauche.

Wenn mir heute vor einem fremden Menschen die Tränen kommen, versuche ich gar nicht erst, sie zu unterdrücken – es klappt meistens sowieso nicht. Natürlich ist mein Gegenüber dann verunsichert, und nicht selten wird mir vorgeworfen, ich würde mit meinen Tränen etwas bezwecken wollen, aber mittlerweile schaffe ich es zu verbalisieren, was gerade in mir vorgeht: »Meine Tränen fließen sehr schnell, bitte gib mir kurz ein paar Minuten Zeit.« Meine Tränen sind mein Ventil, wenn ich überfordert bin. Ich fühle viel, und das ist okay so. Meine Sensibilität und Verletzlichkeit haben mich in meinem Leben so vielen Menschen näher gebracht, und nichts davon würde ich jemals rückgängig machen wollen. Meine Verletzlichkeit ist meine Stärke, sie lässt mich meine Gefühle nicht verbergen. Meine Verletzlichkeit schreibt schöne Texte, bringt mir dadurch sogar unbekannte Menschen näher und zeigt anderen, dass es okay ist, sich so zu zeigen. Mein emotionales Pendel schlägt in beide Richtungen stark aus, aber wenn großer Schmerz der Preis dafür ist, so zu lieben, wie ich es tue, dann ist er mir das wert.

Genau so ein Mensch möchte ich sein. Mit offenem Herzen und viel zu großen Gefühlen will ich durch die Welt gehen, denn so bin ich.

Versteck dich nicht. Jeder Mensch fühlt Scham, Angst, Wut und Trauer – doch diejenigen, die all das zeigen und in Worte fassen können, die nicht versuchen, solche Gefühle wegzudrücken, sind die, die in Verbindung gehen.

> »What's the greater risk? Letting go of what people think – or letting go of how I feel, what I believe, and who I am?«[19]
> – Brené Brown

When everything falls into place

Die Wochen nach meinem Beratungstermin schrieb ich einen herausragend guten Businessplan. Das »Jetzt erst recht«-Gefühl trieb mich an. Ich schrieb sechzehn perfekt durchdesignte Seiten darüber, wie ich nachhaltige Unternehmen in Zukunft bei ihrem Instagram-Auftritt unterstützen möchte. Die Coaching-Idee ließ ich komplett fallen. Ich legte einen Finanz- und Liquiditätsplan bei, druckte meine Seiten auf hochwertigem Papier und gab sie noch vor Abgabetermin ab.

Ich lieferte dem Arbeitsamt das, was sie von mir wollten. Ohne Gefühlsduselei, nur Fakten und Zahlen. Ich ließ die kreative Chaotin in mir außen vor und versuchte mich erneut in der Rolle der Planerin. Ich fügte mich dem System. Und siehe da: Ich bekam den Gründungszuschuss.

Die darauffolgenden Monate, in denen ich nun dank Gründungszuschuss finanziell abgesichert war, versuchte ich, meinen Businessplan umzusetzen. Hatte ich zuvor nur auf dem Papier die Chaotin in mir zurückgehalten, musste ich es jetzt auch im echten Leben schaffen. Ich nahm mir fest vor, ab sofort wirklich nur an dieser einen Sache arbeiten zu wollen. Doch in mir keimten schnell wieder die sehr vertrauten Gefühle: *Du musst das jetzt schaffen. Dir bleibt nichts anderes übrig. Beiß dich durch!* Ich kämpfte wieder tagtäglich gegen mein erstes Gefühl – und es machte mich wie erwartet unglücklich. Also erlaubte ich mir schließlich doch, zusätzlich an meiner eigenen Sache zu arbeiten. Zu Beginn arbeitete ich noch fünf Tage die Woche an der Umsetzung meines Businessplans, mit der Zeit aber floss immer mehr Energie in das Schreiben und Posten. Die ungewollte Schwangerschaft, meine Kündigung, die Monate finanzieller Ungewissheit und die ständig kreisende Frage in meinem Kopf, wie es denn nun weitergehen sollte – zu viele Gefühle und Gedanken, die ich unbedingt mit der Außenwelt teilen wollte. Ich begann zu dieser Zeit, meine Gedanken auf kleine quadratische Zettel zu schreiben, diese zu fotografieren und all das auf Instagram zu posten. Ich erkannte – mal wieder –, wie wichtig meine Worte für andere waren. Meine Beiträge wurden tausendfach geteilt, und somit wurden viele neue Menschen auf meinen Account und das, was ich zu sagen hatte, aufmerksam. Ich hatte geschafft, was ich mir schon lange gewünscht hatte: Man folgte mir nicht mehr aufgrund meiner Outfits und meines Äußeren – sondern wegen dem, was ich zu sagen hatte. Das, was ich am liebsten tat, bekam auf einmal die größte Aufmerksamkeit. Nicht mehr mein Äußeres, sondern mein Inneres war relevant. Nicht mehr das Selfie, sondern der Zettel mit meinen Worten bekam die größte Aufmerksamkeit.

Mitte des Jahres beschloss ich, meine Sprüche auf Postkarten drucken zu lassen, als kleines Dankeschön an meine Leser, damit sie etwas Reales von mir in den Händen halten könnten. Kleine Erinnerungen daran, wie das Leben so spielt, Worte, die glücklich machen sollten. Über die Monate bastelte ich mir eine neue Webseite mit eigenem kleinen Onlineshop, designte meine Postkarten und ließ fünfzehn verschiedene Motive je fünfhundertmal drucken. Ich verbrachte endlose Stunden und Wochen damit, alles so perfekt wie möglich zu gestalten, und bewies mir einmal mehr, wie unermüdlich ich für eine Sache arbeiten kann – solange es *meine* Sache ist. Das Einhalten meines Businessplans fühlte sich an wie ein Kampf – das

Schreiben und Gestalten ging mir leicht von der Hand. Meine Postkarten sollten mir eine kleine zusätzliche Einnahmequelle ermöglichen, etwas, das ich über die folgenden Monate nebenbei verkaufen könnte.

Aus »über die folgenden Monate« wurden genau drei Wochen. Binnen drei Wochen verkaufte ich 7500 Postkarten. Nächtelang sortierte ich Postkarten ab, verpackte sie und schleppte endlos viele Taschen voller Päckchen zum Briefkasten. Ich konnte mir keine schönere Aufgabe, keine schönere Arbeit als genau diese vorstellen. Jedes Mal, wenn ich ein Postkartenset in einen Umschlag schob und die Briefmarke draufklebte, erfüllte es mich mit unfassbarer Freude. Denn es waren *meine* Karten, meine kleinen Geschichten und Gefühle, die ich an so viele Menschen rausschicken durfte. Ich konnte es kaum fassen. Niemals hatte ich erwartet, dass mein kleines Produkt so viel Anklang finden könnte. Mit einem Mal waren alle meine finanziellen Probleme wie weggeblasen. Ich konnte meine BaföG-Schulden bezahlen, einfach so, in einer einzigen Überweisung. Ab diesem Moment war der Businessplan für mich Geschichte.

»Wie bin ich hier gelandet?«, fragte ich mich zu dieser Zeit, »wie konnte es passieren, dass diese kleinen Karten meine Rettung waren?«

Ich dachte zurück an den Moment, als man mir das erste Mal sagte: »Wow, Angela, was du alles kannst!« Ich erinnerte mich an das Gefühl. Das Gefühl, als sich alle Puzzleteile in meinem Universum auf einmal fügten. Damals verstand ich: Nichts war umsonst. Alles, was passiert war, hatte mich genau hierhergeführt. Mit dem Verkauf meiner Postkarten hatte ich ein ähnliches und doch viel größeres Gefühl.

Herr Lehmann hatte mir weismachen wollen, dass es keine gute Idee sei, seine Gedanken und Gefühle so offen im Netz preiszugeben. Mit meinen Postkarten hielt ich den Beweis für das Gegenteil in meinen Händen. Hier lagen meine Gedanken und Gefühle offen vor mir, und genau mit diesen können sich so viele andere Menschen identifizieren. Meine Verletzlichkeit und der offene Umgang damit brachten mir Tausende von Menschen näher. Und die Leute waren sogar bereit, mir etwas Geld zu zahlen für ebendiese Offenheit. Herr Lehmann hatte unrecht.

Ohne meine Höhen und Tiefen im Leben hätte ich nichts gehabt, worüber ich schreiben konnte. Sarah Kuttner sagte in einem Interview einmal sehr passend: »Aber wenn ich ständig nur glücklich wäre, könnte ich doch nichts Berührendes schaffen.«[20] Ohne die Essstörung hätte ich niemals darüber schreiben können, ohne meinen Tiefpunkt hätte ich keinen Grund gehabt, etwas in meinem Leben zu ändern, hätte mich nicht so nach Stille gesehnt und wäre vielleicht nie wirklich in mich gegangen. Ohne das jahrelange Bloggen hätte ich mir niemals eigenständig einen Onlineshop bauen können, ohne mein Fotografie-Studium wäre ich nun keine so gute Fotografin. Ohne die Kündigung hätte ich kein Existenzgründungsseminar besucht und keinen Gründungszuschuss bekommen, der es mir überhaupt ermöglichte, an meinen Karten und dem Drumherum zu arbeiten.

Jahrelang hatte man das Gefühl, dabei zusehen zu müssen, wie alles auseinanderfällt – und letztendlich stellt man fest, dass sich die eigenen Sterne nur neu geordnet haben. Dass man sich sein Universum vielleicht selbst gebaut hat und am Ende doch alles stimmig ist. All die versteckten Verknüpfungen werden auf einmal sichtbar. So, ganz genau so fühlte ich mich in diesem Moment. Mein Glaubenssatz, dass alles irgendwann einmal Sinn ergeben würde, festigte sich erneut. Mein Urvertrauen war wieder da – und stärker als jemals zuvor.

In diesem Vertrauen beschloss ich, dass es nun an der Zeit war, meinen größten Traum zu verwirklichen: Ich wollte endlich ein Buch schreiben. Denn was sollte schon passieren? Selbst wenn sich kein Verlag finden würde, der es veröffentlicht, ich hatte immer noch mich. Ich könnte all das selbst machen, vom Druck über den Versand bis zum eBook – warum auch nicht? Ich hatte verstanden, dass es Menschen da draußen gibt, die gerne lesen, was ich zu sagen habe. Ob mein Buch nun in Buchhandlungen liegen würde oder nicht, war mir nicht mehr wichtig. Ich wollte schreiben und erzählen. Wollte alles für mich selbst noch einmal aufdröseln, um mir meines Weges bewusst zu werden, um niemals wieder zu vergessen, wie sich meine Sterne neu geordnet hatten. Und so begann ich, im Dezember 2019 die ersten Seiten der Geschichte aufzuschreiben.

EINES DER SCHÖNSTEN GEFÜHLE
AUF ERDEN
IST DABEI ZUZUSEHEN,
WENN SICH AUF EINMAL
ALLES FÜGT.

⋅ ⋅ ⋅

When everything falls into Place

9. Januar 2020

»Mama, hast du kurz Zeit?«, rufe ich aufgeregt in den Telefonhörer. Vielleicht ist aufgeregt gar nicht der richtige Ausdruck, ich bin definitiv mehr als »nur« aufgeregt und hätte gerne ein anderes Wort, ein Wort, das mein Gefühl besser beschreibt. »Aufgeregt« klingt nach viel zu wenig. Ich bin wie ein kleines Kind an Weihnachten und Geburtstag zusammen, wie im frisch verliebten Adrenalinrausch, als wäre ich jahrelang auf Schatzsuche gewesen und stünde nun endlich vor der großen goldenen Kiste. Bereit, sie zu öffnen.

»Mama, du glaubst nicht, was gerade passiert ist!«
»Erzähl!«, antwortet meine Mama, und ich glaube, sie ahnt schon, dass es großartig sein muss.

Heute ist der 9. Januar 2020.

Ich stehe am Wohnzimmerfenster, blicke in den Park gegenüber und schaue der Sonne dabei zu, wie sie die kahle Januar-Welt in orangegoldenes Licht taucht. Hier stehe ich also, mit dem Handy in der Hand und eben dem gleichen Feuer im Herzen wie damals auf Hawaii, als ich mit dem Meer atmete.

»Erzähl!«, ruft meine Mama.
Und ich erzähle von der E-Mail, die ich eben bekommen hatte. Drei kurze Zeilen, die mich fragten, ob ich nicht Lust hätte, ein Buch

zu schreiben und bei einem großen Verlag zu veröffentlichen. Mit drei kurzen Zeilen rückte mein Traum auf einmal in unmittelbare Nähe. Und zu meinem Universum fügte sich ein weiterer Stern.

»Mama, ich werde ein Buch schreiben!«, rufe ich, und ich fühle den Stolz in der Stimme meiner Mutter und den Stolz auf mich selbst in meiner eigenen. Und bei diesen Worten beginne ich tatsächlich zu weinen.

Ich werde ein Buch schreiben.

• • •

Nachwort:
Das Leben macht niemals einen Punkt

Die letzten Seiten dieses Buches schrieb ich im Juni 2020. So auch diese Zeilen hier. Zu Beginn meines Schreibprozesses im Januar 2020 hatte ich mir einen Plan zurechtgelegt (jawohl, ab und an brauch sogar ich einen Plan), wie ich es schaffen wollte, etwa 250 Seiten in sechs Monaten zu schreiben – denn am 1. Juli 2020 sollte mein Manuskript fertig sein. Ich wusste von Anfang an, an welchem Teil meiner Geschichte dieses Buch enden sollte: Anfang 2020, genau dann, als ich begann, dieses Buch zu schreiben. Die Tatsache, dass ich einen Buchvertrag unterschrieb, mir also meinen größten Traum erfüllte, sollte der perfekte Abschluss sein. Ende gut, alles gut.

Doch dann kam der März, und die Welt hörte plötzlich auf, sich so zu drehen, wie ich sie kannte, wie wir sie alle kannten. Erst kam Corona, dann die Rassismus-Debatte. Und ich hing fest. Ich kam langsam zu ebendem Schluss, den ich von Anfang an angepeilt hatte, aber irgendetwas stimmte nicht mehr. Ich fragte mich, wie ich hier, an dieser Stelle, aufhören sollte. Wie diese Geschichte Anfang 2020 enden sollte, wenn die Welt gerade begann, im Dreieck zu springen – und ich es ebenso tat.

Zwei Wochen lang schrieb ich keine einzige Zeile, und der

Abgabetermin rückte immer näher. Nun, wie du merkst, habe ich beschlossen, einen anderen Weg zu gehen. Mal wieder musste ich lernen, dass absolute Ehrlichkeit das Einzige ist, was ich wirklich kann. Ich kann nicht so tun, als ob alles gut wäre – wenn es das schlichtweg nicht ist. Also nehme ich dich ein weiteres Mal mit in mein Inneres und spreche offen über die Zweifel, die mich bis zum Ende dieses Buches verfolgten. Alles andere würde sich nicht richtig anfühlen. Also los.

Was ich kann, was ich mit diesem Buch immer und immer wieder versucht habe, ist, auf mein eigenes Leben zurückzublicken und meine Erkenntnisse, meine Lehren niederzuschreiben. Denn wie ich bereits sagte, manchmal muss nur genug Zeit vergehen, um Zusammenhänge zu erkennen. Es dauert eben eine Weile, manchmal Jahre, bis sich alles fügt und der Sinn klar erkennbar vor uns liegt.

Ich erkannte also, dass ich dieses Buch nicht so beenden konnte, wie ich es mir gewünscht hatte. Dass der perfekte Abschluss gar nicht mehr so perfekt ist, wenn dieses Buch in einem Jahr erscheint, das so viel Schmerz, Chaos und Veränderungen in sich trägt. Also beschloss ich, doch über die Corona-Zeit schreiben zu wollen. Und wartete. Ich wartete jeden Tag darauf, dass sich der Sinn jetzt endlich zeigen möge, dass ich jetzt etwas Lehrreiches dazu sagen könnte, was dir, als Leser:in, Hoffnung macht. Mit jedem Tag, den ich wartete, rückte mein Abgabetermin näher. Und ich verzweifelte langsam an der Sinnsuche.

Aber wie sollte ich auch mitten in einer Pandemie, mitten in einer Krise schon wissen, wie all das ausgeht? Hätte ich dieses Buch hier vor fünf Jahren bereits schreiben können? Nein, mitten in der Essstörung hätte ich keine hoffnungsvollen

Worte parat gehabt. Die habe ich erst heute, so viele Jahre danach.

Und obwohl ich immer noch keine Ahnung habe, wie all das ausgehen wird, habe ich doch wieder etwas gelernt:

Den perfekten Abschluss gibt es nicht.

Es gibt kein »Ende gut, alles gut«. Es gibt immer nur begrenzte Zeiten, in denen es uns wirklich gut geht, in denen man sich ausruhen kann, in denen alles perfekt scheint. Ich dachte, am Ende dieses Buches hätte ich einen Wegweiser geschrieben, *wie* man ankommt. Und dann blicke ich doch wieder auf den blinkenden vertikalen Strich am Ende des letzten Punktes in meinem Word-Textdokument. Der Strich, der mir sagt: Es ist niemals zu Ende. Das Leben will immer weitergelebt, die Geschichte will endlos weitergeschrieben werden. Hinter jedem Punkt, den ich setze, blinkt doch wieder dieser Strich und ruft: Hier ist noch nicht Schluss.

Mit einem fein säuberlich zurechtgelegten perfekten Abschluss würde ich mir eine reine Weste anziehen. Ich würde mich und das Leben viel zu einseitig darstellen, obwohl es doch viel zu oft grau meliert ist. Ich bringe es nicht übers Herz. Ich bring's nicht übers Herz, mir eine reine Weste anzuziehen, die eigentlich nur gephotoshoppt ist. Die nur sauber ist, weil ich sorgfältig und penibel mit dem Stempel-Werkzeug drübergegangen bin. Ich will meine Weste lieber fleckig tragen, als ein Heuchler zu sein – und dir keine falschen Hoffnungen machen, dass es den Punkt des ewig währenden Glücks tatsächlich gibt. Denn den gibt es nicht. Ich will nicht so tun, als sei ich für immer angekommen, wenn ich doch eigentlich immer noch auf dem Weg bin. Die Zwanziger, was sind die schon? Zehn Jahre eines ganzen Lebens. Nur zehn Jahre, von – wenn wir Glück haben – achtzig Jahren.

Das Leben macht niemals einen Punkt. Man lernt nie aus. Wenn man denkt, die Antwort zu kennen, ändert das Leben die Frage. Das Leben ist Polarität, eine ewige Achterbahn. Selbstfindung ist eine Lebensaufgabe. All das ist wahr, ich habe es doch selbst geschrieben. Wieso denke ich also, am Ende dieses Buches einen Punkt machen zu müssen? *Ich muss gar nichts.* Auch das waren doch meine Worte.

Leben heißt, niemals einen Punkt zu machen. Leben heißt, seine Weste immer wieder neu zu beschmutzen, manche Flecken verschwinden wieder, andere verblassen nur. Die Konturen meiner Essstörung werden immer zu sehen sein, manchmal mehr, manchmal weniger. Und die Liebe, meine Güte, die hinterlässt immer Spuren. Auch das Jahr 2020, mit all seinen Tiefen, wird Spuren hinterlassen. Vielleicht blicken wir alle irgendwann einmal auf diese Zeit zurück und schütteln den Kopf darüber, wie viel sich doch verändert hat.

Meine fleckige Weste ist meine Persönlichkeit, sie gehört zu mir. Und deine fleckige Weste ist deine Persönlichkeit, sie gehört dir, dir ganz allein.

Ich habe gelebt und geliebt und mich wieder entliebt, erkannt und wieder vergessen, bin stehen geblieben und weitergegangen, bin hingefallen und wieder aufgestanden, wurde verletzt und habe verletzt, habe ganz viel richtig gemacht und dabei doch auch ganz viel falsch. Bin ich angekommen, da, wo ich heute bin? Ganz bestimmt nicht. *Aber wer will schon ankommen?* Ich bin viel zu rastlos, und das Leben ist viel zu aufregend. Es gibt da draußen noch so viel zu fühlen, noch so viel zu lernen, noch so viel zu erkennen. Bis hierhin ist doch schon so viel passiert – und es soll noch weiterhin so viel passieren! Ich bin bei Weitem nicht perfekt, aber »kaputt« bin ich auch nicht. Ich bin ganz, die meiste Zeit, aber trage doch manchmal Blessuren davon. Es gibt Themen, die ich noch lange nicht gelöst habe, doch ich bin achtsamer geworden. Lasse nicht mehr zu, dass sie mich jahrelang innerlich auffressen. Und trotzdem: Angekommen bin ich nicht. Wenn ich Vorbild sein muss, dann möchte ich es für Menschlichkeit sein. Und Menschlichkeit beinhaltet immer, unperfekt zu sein. Dinge falsch zu machen, verzweifelt zu sein, neun von zehn Schritten zurückzugehen.

Am Ende dieses Buches möchte ich also noch einmal Klartext sprechen: Ich fühle mich manchmal unendlich einsam, rauche viel zu viel (vor allem in diesem Schreibprozess), vergleiche mich immer noch allzu oft mit anderen und fühle mich nicht selten socially awkward. Mein Körpergefühl schwankt von Tag zu Tag, ich habe große Angst vor engen Bindungen und ab und an kommen die Zukunftsängste zurück. Ich habe große Angst vor Einsamkeit im Alter, bin unendlich konfliktscheu, und ihr könnt euch kaum vorstellen, wie groß die Angst davor ist, irgendwann einmal die Rezensionen für dieses Buch zu lesen. Aber all das macht mich menschlich. Und ich will menschlich sein. Ich will auf Augenhöhe sein mit dir. Ich will niemand sein, zu dem man aufsieht, ich will lieber neben dir gehen.

Letztendlich aber ist mein Leben immer, jeden Tag, ein Stück schöner geworden. Ich will niemals zurück, alles ist passiert, wie es passieren musste. Nichts an meiner Geschichte würde ich jemals ändern wollen. Und gerade wird wieder eine Geschichte geschrieben, deren Sinn ich noch nicht sehen kann. Was ich aber dennoch weiß: Ich werde ihn schon finden. Und du wirst es auch.

Bin ich heute glücklich?
Ja. So viel glücklicher als vor zehn Jahren.

Ist da noch Luft nach oben?
Ganz bestimmt.

ES IST OKAY

Ich möchte dieses Buch beenden mit eben denselben Worten, die du vorne auf dem Umschlag lesen kannst: *Es ist okay.* Alles, was du bist, ist okay. Du bist okay, mit all deinen Schwächen und Fehlern, mit jedem Schritt rückwärts und von dir weg, mit jedem Riss in deinem Herzen, mit jedem Trauma und jedem Rückschlag. Deine Narben sind schön, sie sind ein Wegweiser zu dir. Ich wünsche mir, dass du lebst und liebst und weiterhin Fehler machst, dass du für dich selbst da sein kannst und dass du dich in deiner Ganzheit sehen und akzeptieren lernst.

Mensch sein heißt, unperfekt zu sein. Unfertig sein. Immer auf dem Weg und ständig im Wandel zu sein. Auf Regen folgt Sonne, auf Sonne folgt Regen. Lass die Zeit dein Freund werden. Alles ist vergänglich, es geht immer weiter. Nichts bleibt für immer, und das ist doch das Schöne daran. Nur wer sich der Unbeständigkeit der Dinge bewusst ist, kann sie im Moment genießen lernen. Also genieße! Lass dich fallen ins Leben, und das Leben lässt sich fallen in dir.

Danke, dass du mir zugehört hast. Nichts auf der Welt bedeutet mir mehr.

Mit all der Liebe, die ich aufbringen kann,

— ANGELA ♡

Danksagung

Es gibt da ein paar Namen, die ich unbedingt in diesem Buch verewigen möchte. Menschen, die mich bereits seit vielen Jahren begleiten, ohne deren Freundschaft und Liebe ich niemals da wäre, wo ich heute bin – ohne die ich niemals den Mut gehabt hätte, meinen größten Traum, ein Buch zu schreiben, zu verwirklichen. Euch sollen diese Seiten gehören.

Ich danke dir, Mama, für deine bedingungslose Liebe, für die Kreativität und Sensibilität, die ich von dir erben durfte, und dafür, dass du mich immer meinen Weg hast gehen lassen und niemals an mir gezweifelt hast. Für mich bist du die schönste Frau auf der ganzen Welt.

Ich danke dir, Papa, für den sicheren Hafen, der du bist. Dafür, dass du unsere Familie getragen hast und mir eine sichere, sorglose Kindheit beschert hast. Auch dir danke ich für deine bedingungslose Liebe und dafür, dass du Mama nach so vielen Jahren immer noch zum Lachen bringst. Du und Mama zeigen mir jeden Tag, dass ewige Liebe möglich ist.

Ich danke dir, Patrick, dass du der beste Bruder bist, den man sich nur wünschen kann. Dass du da bist, wenn es drauf ankommt, und mir deinen Teddy brachtest, als ich nichts mehr hatte, an dem ich mich festhalten konnte.

Ich danke dir, Felix, für einfach alles, was du bist. Für jedes Mal, wenn du mich in den Armen gehalten hast, als ich drohte auseinanderzufallen. Vielleicht glaubst du es mir endlich, wenn ich es tausendfach in ein Buch abdrucken lasse: Du bist der liebenswürdigste, gutherzigste Mensch auf diesem Planeten, und ich habe dich so unendlich lieb.

Ludwig, dir danke ich für deine ewige Freundschaft. Wer hätte gedacht, dass ich einmal ein Buch und du eine Doktorarbeit schreibst? Und das auch noch zur gleichen Zeit, manchmal sogar im gleichen Raum? Wir, die beiden Emos vom Land mit den komischen Frisuren? Auf nichts freue ich mich mehr als unsere Rentner-WG.

Tanja, meine Güte, was wir schon alles erlebt haben. Keine S-Bahn-Fahrt mit dir möchte ich jemals missen müssen, kein Tanzen bis zum Morgengrauen und erst recht nicht deine Kochkünste. Ist es nicht verrückt, was aus uns geworden ist? Ich bin so dankbar dafür, dich all die Jahre an meiner Seite gewusst zu haben.

Laura, du bist noch gar nicht so lange da – und doch weiß ich, dass du niemals wieder gehen wirst. So viele Erlebnisse haben uns für immer aneinandergebunden. Die meisten meiner Lachfalten verdanke ich dir. Und noch so viel mehr.

Alix, du bist meine rationale Seite, wenn ich mich in meinen Gefühlen verirre. Du zeigst mir Ecken des Lebens, die ich übersehe. Ich danke dir für deine Ehrlichkeit – sogar dafür, dass du eigentlich immer recht hast. Mit dir kann ich sogar dann lachen, wenn mir eigentlich nicht danach ist.

Ich danke dir, Helena, für die beiden Jahre, die wir zusammenwohnen durften, die unserer Freundschaft eine unerschütterliche Tiefe verliehen haben. Für mich wirst du dich immer wie zu Hause anfühlen.

Kamill, was soll ich nur sagen? Obwohl du so viel jünger bist als ich, siehst du Dinge, die ich nicht sehe. Ich danke dir für deine Freundschaft und deine wachen Augen, wenn ich dir etwas erzähle. Für deine Worte, die immer Balsam sind für meine Seele. Bitte bleib immer so bunt, wie du bist. Für dich möchte ich Familie sein.

Ich danke dir, Simone, für jedes Kunstwerk, das du auf meiner Haut verewigt hast. Ich habe dich nicht nur für immer unter meiner Haut, sondern auch für immer in meinem Herzen. Deine Geschichten höre ich am allerliebsten.

Ina, dir danke ich für dein Dasein und für die vielen wundervollen gemeinsamen Stunden. Du wirst für immer meine Elfe sein. Niklas, du und Minou, ihr seid die schönste kleine Familie auf dieser Welt.

Ich danke euch, Linda, Gekko, Chris, Julius und Bassam, dafür, dass ihr meinen sicheren Kreis komplementiert – für jeden Abend gemeinsam auf Felix' Couch, in Gekkos Wohnzimmer, am Strand von Ravenna. Mit euch im Raum fühle ich mich wohl.

Und ich danke sogar dir, Sherry, selbst wenn du das hier niemals lesen wirst. Dein Fell ist seit neunzehn Jahren mein liebster Trost. Ich kann mir ein Einschlafen ohne dein Schnurren, ein Nach-Hause-Kommen ohne dein Maunzen nicht mehr vorstellen.

Außerdem möchte ich euch danken, Claudio, Mosi, Tom, Floz, V., Niklas, Conny, Tayfun, Dom, Raphi, Beni, Max, all den Mädels aus der Therapiegruppe, meiner Oma und meiner Tante Alexandra. Ihr alle habt mich geprägt, mich in meinem Leben begleitet, ein Stück lang, oder tut es auch heute noch.

Und natürlich danke ich meiner Lektorin Hannah, die es geschafft hat, mich vollkommen ohne Druck durch den Schreibprozess zu begleiten. Und ihrer Kollegin Jess aus der Marketingabteilung, die mich als Autorin damals bei Ullstein vorschlug.

Zu guter Letzt möchte ich all den mir unbekannten Menschen danken, die bereits seit Jahren lesen, was ich zu sagen habe. Ohne euch wäre dieses Buch niemals zustande gekommen – denn ihr habt mir immer wieder gezeigt, dass das, was ich zu sagen habe, tatsächlich von Wert ist. Ihr gabt mir immer und immer wieder Mut.

Ich danke euch.

Nachhaltigkeit

Da mir Themen wie Umweltschutz und Nachhaltigkeit sehr am Herzen liegen, habe ich gemeinsam mit meinem Verlag versucht, die Produktion dieses Buches so ökologisch wie möglich umzusetzen. Dazu einige Informationen:

- Der Druckprozess erfolgte Klimaneutral. Dies bedeutet, dass das bei der Produktion verursachte CO_2 hinterher mit einer Spende an das Projekt Ecomapuá in Brasilien kompensiert wurde: Auf 90.000 Hektar schützt dieses Projekt den Wald und verbietet kommerzielle Abholzung. Für die 94 ansässigen Familien schafft es alternative Einkommensquellen, zum Beispiel durch den Handel mit der Açaí-Frucht. Weitere Infos findest du hier: https://fpm.climatepartner.com/project/details/1056/de
- Für den Umschlag sowie alle Buchseiten wurde ein Papier verwendet, welches aus 100% Altpapier besteht, recycelbar ist und das »Blauer Engel«-Siegel trägt.
- Als Druckfarbe wurden kobalt- und mineralölfreie Farben verwendet.

Generell würde ich mich freuen, wenn du gut auf dieses Buch achtgibst. Bevor du dieses Buch entsorgst, kannst du es weitergeben, verkaufen oder verschenken. Denn: »Waste isn't waste until we waste it« (Will.I.Am). Solange wir etwas nicht wegwerfen, ist es auch kein Müll.

Anhang

Da ich in diesem Buch schwere Themen anspreche, möchte ich an dieser Stelle einige Adressen und Telefonnummern erwähnen, an die du dich wenden kannst, falls du dich informieren möchtest oder in einer Notsituation steckst. Meine eigenen Erfahrungen haben gezeigt, wie wertvoll diese Stellen sind – und, dass man keine Angst zu haben braucht, sich an solche Stellen zu wenden.

Essstörung:
Meine erste Anlaufstelle war die www.suchthotline.info. Auf dieser Seite findest du Telefonnummern und E-Mail-Adressen aus deiner Region. Dort erfährst du, welche Hilfsmöglichkeiten es für dich gibt. Ich habe mich damals per E-Mail an die Suchthotline gewandt und sehr schnell eine Liste mit Einrichtungen in München zugeschickt bekommen.

Schwangerschaftsabbruch:
www.profamilia.de
Auf dieser Seite findest du alles, was du wissen musst: Wie ist die gesetzliche Situation? Wo finde ich eine Beratungsstelle? Welche Formen des Schwangerschaftsabbruches gibt es?

Wie finde ich eine Therapiestelle?
Ganz oft weiß man nicht, wo man überhaupt anfangen soll mit

der Suche – diese Seite hier beantwortet ebendiese Fragen: www.psychotherapiesuche.de

Telefonseelsorge
Für Situationen, in denen man einfach nicht mehr weiterweiß, gibt es deutschlandweit die Telefonseelsorge: www.telefonseelsorge.de
Telefonisch erreicht man die Telefonseelsorge unter der 0800 111 0 111 oder 0800 111 0 222. Auch kann man sich per E-Mail oder Chat an die Seelsorge wenden: https://online.telefonseelsorge.de/

Krisendienst Oberbayern
Gute Erfahrungen habe ich außerdem mit dem psychiatrischen Krisendienst für Oberbayern gemacht: www.krisendienst-psychiatrie.de
Telefonnummer: 0180 655 3000

Den ersten Schritt zu gehen ist niemals leicht – aber dennoch ist es der wichtigste. Ich wünsche mir, dass du die Kraft findest, ihn zu gehen.

Anmerkungen

1. Fichte, Johann Gottlieb: *Grundlage des Naturrechts nach Principien der Wissenschaftslehre*, Sämtliche Werke, Zweite Abtheilung. A. Zur Rechts- und Sittenlehre, Erster Band. Berlin, Verlag von Veit und Comp., 1845, S. 39.
2. Baller Susanne: Magersucht-Foren sind Tummelplatz für Pädophile, 05. 06. 2015, https://www.stern.de/familie/leben/pro-ana-blogs-magersucht-foren-locken-paedophile-6287456.html (Stand 1. 09. 2020)
3. Neufundland: Sag was du willst. *Wir werden niemals fertig sein.* Neuform, 2017.
4. Walsch, Neale Donald: *Gespräche mit Gott*, Band 1. Goldmann, 2006. S. 78
5. Vgl. Hüther, Gerald: *Wie kann ich meinen Geist dazu bringen, die Komfortzone zu verlassen?*, 4. Januar 2017, https://compassioner.com/allgemein/prof-huether-geistige-komfortzone-verlassen/(Stand: 1. 09. 2020)
6. https://www.zitate-online.de/sprueche/historische-personen/18971/sei-du-selbst-die-veraenderung-die-du-dir.html (Stand: 1. 09. 2020)
7. Chopra, Deepak: *Feuer im Herzen*. Diogenes, 2006, Seite 31.
8. Kaur, Rupi: »«das allerwichtigste ist liebe« in: milch und honig. Lago Verlag, 2017, S. 194.
9. Vgl. https://www.positivepsychologie.eu/Hintergrund/Mehr-als-Positives-Denken (Stand: 1. 09. 2020)

10 Vgl. https://nlp-zentrum-berlin.de/infothek/nlp-psychologie-blog/item/positive-psychologie (Stand: 1.09.2020)
11 Peterson, Christoph: A Primer in Positive Psychology. Oxford University Press, 2006, S. 4
12 Vgl. Esser, Barbara: *Warum Helfen glücklich macht*, 30.08.2017, https://focus-arztsuche.de/magazin/gesundheitswissen/psychologie-helfen-macht-gluecklich (Stand: 1.09.2020)
13 Gilbert, Elisabeth: *Eat, Pray, Love*. Berlin Verlag, 2006, S. 221
14 Vgl. 1988 McIntosh, Peggy: »White Privilege: Unpacking the Invisible Knapsack«. Zuerst erschienen in: *Peace and Freedom Magazine*, Ausgabe July/August, 1989.
15 Dooley, Mike: *Grüße ans Universum*. Knaur MensSana, 2008.
16 Vgl. Statistisches Bundesamt: https://www.destatis.de/DE/Themen/Gesellschaft-Umwelt/Gesundheit/Schwangerschaftsabbrueche/_inhalt.html (Stand: 1.09.2020)
17 Kliemann, Fynn: *Alles, was ich hab'*. POP, 2020.
18 Brown, Brené: »The power of vulnerability«, Juni 2019, https://www.ted.com/talks/brene_brown_the_power_of_vulnerability?language=de (Stand: 1.09.2020)
19 Brown, Brené: *The Gifts of Imperfection: Let Go of Who You Think You're Supposed to Be and Embrace Who You Are*. Hazelden, 2010. S. 125.
20 Aus: Hielscher, Matze: *Hotel Matze*. Folge: »Sarah Kuttner: »Warum machst du uns nichts vor?«, 27.02.19, https://mitvergnuegen.com/hotelmatze/sarah-kuttner/ (Stand: 1.09.2020)

»Die Königin der Nachhaltigkeit«

Madeleine Alizadeh, im Internet als Dariadaria bekannt, beschäftigt sich mit all den kleinen großen Fragen: Ist mein Leben erfüllt? Was ist mir wichtig und wie stehe ich dafür ein? Wie kann ich in einer Welt, die von Krisen beherrscht wird, optimistisch bleiben? Sie zeigt, wofür es sich zu kämpfen lohnt, mit Mut einzustehen: Für Feminismus und Gleichberechtigung, gegen Klimawandel und rechte Hetze. Gleichzeitig stark und weich zu sein ist dabei kein Widerspruch, sondern eine authentische Möglichkeit, der Welt zu begegnen und ein liebevolles und reflektiertes Miteinander zu schaffen.

Madeleine Alizadeh (dariadaria)
Starkes weiches Herz
Wie Mut und Liebe unsere Welt verändern können

Klappenbroschur
Auch als E-Book erhältlich
www.ullstein.de

ullstein

Raus aus der Filmwelt, rein ins Abenteuer!

Seit sie zehn Jahre alt ist, steht Schauspielerin Maria Ehrich regelmäßig vor der Kamera. Um herauszufinden, was sie neben Kino und TV noch begeistert, zog die 26-Jährige zusammen mit ihrem Freund Manuel raus in die Welt. In Kenia freundet sie sich mit einem Adler an, bestaunt riesige Wale in Neufundland und reist in einem alten VW-Käfer 20.000 Kilometer von Mexiko über staubige Pisten durch die USA. Vor allem aber lernt sie auf der Reise inspirierende Menschen kennen, die den »alltäglichen Rahmen verlassen« haben und sich für eine bessere Welt einsetzen. Die Reise wird zu einem unvergesslichen Erlebnis ...

Maria Ehrich
Leaving the Frame
Eine Weltreise ohne Drehbuch

Klappenbroschur
Auch als E-Book erhältlich
www.ullstein.de

ullstein

Fräulein Draußen erwandert die Welt

Kathrin Heckmann ist »Fräulein Draußen«, Deutschlands bekannteste wandernde Bloggerin. Ihre Leidenschaft fürs Draußensein wurde eines Tages so groß, dass sie ihren Job als Marketing-Managerin aufgab und beschloss, das Wandern und Reisen zu ihrem Beruf und Alltag zu machen. Unterwegs sein, frei sein, glücklich sein ist das, was ihr wirklich wichtig ist. Und das sucht und findet sie auf einer 1.000 km langen Fernwanderung in Australien genauso wie auf einem Kurztrip nach Brandenburg. Ihr Buch erzählt mitreißend von der Reise einer jungen Frau, die in Wanderschuhen nicht nur zu sich selbst, sondern vor allem auch zur Natur fand. Und alles begann, als sie dem Ruf einer Eule in die nächtliche Wüste folgte ...

Kathrin Heckmann
Fräulein Draußen
Wie ich unterwegs das Große in den kleinen Dingen fand

Klappenbroschur
Auch als E-Book erhältlich
www.ullstein.de

ullstein